GRUPY SPOŁECZNE

ICH ORGANIZACJA I FUNKCJA W ŚWIECIE STAROŻYTNYM

UNIWERSYTET JAGIELLOŃSKI
INSTYTUT HISTORII

ELECTRUM

Studia z historii starożytnej
Studies in Ancient History

edited by Edward Dąbrowa

VOL. 4

GRUPY SPOŁECZNE

ICH ORGANIZACJA I FUNKCJA W ŚWIECIE STAROŻYTNYM

Materiały konferencji naukowej PTH
Kraków, 4–6 września 1997

pod redakcją Edwarda Dąbrowy

JAGIELLONIAN UNIVERSITY PRESS

Książka wydana ze środków Wydziału Historycznego i Instytutu Historii Uniwersytetu Jagiellońskiego

RECENZENCI

Włodzimierz Lengauer
Leszek Mrozewicz

OKŁADKĘ I STRONY TYTUŁOWE PROJEKTOWAŁA

Barbara Widłak

REDAKTOR

Elżbieta Szczęśniak-Kajzar

KOREKTOR

Krystyna Kajtochowa

Wydanie I, Kraków 2000

ISBN 83-233-1321-0

Dystrybucja: Wydawnictwo Uniwersytetu Jagiellońskiego
ul. Grodzka 26, 31-044 Kraków, Poland
tel. (012) 636-80-00 w. 2022, 2023
tel. kom. 0604 414-568
tel./fax (012) 430-19-95
e-mail: wydaw@if.uj.edu.pl http://www.uj.edu.pl
Konto: BPH SA IV/O Kraków nr 10601389-320000478769

Spis treści

Wstęp

Niniejszy tom zawiera wybór referatów przedstawionych w trakcie ogólnopolskiej konferencji naukowej *Grupy społeczne, ich organizacja i funkcja w świecie starożytnym*, która odbyła się w Uniwersytecie Jagiellońskim w Krakowie w dniach od 4 do 6 września 1997 roku jako kolejne naukowe zebranie Komisji Historii Starożytnej, działającej przy Zarządzie Głównym Polskiego Towarzystwa Historycznego. Wybór miejsca obrad podyktowany został przypadającą w 1997 roku 75 rocznicą rozpoczęcia działalności dydaktycznej i naukowej przez Zakład Historii Starożytnej Uniwersytetu Jagiellońskiego.

W konferencji wzięli udział zarówno badacze o uznanej w kraju i za granicą pozycji naukowej, jak i młodzi pracownicy nauki ze wszystkich krajowych ośrodków akademickich. Zebrane w tym tomie studia dotyczą bardzo zróżnicowanych tematycznie problemów historii społecznej starożytnej Grecji i Rzymu. Część prac ma charakter analityczny; ich tematem są kwestie szczegółowe, które dotychczas w polskiej literaturze naukowej nie były przedmiotem rozważań. Nie brak także rozpraw bardziej syntetycznych, w których autorzy starają się podsumować dotychczasowy stan badań. Żywię nadzieję, że zróżnicowanie tematyczne publikowanych prac uczyni ten tom interesującym nie tylko dla historyków starożytności klasycznej, ale i dla innych grup badaczy zainteresowanych tym okresem dziejów powszechnych.

Edward Dąbrowa

Wykaz skrótów

Skróty tytułów międzynarodowych periodyków naukowych są używane według systemu przyjętego w *L'Année Philologique*. Inne zastosowane skróty:

AE – *L'Année Epigraphique*
ANRW – *Aufstieg und Niedergang der römischen Welt*, Reihe II: *Der Principat*, hrsg. von H. Temporini und W. Haase, Berlin–New York 1970–
CIL – *Corpus Inscriptionum Latinarum*
CTh – *Codex Theodosianus*
IG – *Inscriptiones Graecae*
ILS – H. Dessau, *Inscriptiones Latinae Selectae*, vol. 1–3, Berlin 1892–1916.

ELECTRUM * Vol. 4
Kraków 2000

Piotr Berdowski

PRÓBA NOWEGO SPOJRZENIA NA GOSPODARSTWA TYPU *VILLA* I ICH WŁAŚCICIELI W HISZPANII (I–II W N.E.)*

A. Wprowadzenie: tradycyjne rozumienie gospodarstwa willowego – B. Hiszpańskie wille a produkcja *salsamenta* – C. Właściciele hiszpańskich *villae maritimae* – D. Podsumowanie

Problematyka dotycząca gospodarki willowej ma dziś bogatą literaturę. Szczególnie ostatnie lata przyniosły wyjaśnienie wielu istotnych problemów. Niezaprzeczalny udział miały w tym badania archeologiczne, prowadzone od pewnego czasu z dużym rozmachem. Wzrastająca liczba publikacji archeologicznych antycznych *villae* pozwala na konfrontację materiału wykopaliskowego z tym, co wiemy o gospodarce willowej na podstawie łacińskiej literatury agronomicznej. Jednoczesne wykorzystanie obu kategorii źródeł przynosi wiele korzyści.

Mimo kwestii spornych i licznych znaków zapytania istnieje zgoda co do tego, że istotą gospodarstw typu *villa* była działalność rolnicza, a więc uprawa roli i hodowla zwierząt. Jakkolwiek znajdujemy w łacińskich traktatach agronomicznych wzmianki o działalności przetwórczej i rzemieślniczej, to łatwo zauważyć, że pełniły one w gospodarstwach willowych funkcje pomocniczą i nie były istotną gałęzią produkcji[1]. Wyjątek stanowią wille, w których produkowano wyroby z gliny (amfory, cegły, dachówki itp.). Taki obraz wydaje się prawdziwy przynajmniej w odniesieniu do Italii, gdzie gospodarstwa willowe wykształciły się w swej niejako „klasycznej" formie. Inaczej ma się sprawa posiadłości willowych w prowincjach imperium, gdzie lokalna specyfika niejednokrotnie modyfikuje obraz *villae* znanych nam z łacińskich traktatów agronomicznych.

Hiszpania należy do tych regionów, w których postęp ostatnich lat w badaniach nad gospodarką willową sporo zawdzięcza archeologii. Prace wykopaliskowe prowadzone na Półwyspie Iberyjskim odsłoniły pozostałości wielu willi. Charakterystyczną cechą niektórych gospodarstw hiszpańskich jest ich udział w sektorze pozarolniczym, który uzupełniał dochody uzyskiwane z rolnictwa. W swoim artykule chciałbym skupić się na willach nadmor-

* Niniejszy artykuł jest rozszerzoną wersją referatu wygłoszonego 5 września 1997 roku na konferencji naukowej *Grupy społeczne: ich organizacja i funkcja w świecie starożytnym*, w Uniwersytecie Jagiellońskim.

[1] Przetwórstwo oliwek i winorośli, stanowiąc integralną część zabiegów związanych z uprawą, wchodziło w zakres rolnictwa.

skich (*villae maritimae*), gdzie – obok produkcji rolnej – produkowano sosy rybne i solone ryby (*salsamenta*), produkty, których spożycie w świecie antycznym było bardzo powszechne. Podkreślić należy, że mamy tu do czynienia z konserwowaniem ryb w skali znacznie przewyższającej potrzeby własne. Niekiedy uzupełnieniem *salsamenta* była produkcja innych artykułów, np. barwnika purpurowego lub amfor, służących jako handlowe pojemniki na gotowy produkt, a nawet kopalnictwo metali szlachetnych, jak wydaje się sugerować przykład Luzytanii. Model takiej willi znacznie odbiega od tego, co wiemy o gospodarstwie willowym z traktatów M. Porcjusza Katona, M. Terencjusza Warrona czy L. Juniusza Moderatusa Kolumelli. Dokładna analiza *villae maritimae* Hiszpanii pozwala też na poczynienie interesujących – jak sądzę – uwag odnośnie do właścicieli tych gospodarstw. Jakkolwiek nie należeli oni do ściśle określonej, a tym bardziej sformalizowanej grupy społecznej (co najwyżej charakteryzowali się określonym statusem społecznym), można uchwycić pewne cechy charakterystyczne ich *mentalité*. Wpływ mentalności na gospodarkę był daleko większy, niż można by przypuszczać[2].

A. Wprowadzenie: Tradycyjne rozumienie gospodarstwa willowego

Łaciński termin *villa* nie przez wszystkich jest rozumiany jednoznacznie. Niejednokrotnie decyduje o tym kontekst, ale także i profil zainteresowań badacza. Przykładowo, dla historyka architektury i sztuki termin *villa* oznacza pewien typ budowli, z kolei historycy gospodarki rozumieją go szerzej, jako typ gospodarstwa, w ramach którego wspomniana *villa* zajmuje centralne miejsce[3]. Gospodarstwo takie jest określane w literaturze przedmiotu jako „intensywny model produkcji" i jest oparte na wykorzystaniu niewolniczej siły roboczej. Willa ma także swój wymiar społeczny i obyczajowy. Gospodarstwa willowe niejednokrotnie składały się na większe majątki arystokracji senatorskiej, ekwickiej czy municypalnej. Każda willa była jednocześnie rezydencją właściciela, często jedynym schronieniem od przepełnionego zgiełkiem i politycznymi swarami Rzymu[4]. Ponieważ majątki te były rozrzucone na obszarze całej Italii, pozwalało to na podróże i wzajemne odwiedziny, które stały się znamiennym rysem stylu życia arystokracji, będącego przedmiotem naśladownictwa różnego rodzaju parweniuszy. Co ciekawe, przedmiotem naśladownictwa był nie tylko styl życia, ale również same wille w sensie budynków mieszkalnych. Ludzie, którym warunki materialne nie pozwalały na zbudowanie typowych willi, budowali lub często zamieniali zwykłe *domus* na „miniaturowe" *villae*. Na niewielkiej przestrzeni łączyli w sposób nie zawsze skoordynowany wiele różnorodnych cech willi, takich jak np. kanały, *biclinium* lub *triclinium*, małe

---

[2] Posługuję się terminem „status" w takim rozumieniu, jakim używa go A. Łoś w artykule Struktury społeczne w epoce wczesnego cesarstwa (27 p.n.e.–235 n.e.). Warstwy wyższe, w: *Starożytny Rzym we współczesnych badaniach. Państwo – Społeczeństwo – Gospodarka. Liber in memoriam Lodovici Piotrowicz*, red. J. Wolski, T. Kotula, A. Kunisz, Kraków 1994, s. 291–92. Szczególnie użyteczne wydaje mi się rozróżnienie „statusu" i „rangi", jako dwóch aspektów *dignitas*.

[3] Używam w swoim artykule, o ile nie zaznaczam inaczej, szerszej definicji terminu *villa*. Por. J. Smith, *Roman Villas. A Study in Social Structure*, London, New York 1997, s. 9 (zob. tamże, bibliografia). Jedno z nowszych omówień willi z uwzględnieniem źródeł literackich i archeologicznych: A. Carandini, La villa romana, w: *Storia di Roma*, t. 4, Roma 1989, s. 101–200.

[4] Wielu autorów podkreśla dobrodziejstwa wypoczynku na wsi, w zaciszu swojej *villa*. Literatura łacińska obfituje w takie wzmianki. Wymieńmy dla przykładu list Pliniusza Młodszego do Gallusa (2.17), w którym opisuje on swoją willę w okolicach Laurentum, oddaloną o około 25 km od Rzymu. Rekonstrukcja willi: A.W. Van Buren, Pliny's Laurentine Villa, *JRS* 38 (1948), s. 35–36.

świątynki, zmniejszone rzeźby, miniaturowe groty itp.[5] Antyczni używali wyrazu *villa* zarówno w węższym (budynek), jak i w szerszym znaczeniu (gospodarstwo rolnicze)[6].

Najpełniejszy opis gospodarstwa willowego znajdujemy w łacińskich traktatach agronomicznych: Katona, Warrona i Kolumelli. Literatura agronomiczna jest bogatym źródłem naszej wiedzy o rolnictwie italskim II w. p.n.e.–I w. n.e., korzystanie z niej wymaga jednak dużej ostrożności w wyciąganiu wniosków i powściągliwości w wyrażaniu opinii. Wobec kompilacyjnego charakteru łacińskiej literatury fachowej, także w przypadku traktatów rolniczych stajemy przed problemem stosunku pisarzy agronomicznych do swych poprzedników. Druga trudność tkwi w osobliwości samych dzieł. Traktaty Katona *De agri cultura* i Kolumelli *De re rustica,* choć dzielą je dwa wieki, posiadają pewną cechę wspólną. Są wizją gospodarstw wzorowych, a więc przedstawiają obraz rolnictwa takiego, jakim powinno być. Stosunek do rzeczywistego stanu rolnictwa italskiego jest tu więc kwestią zasadniczą, niekiedy bardzo trudną do ustalenia. Traktat Katona powstał w pierwszej połowie II w. p.n.e. Charakteryzuje się on wielką konkretnością, bowiem Katon opisuje majątki, które do niego należały i były przez niego uprawiane. Opis ten odnosi się do obszaru Kampanii, Lacjum i Samnium[7]. Dzieło Kolumelli *De re rustica*, będące najobszerniejszym podręcznikiem uprawy roli (liczy 12 ksiąg), powstało w latach siedemdziesiątych I w. n.e. Tak jak w przypadku Katona, także tutaj osobiste doświadczenie rolnika znalazło wyraz w formie literackiej. Drugim źródłem wiedzy przekazanej przez Kolumellę była lektura dzieł agronomicznych. Kolumella proponuje model gospodarki intensywnej, nie stroni od wydatków, które wracają się z nawiązką. Można jednak wątpić, aby tak wyglądało przeciętne gospodarstwo italskie[8].

Dzieło Warrona *De re rustica* różni się od traktatów Katona i Kolumelli[9]. Warron, jakkolwiek posiadał kilka majątków, nie był – o ile wiemy – zapalonym rolnikiem, choć powołuje się na własne doświadczenie. Będąc uczonym z krwi i kości, swoją wiedzę rolniczą czerpał przede wszystkim z literatury[10]. *De re rustica* stanowi zaledwie ułamek jego twórczości pisarskiej, obliczanej na ponad 70 dzieł o łącznej objętości ponad 600 ksiąg. Z tej przebogatej spuścizny zachował się ,do naszych czasów w całości właśnie tylko traktat *O±rolnictwie.* Fakt, że wyszedł on spod pióra uczonego, a nie praktyka, wcale nie obniża jego wartości. Wprost przeciwnie, dzieło Warrona jest w nieporównywalnym stopniu bardziej syntetyczne niż traktaty Katona i Kolumelli. Wynika to z ogólnej metody pracy Warrona jako uczonego. Zbierał on bowiem materiał antykwaryczny, porządkując go i przedstawiając w formie uogólnienia. Jakkolwiek odnosi się on – jak w przypadku Katona i Kolumelli – do

[5] Dobrym przykładem jest „miniaturowa willa" Octaviusa Quartiusa w Pompejach. Zob. J.R. C l a r k e, *The Houses of Roman Italy 100 B.C.–A.D. 250. Ritual, Space and Decoration*, Berkeley, Los Angeles, London 1991, s. 23–25, 193–207. Jest to przykład nie tylko naśladownictwa pewnej estetyki, ale również chęci użycia luksusu, będącego udziałem arystokracji, choćby tylko w skromnym wymiarze. Wille były także sposobem manifestowania pozycji społecznej. O luksusowych willach w Zatoce Neapolitańskiej zob. J. D ' A r m s, *Commerce and Social Standing in Ancient Rome*, Cambridge 1981, s. 72–96.

[6] Termin *villa* był używany także w odniesieniu do budowli miejskich.

[7] Zob. J. K o l e n d o, *Postęp techniczny a problem siły roboczej w rolnictwie starożytnej Italii*, Wrocław 1968, s. 22–23.

8 Zob. wstęp do polskiego tłumaczenia dzieła Kolumelli: Lucjusz Juniusz Moderatus K o l u m e l l a, *O rolnictwie*, tł. I. Mikołajczyk, Wrocław 1991, t. 1 (ks. I–VI), Toruń 1991, s. V–XVII. Por. P. C a r r o l l, Columella the Reformer, *Latomus* 35, 1976, s. 783–790.

[9] Polski przekład traktatu Warrona: Marek Terencjusz W a r r o n, *O gospodarstwie rolnym*, tł., wstęp i komentarz I. Mikołajczyk, Wrocław 1991.

[10] Oprócz lektury i własnego doświadczenia wymienia jako źródła swojej wiedzy także rozmowy z ludźmi doświadczonymi (1.11). O źródłach Warrona zob. I. M i k o ł a j c z y k, *Traktat Rerum rusticarum libri tres Marka Terencjusza Warrona. Monografia historycznoliteracka*, Toruń 1992, s. 40–60.

Italii, możemy przypuszczać, że obserwacje przeprowadzone w czasie podróży poza Italię, także znalazły odbicie w jego traktacie[11].

Wykorzystując informacje zawarte w literaturze agronomicznej, można uchwycić istotne cechy gospodarstwa willowego. Przede wszystkim należy powiedzieć, że *villa* jest posiadłością wiejską. Warron mówi: (*villa*) *non sit sine fundo et eo polito cultura*[12]. Wyróżnił on dwie części takiego majątku, a mianowicie miejską (*urbana*) i wiejską (*rustica*), do czego Kolumella dodał jeszcze część użytkową (*fructuaria*)[13]. W części miejskiej znajdowały się pomieszczenia właściciela. Tam też koncentrowało się życie towarzyskie i przyjmowano gości[14]. W części wiejskiej znajdowało się mieszkanie zarządcy, a także kuchnia, pomieszczenia dla niewolników i obory dla bydła, natomiast w części użytkowej: magazyny, tłocznie i prasy, szopy, schowki i spiżarnie.

Wille były nastawione na produkcję nadwyżek, co wiąże je ściśle z miejskim zapleczem[15]. Dlatego autorzy traktatów rolniczych często podkreślają konieczność dobrego usytuowania gospodarstwa – najlepiej w pobliżu szlaków wodnych lub drogowych, umożliwiających łatwy transport produktów przeznaczonych na sprzedaż[16].

W majątkach willowych reprezentowane były oba działy rolnictwa, a więc: uprawa ziemi i hodowla. We wszystkich traktatach znajdujemy szczegółowe wskazówki, jak uprawiać plantacje oliwki, winorośli, warzywniki, plantacje wikliny itd. Stosunkowo mniej wiadomości mamy o uprawach zbożowych. Hodowla zwierząt jest także potraktowana szeroko, szczególnie w pracach Warrona i Kolumelli. W I w. p.n.e., w odpowiedzi na zapotrzebowanie rynku, pojawiła się jej specyficzna gałąź, tzw. „hodowla podwórzowa" (*viliatica pastio*). Termin ten obejmował hodowlę drobiu, dzikich zwierząt, pszczół i ryb[17].

---

[11] Częste są wzmianki o Hiszpanii. Zob. I. Mikołajczyk, *op.cit.*, s. 41. Także całościowy obraz rolnictwa usiłował przekazać Pliniusz Starszy w swojej *Historia Naturalis*. Uzupełnieniem omówionych świadectw są fragmenty tzw. niezachowanej literatury agronomicznej, poemat Wergiliusza *Georgiki* oraz wiele rozproszonych wzmianek w literaturze łacińskiej.

[12] Varro *RR* 3.2.5.

[13] Varro *RR* 3.2.10. Kolumella daje szczegółowy opis takiego gospodarstwa w 1.6. Część miejska nie była jednak, jak podkreśla Warron (*RR* 3.2.10), obligatoryjna. Szczegółowo omawia typy willi A. Carandini, *op.cit.*, s. 107–108.

[14] Por. K.M.D. Dunbabin, Convivial spaces: dining and entertainment in the Roman villa, *JRA* 9, 1996, s. 66–80.

[15] Element zysku jest często podkreślany przez pisarzy agronomicznych, np. Varro *RR* 3.2.10–11; 1.2.22. O związku willi i miast zob. J. Percival, *The Roman Villa. An Historical Introduction*, Berkeley 1976, s. 145–46; i d., The Villa Economy: Problems and Perspectives, w: *Villas Economies (Economic Aspects of Romano-British Villas)*, ed. K. Branigan, D. Miles, Sheffield 1989, s. 5–6, 17–19.

[16] Już Katon zwracał uwagę na sąsiedztwo miasta i dostęp do rzeki lub morza (*De agr.* 1.3: (...) *oppidum validum prope siet; si aut mare aut amnis, qua naves ambulant, aut via bona celebrisque*), ale także i najemnej siły roboczej (*operariorum copia siet*). Na środki transportu i związek z rynkiem lokalnym zwraca także uwagę Warron (1.16.6: *eundem fundum fructuosiorem faciunt vecturae, si viae sunt, qua plaustra agi facile possint, aut flumina propinqua, qua navigari possit, quibus utrisque rebus evehi atque invehi multa ad praedia scimus*). Wiele cennych uwag o zbycie artykułów wyprodukowanych w italskich gospodarstwach rolnych można znaleźć w pracy J.M. Frayn, *Markets and Fairs in Roman Italy. Their Social and Economic Importance from the Second Century BC to the Third Century AD*, Oxford 1993.

[17] Warron poświęca *viliatica pastio* całą trzecią księgę swojego traktatu. Zob. J. Kolendo, Wzorowa posiadłość Marka Seiusa i opłacalność rolnictwa w Italii w I w. p.n.e., w: *Annales UMCS Lublin*, vol. 49, 1994, sec. F, s. 71–80; I. Mikołajczyk, Świadectwa Warrona, Wergiliusza i Kolumelli o pszczelarstwie, w: *Studia z zakresu antyku*, Toruń 1984, s. 101–123; T. Corcoran, Roman Fishponds, *CB* 35(4), 1959, s. 37–39, 43; J. Kolendo, Parcs à huitres et viviers sur un flacon en verre du Musée National de Varsovie, w: *Études et travaux* 9, 1979, s. 144–158; A. Maiuri, Pochwała Sergiusza Oraty hodowcy ostryg, *Filomata* 276, 1974, s. 328–335; J. Higginbotham, *Piscinae: Artificial Fishponds in Roman Italy*, Chapel Hill 1997, passim.

Jak wspomniano, w gospodarstwach willowych zatrudnieni byli w przeważającej mierze niewolnicy, stanowiący razem z zarządcą (*vilicus*) i jego żoną (*vilica*) tzw. *familia*. Liczba personelu nie była zbyt wysoka i wynosiła najczęściej kilkanaście osób. Wobec tak niewielkiej liczby ludzi aparat administracyjno-kontrolny w osobie zarządcy w zupełności wystarczał[18]. Administracja zredukowana do minimum jest jedną z istotnych różnic, które decydowały o wyższym wskaźniku dochodowości gospodarstw willowych w stosunku do wielkich latyfundiów[19].

Zarysowany powyżej – z konieczności schematycznie i w wielkim skrócie – model gospodarstwa willowego odpowiada z grubsza temu, co wiemy o willach Italii. Jednak nawet w obrębie Italii gospodarstwa willowe różniły się nieraz znacznie od siebie. Decydował o tym kompleks różnorodnych czynników, także tych niezależnych od człowieka, jak np. położenie geograficzne i warunki środowiskowe. Mimo wielu kwestii szczegółowych, często dyskusyjnych, wydaje się, że istnieje *communis opinio* przynajmniej w jednej, a mianowicie, iż istotą gospodarstwa willowego była produkcja rolna[20]. Rolniczy charakter willi jest wyraźnie podkreślany w łacińskich traktatach agronomicznych. Odstępstwem od tego modelu są poświadczone w źródłach gospodarstwa willowe, w których trudniono się również produkcją wyrobów ceramicznych (w literaturze anglosaskiej zwanych *clay artifacts*). Odstępstwo to jest znamienne o tyle, że wszelka działalność związana z rzemiosłem i handlem była uważana przez arystokrację rzymską – przynajmniej oficjalnie – za godną pogardy i lekceważenia[21]. Skądinąd wiemy, że rzymskie „ziemiaństwo" czerpało wielkie dochody z sektora nierolniczego (rzemiosło, przetwórstwo, handel)[22]. Jednak produkcja *clay artifacts* jest swoistym wyjątkiem. Zresztą rzymska elita ekonomiczna dorobiła fikcyjną legitymację dla tej działalności, uznając *opus doliare* za sektor rolnictwa[23]. Poza

[18] Zob. M.E. S e r g e e n k o, Vilik, *VDI* 1956(4), s. 46–54; E. M a r o t i, The vilicus and the villa-system in ancient Italy, *Oikumene* 1, 1976, s. 109–124; id., Die Rolle der Freiten Arbeitskraft in der Villa-Wirtschaft im Zeitalter der Republik, *Acta Antiqua Academiae Scientiarum Hungaricae* 32, 1989, s. 95–110; A. C a r a n d i n i, *op.cit.*, s. 106–107; J.J. A u b e r t, *Business Managers in Ancient Rome. A Social and Economic Study of Institores, 200 BC.–A.D. 250*, Leiden 1994, s. 169–200.

[19] Zob. J. K o l e n d o, Rolnictwo rzymskie, w: *Starożytny Rzym we współczesnych badaniach*, s. 344–347.

[20] Bardzo ciekawa dyskusja o tym, co należy uznać za rolnictwo, toczy się w pracy Warrona (*RR* 1.2.11–1.5).

[21] Por. Cic., *De offic.* 1.150–151.

[22] Wielu arystokratów prowadziło działalność rzemieślniczą i handlową na wielką skalę osobiście lub przez podstawionych figurantów (często swoich wyzwoleńców). Jest znamienne, że handel prowadzony na wielką skalę nie był uważany za coś wstydliwego, w odróżnieniu od handlu drobnego. Por. Cic., *De offic.* 1.151: *Mercatura autem, si tenuis est, sordida putanda est; sin magna et copiosa, multa undique apportans multisque sine vanitate inperetiens, non est admodum vituperanda, atque etiam, si satiata quaestu vel contenta potius, ut saepe ex alto in portum, ex ipso portu se in agros possesionesque contulit, videtur iure optimo posse laudari.* O dochodach arystokracji czerpanych z sektora nierolniczego zob. A. Ł o ś, *Nec enim quicquam ingenuum habere potest officina.* Uwagi o interesach elit miast kampańskich w produkcji nierolniczej w okresie wczesnego pryncypatu (30 p.n.e. –96 n.e.), w: *Antiquitas* 23, 1997, s. 29–57; i d., *„Dobrze urodzeni" i „dorobkiewicze". Studium socjologiczne elit miast kampańskich od Augusta do Domicjana*, Wrocław 1996, s. 133–169. Zob. również A u b e r t, *op.cit.*, s. 201–321.

[23] J.P. M o r e l, Rzemieślnik, w: *Człowiek Rzymu*, pod red. A. Giardina, Warszawa 1997, s. 277. Dyskusję nad zasadnością włączenia *opus doliare* w zakres rolnictwa można znaleźć w *De re rustica* Warrona 1.2.22–23: *Anne ego, inquam, sequar Sasernarum patris et fili libros ac magis putem pertinere, figilinas quem ad modum exerceri oporteat, quam argenti fodinas aut alia metalla, quae sine dubio in aliquo agro fiunt? Sed ut neque lapidicinae neque harenariae ad agri culturam pertinent, sic figlinae. Neque ideo non in quo agro idoneae possunt esse non exercende* (...). Wątpliwości Warrona potwierdzają jednak, iż rzemiosło związane z przemysłową eksploatacją złóż gliny było zaliczane do rolnictwa. Arystokraci, nawet jeśli decydowali się na eksploatację złóż gliny (*figlinae*) znajdujących się w ich posiadłościach (co było decyzją uzasadnioną ekonomicznie), nie musieli się w to

wymienioną aktywnością nic nie wskazuje na szersze zaangażowanie się willi w inne dziedziny rzemiosła[24].

Inaczej ma się sprawa z willami w prowincjach. Tutaj model „italski" niejednokrotnie ulegał nieraz znacznym modyfikacjom. Na ostatecznym kształcie gospodarstwa swoje piętno często odciskała miejscowa specyfika gospodarowania.

Interesującym przykładem jest Hiszpania, gdzie działalność przetwórcza i rzemieślnicza, prowadzona w Italii – jak się wydaje – poza gospodarstwami willowymi (choć nierzadko przez właścicieli wielu willi), jest często wpisana w taki model gospodarstwa, gdzie rzemiosło i przetwórstwo uzupełniają dochody uzyskane z sektora *stricte* rolniczego. Właściciele hiszpańskich willi traktują kwestię dochodu bardziej elastycznie niż arystokracja italska, uwalniając się od rzymskiego dogmatu o „brudnym" zysku, czerpanym z rzemiosła i handlu[25]. Brak tutaj, charakterystycznego dla rzymskiej arystokracji, ambiwalentnego stosunku do dochodów z sektora nierolniczego. Dobrym przykładem takiej postawy są właściciele hiszpańskich *villae maritimae*, w których, obok rolnictwa, zajmowano się przetwórstwem rybnym.

B. Hiszpańskie wille a produkcja *salsamenta*

Prace wykopaliskowe prowadzone na Półwyspie Iberyjskim (szczególnie intensywnie w ostatnich dziesięcioleciach) odsłoniły pozostałości wielu willi. Jak dotąd, najpełniejszą ich dokumentację można znaleźć w pracy J.-G. Gorges z 1979 roku[26]. Wiele gospodarstw odpowiada, w większym lub mniejszym stopniu, nakreślonemu wyżej „tradycyjnemu" modelowi willi italskiej. W majątkach tych rolnictwo było jedynym realnym źródłem dochodu właściciela. Gospodarstwa owe stanowiły – jak się zdaje – większość. Wśród bogatego materiału, zebranego przez francuskiego uczonego, zwracają jednak uwagę nadmorskie gospodarstwa willowe, których właściciele angażowali się, obok rolnictwa, w działalność pozarolniczą, a mianowicie produkcję sosów rybnych i *salsamenta* – produktów, które odgrywały niebagatelną rolę w ekonomice i wyżywieniu społeczeństw starożytnych. W czasach cesarstwa rzymskiego spożycie ich we wszystkich zakątkach imperium było szczególnie duże[27].

W 25 przypadkach (zob. mapa 1) udało się stwierdzić, że w obrębie lub w pobliżu gospodarstw willowych były usytuowane warsztaty (*officinae*) produkujące solone ryby. Różnią się one rozmiarami i wyposażeniem, na które składały się przede wszystkim baseny (*cetariae*) pokryte zaprawą *opus signinum* (fot. 1). W nich to konserwowano ryby, wystawiając masę rybną, zmieszaną w odpowiedniej proporcji z solą, na działanie promieni słonecznych

angażować osobiście. Najczęściej dochodziło do porozumienia (kontraktu) pomiędzy właścicielem *figlinae* (*dominus*) a bezpośrednim producentem (*officinator*). Umowa mogła mieć np. charakter dzierżawy, choć wachlarz zależności i problem wzajemnych stosunków pomiędzy *domini* a *officinatores* był dużo bogatszy i bardziej złożony. Zob. Aubert, *op.cit.*, s. 222–236.

[24] Jeszcze raz powtórzę, że chodzi tu o produkcję nastawioną na zbyt, znacznie przewyższającą potrzeby własne. Nie był mi dostępny artukuł N. Purcell, The Roman villa and the landscape of production, w: *Urban Society in Roman Italy*, eds. T.J. Cornell, K. Lomas, London 1995, s. 157–179.

[25] Por. Cic., *De offic.* 1.150–151, Zob. Morel, *op.cit.*, s. 267–301; A. Giardina, Kupiec, w: *Człowiek Rzymu*, pod red. A. Giardina, Warszawa 1997.

[26] J.G. Gorges, *Les villas Hispano-Romaines: Inventaire et problématique archélogique*, Paris 1979.

[27] Podstawową pracą o produkcji i handlu sosami rybnymi i *salsamenta* jest książka amerykańskiego badacza R.I. Curtisa, *Garum and salsamenta. Production and Commerce in Materia Medica*, Leiden 1991 (tamże obszerna bibliografia).

na okres 1–3 miesięcy[28]. Czasami basenom towarzyszyły budynki, w których przetwarzano i magazynowano gotowy produkt. Jeśli na wyposażeniu takiego warsztatu znajdował się piec, mógł on być wykorzystywany nie tylko do wypalania amfor, ale także do podgrzewania masy rybnej w celu przyśpieszenia procesu fermentacji sosów rybnych.

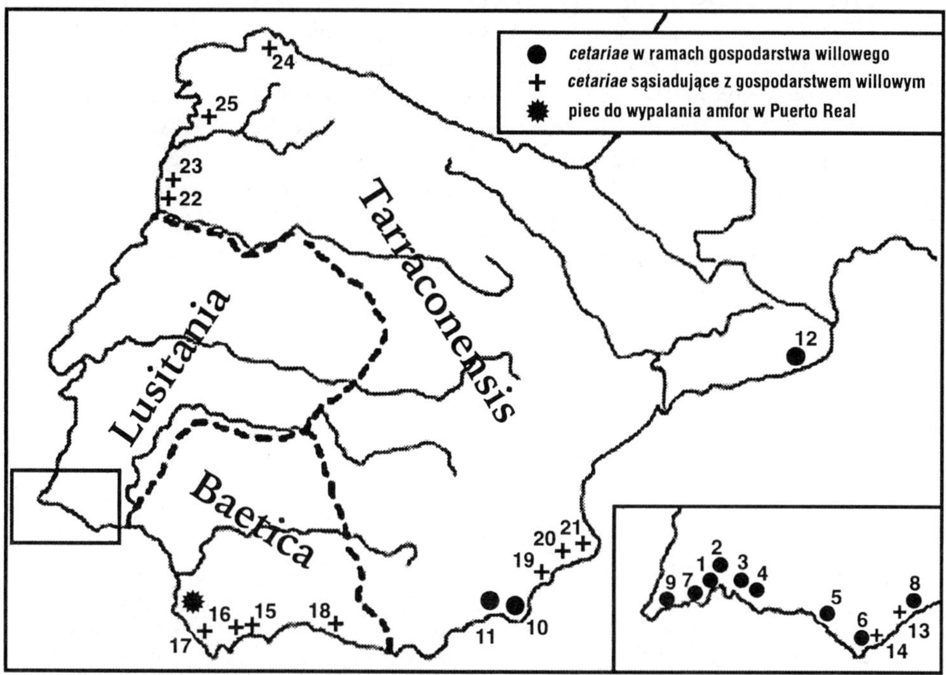

M a p a 1. Rozmieszczenie gospodarstw willowych, w których trudniono się przetwórstwem rybnym (numeracja stanowisk wg tab. 1 i 2)

Nie zawsze związek warsztatu z gospodarstwem willowym jest oczywisty, w większości przypadków nie ulega on jednak wątpliwości (zob. tab. 1 i 2). Trzeba powiedzieć tutaj bardzo wyraźnie, że wille hiszpańskie, w których zajmowano się przetwórstwem rybnym, nie są podobne i w znakomitej większości nie mają nic wspólnego z hodowlą rybną w ramach *viliatica pastio*, opisaną szczegółowo przez Warrona i Kolumellę. W tych willach hiszpańskich, gdzie przetwarzano ryby, sadzawki rybne (*piscinae*) opisane przez *scriptores rei rusticae* spotyka się sporadycznie[29]. Z kolei traktaty agronomiczne nie wspominają o soleniu ryb hodowanych w gospodarstwach willowych.

Sąsiedztwo *villae* i warsztatów solenia ryb jest charakterystyczne dla całego wybrzeża Hiszpanii, jednak jak dotąd tylko w odniesieniu do Luzytanii podjęto systematyczne badania[30]. J.C. Edmondson wyróżnił trzy sposoby produkcji sosu rybnego *garum* w Luzytanii:

---

[28] O przepisach na sosy rybne zob. C u r t i s, *op.cit.*, s. 6–15, 191–194.

[29] Varro *RR* 3.17; Colum. 8.16–17.

[30] Zob. J.C. E d m o n d s o n, Le garum en Lusitanie urbaine et rurale: Hiérarchies de demande et de production, w: *Les villes de Lusitanie Romaine. Hiérarchies et territoires.* Table ronde internationale du CNRS

1) **Produkcję wiejską**, gdzie warsztaty do solenia ryb były powiązane z gospodarstwem willowym. Tam przetwórstwo rybne uzupełniało się z rolnictwem. Według Edmondsona, skala tej działalności nie była zbyt wielka. Kanadyjski badacz podkreśla samowystarczalność takiego gospodarstwa i mówi o produkcji dla własnej konsumpcji, nie wykluczając jednak nadwyżek przeznaczonych na lokalny rynek.

2) **Produkcję miejską**, gdzie skala produkcji była znacznie większa. Produkowano tam na rynek lokalny, ale również na eksport. Było to tym bardziej ułatwione, że wszystkie miasta, w których odkryto warsztaty przetwórstwa ryb, posiadały porty[31].

3) **Produkcję półmiejską** (*la production semi-urbaine*). Konserwowanie ryb odbywało się tu w wyspecjalizowanych *vici*. Produkcja była prowadzona na wielką skalę i znacznie przewyższała potrzeby rynku lokalnego. Koncentracja większej siły roboczej w *vicus* pozwalała też na podział pracy, większy asortyment produktów (np. barwnik purpurowy, którego proces produkcji był podobny do produkcji *garum*), a także działalność dodatkową, jak np. produkcję amfor służących jako pojemniki na gotowy towar. Przykładem takiej *vicus* może być Tróia u ujścia rzeki Sado (fot. 1).

Fot. 1. Fragment warsztatu w Tróia, w którym produkowano *salsamenta* i sosy rybne. Widoczne na pierwszym planie baseny do przetwórstwa ryb (ź r ó d ł o: *Les villes de Lusitanie Romaine*, s. 180)

Dokonany przez Edmondsona podział zwraca uwagę, że konserwowanie ryb nie było związane z jednym, ściśle określonym modelem produkcyjnym[32]. Mamy tu do czynienia

(Talence, le 8–9 décembre 1988), Paris 1990, s. 123–47. Tytuł artykułu Edmondsona należy traktować szerzej. Jakkolwiek dotyczy on produkcji *garum* w Luzytanii to, autor omawia w nim także produkcję solonych ryb (*salsamenta*) i sosów rybnych wszystkich gatunków (*garum, liquamen, muria, allec*).

[31] Zob. E d m o n d s o n, *Two industries in Roman Lusitania. Mining and Garum Productions*, Oxford 1987, s. 152–154; V.G. M a n t a s, As cidades marítimas da Lusitânia, w: *Les villes de Lusitanie*, s. 150–205.

[32] Należy tu wspomnieć, że produkcja sosów rybnych i *salsamenta* w gospodarstwach willowych to tylko niewielka część produkcji tych produktów w skali całej prowincji. Liczba stanowisk archeologicznych, gdzie odkryto *cetariae*, znacznie przekracza sto.

z całą gamą modeli o różnorodnej skali. Propozycję takiego podziału można z powodzeniem zastosować do całego Półwyspu Iberyjskiego, gdzie znajdujemy zarówno *villae maritimae*, w których produkowano *salsamenta*, jak i wyspecjalizowane osady, produkujące wielkie ilości solonych ryb[33]. Zastrzeżenia może budzić jednak określenie skali przetwórstwa. Edmondson przyjmuje za wskaźnik produkcji ilość i wielkość *cetariae*. Szacunki takie są jednak względne i brak tu jakiejkolwiek precyzji. Nie wiemy przede wszystkim, czy przetwórstwo ryb było działalnością sezonową, czy też prowadzoną przez cały rok. Zdolność produkcyjna zależała także od czasu przeznaczonego na jeden cykl produkcyjny. Zresztą określenie „mocy produkcyjnej" niewiele nam pomoże w ustaleniu realnego dochodu willi z tytułu solenia ryb, gdyż wzrost produkcji nie był jedynym czynnikiem determinującym wzrost dochodu. Wpływała nań również jakość produktu, która wymuszała odpowiednią cenę, a ta – jak wiemy – mogła w przypadku produktów z solonych ryb różnić się znacznie. Pliniusz Starszy mówi o *garum sociorum* („*garum* wspólników") z Nowej Kartaginy, które osiągało oszołamiającą cenę 1000 sesterców za 2 kongiusy. Dodaje zaraz potem, że prawie żaden płyn, z wyjątkiem perfum, nie uzyskał tak wysokiej ceny. Jak poświadczają źródła literackie i epigraficzne, były również i tanie gatunki sosów rybnych[34]. Porównując przykład Luzytanii z innymi regionami, można powiedzieć, że skala produkcji *salsamenta* w gospodarstwach willowych (zaniżona przez Edmondsona) przekraczała potrzeby własne, a produkty były przeznaczone przynajmniej na lokalny rynek.

J.C. Edmondson wymienia co najmniej 9 przypadków w Luzytanii, gdzie *cetariae* do solenia ryb towarzyszą gospodarstwom willowym. Do tego można doliczyć najmniej 3 wille z Hiszpanii Tarragońskiej (tab. 1 i mapa 1).

T a b e l a 1. *Cetariae* w Luzytanii i Hiszpanii Tarragońskiej w ramach gospodarstw willowych

Willa	Oznaczenie willi wg Gorges, Les villas... (*op.cit.*)
LUZYTANIA	
1. Budens, Boca do Rio	PS 34
2. Abicanda, Mexilhoeira Grande	PS 38
3. Vale de Arrancada	PS 40
4. Castelo de Arade, Ferragudo	(*ARA* I, s. 135–6)
5. Cerro da Vila, Quarteira	PS 41
6. Quinta do Marim, Olhão	PS 39
7. São Estevão, Paul (Tavira)	PS 42
8. Quinta de Monte Rosa, Cacela	PS 35
9. Burgau	(*AP* 15 (1910), s. 218)
HISZPANIA TARRAGOŃSKA	
10. Los Nietos, Las Mateas	MU 42
11. Puerto Mazarrón	MU 44
12. Tossa de Mar	GE 26

[33] Znamy też przykład usytuowania warsztatów w centrum miasta Baelo w Betyce. Zob. M. P o n s i c h, A propos d'une usine antique de salaisons à Belo, *MCV* 12, 1976, s. 69–79; S. D a r d a i n e, J.N. B o n n e v i l l e, La campagne de fouilles d'octobre 1979 à Belo, *MCV* 16, 1980, s. 386–391; J.N. B o n n e v i l l e et al., La dix-huitième campagne de fouilles de la Casa de Velasquez à Belo en 1983 (Bolonia, province de Cadix): Le secteur VI (Macellum), *MCV* 20, 1984, s. 470–476.

[34] Plin. *HN* 31.94. Zob. C u r t i s, *op.cit.*, s. 170–175.

Do tego należy dodać stanowiska, gdzie związek pomiędzy willami a warszatami solenia ryb nie jest jednoznacznie potwierdzony, choć ich bliskie sąsiedztwo przemawia za taką możliwością (zob. tab. 2 i mapa 1).

T a b e l a 2. *Cetariae* w Luzytanii, Betyce i Hiszpanii Tarragońskiej sąsiadujące z gospodarstwami willowymi

Willa	Oznaczenie willi wg Gorges, *Les villas...* (*op.cit.*)
LUZYTANIA	
13. Quinta das Antas, Balsa	(Edmondson, s. 261)
14. Alfanxia, Olhao	(Edmondson, s. 260)
BETYKA	
15. Marbella	MA 08
16. San Pedro de Alcántara, Las Torres	MA 10
17. Baelo	Zob. przyp. 33
18. Torrox	MA 13
HISZPANIA TARRAGOŃSKA	
19. Lucentum, Tossal de Manises	(Curtis, Garum, s. 55)
20. Calpe	(Curtis, Garum, s. 55)
21. Punta de l'Arenal	A 16
22. Lavra	PN 12
23. Póvoa de Varzim, at Alto de Martim Vaz	PN 13
24. Playa de Area (Vivero)	(*AEspA* 67 (1994), s. 120)
25. La Barra	(*AEspA* 67 (1994), s. 117)

Z pewnością nie jest to lista kompletna. Sporządzenie takowej jest znacznie utrudnione przez fakt rozproszenia sprawozdań archeologicznych. Co gorsza, część z nich w ogóle nie została opublikowana. Należy do tego dodać jeszcze trudność związaną z „jakością" tych materiałów. Duża część wykopalisk była prowadzona w XIX wieku, kiedy przywiązywano niewielką uwagę do dokumentacji części wiejskiej willi (*pars rustica*), nie mówiąc już o wkomponowaniu gospodarstwa willowego w szerszy kontekst regionalny. A ponieważ wiele *cetariae* jest dzisiaj niedostępnych do ponownego oglądu (zasypane wykopaliska, zniszczone stanowisko przez współczesną industrializację itp.), oznacza to, że jeśli w czasie, w którym prowadzono wykopaliska, nie zauważono związku pomiędzy gospodarstwem willowym a *cetariae* i nie znalazło to wyrazu w sprawozdaniach archeologicznych, związek ten jest już dzisiaj dla nas zupełnie nieuchwytny. Dostępny materiał wystarcza jednak do stwierdzenia, że nie mamy do czynienia ze zjawiskiem jednostkowym.

Połączenie działalności rolniczej z przetwórstwem rybnym w ramach jednej jednostki gospodarczej może się na pierwszy rzut oka wydawać sztuczne, ma jednak – jak sądzę – swoje uzasadnienie. Z całą pewnością nasilenie prac w warsztatach solenia ryb działających w lub przy gospodarstwach willowych nie utrzymywało się na tym samym poziomie przez cały rok. Wynikało to z dwóch przyczyn. Po pierwsze, ilość ryb w wodach oblewających Półwysep Iberyjski nie jest jednakowa w każdej porze roku. Jest to związane z migracją tuńczyków z Oceanu Atlantyckiego do Morza Śródziemnego późną wiosną i z powrotem do Atlantyku w lipcu i sierpniu. Więcej, współczesne statystyki Portugalii wskazują, że tonaż połowów może się znacznie różnić w poszczególnych latach[35]. Mamy prawo przypuszczać, że także w starożytności były lata „chude" i „tłuste" pod względem rozmiarów połowów. Po drugie, rolniczy charakter gospodarstwa willowego wymagał w niektórych okresach, chociażby w czasie żniw, koncentracji wszystkich sił na pracach polowych lub zbiorze owoców. Właśnie rolniczy charakter willi stawiał je w dość komfortowej sytuacji. Ponieważ konserwowanie ryb było uzupełnieniem rolnictwa, właściciel lub zarządca takiego gospodarstwa nie narzekał na zastoje. Było ono też bardziej odporne na ewentualne lata nieurodzaju. Istniały zapewne okresy w ciągu roku, w których dominowała jakaś sfera działalności willi – albo rolnicza, albo przetwórcza. Uczeni podkreślają (R.I. Curtis, J.C. Edmondson), iż rytm działań w obu sferach współgrał ze sobą. Największe nasilenie przetwórstwa rybnego przypadało na późną wiosnę oraz lipiec i sierpień (okres, kiedy ławica tuńczyków była u brzegów Hiszpanii). Na czerwiec przypadał okres żniw. R.I. Curtis sugeruje, że miesiące zimowe i wczesne miesiące letnie mogły być zarezerwowane dla produkcji barwnika purpurowego, a przez cały rok, w czasie gdy nawał prac bieżących nie był uciążliwy, można było solić inne rodzaje mięs, np. wieprzowinę[36]. Zapewne, jak wskazuje przykład pieca z Puerto Real (zatoka Kadyks), niektóre wille produkowały także amfory na swoje produkty[37].

Na marginesie warto wspomnieć, że właściciele niektórych willi, jak wynika z badań J.C. Edmondsona, angażowali się w tak oddalone od rolnictwa inwestycje gospodarcze, jak kopalnictwo metali szlachetnych. Kanadyjski badacz donosi o uderzającej korelacji pomiędzy lokalizacją willi (często stosunkowo bogatych) a kopalniami w Luzytanii. Według niego, korelacja owa może odbijać nieistniejący dzisiaj związek pomiędzy posiadaniem ziemi a górnictwem[38].

* * *

Hiszpański model willi nadmorskich łączących aktywność rolniczą z przetwórstwem rybnym jest zjawiskiem oryginalnym i zmusza do zastanowienia się nad przyczyną takiego ich ukształtowania na Półwyspie Iberyjskim.

Zacznę od zreferowania poglądów J.C. Edmondsona na tę sprawę. Badacz ten uważa, że produkcja sosów rybnych i *salsamenta* w Hiszpanii jest konsekwencją romanizacji tej prowincji, która objęła, oprócz wielu dziedzin życia, także upodobania kulinarne miejscowej ludności. Produkcja *salsamenta* i sosów rybnych miałaby być odpowiedzią na wzmożone zapotrzebowanie lokalnej elity, próbującej naśladować rzymski styl życia. Inną grupę ewentualnych konsumentów stanowili żołnierze legionowi, stacjonujący w zachodnich prowincjach, administracja rzymska i indywidualni emigranci. Widocznym efektem romanizacji byłyby również gospodarstwa willowe. Według Edmondsona, to właśnie one silnie manifestowały przystosowanie (*acculturation*) do rzymskiej rzeczywistości. Właściciele ich za oznakę rzymskości uznawali też rzymski sposób odżywiania. W takich okolicznościach produkcja *salsamenta* przynosiła właścicielom willi nie tylko korzyści ekonomiczne, ale również prestiżowe (*dignitas*), przejawiające się – jak mówi kanadyjski uczony – w kontrolowaniu większej liczby obszarów działalności gospodarczej[39].

---

[35] Edmondson, *Two industries*, s. 110–111.

[36] Curtis, *op.cit.*, s. 149. Por. Colum. 12.55.4.

[37] A. Campano Lorenzo, De la producción de ánforas de salazón en la bahía de Cádiz. Materiales del alfar de «el olivar de los valencianos», Puerto Real, *AEspA* 67, 1994, s. 135–145.

[38] Edmondson, *Two industries*, s. 73–76. Por. również wcześniejsze uwagi o eksploatacji złóż gliny.

[39] Zob. Edmondson, *Le garum en Lusitanie*, s. 143. Zauważmy od razu, że w warunkach italskich nie mogłoby być mowy o *dignitas* wynikającej z działalności rzemieślniczej. O pogardzie dla rzemiosła i handlu wspomniałem wcześniej.

Koncepcja Edmondsona, z pozoru spójna i przekonywająca, wymaga jednak rewizji, przynajmniej w dwu punktach: 1) kwestii pochodzenia umiejętności solenia ryb w Hiszpanii; 2) kwestii związku pomiędzy procesem romanizacji a modelem *hiszpańskich villae maritimae*.

Jeśli chodzi o pierwszą sprawę, nic nie wskazuje na to, że umiejętność konserwowania ryb została zaszczepiona w Hiszpanii przez Rzymian. Źródła literackie i epigraficzne poświadczają spożycie sosów rybnych i *salsamenta* w Italii od II w. p.n.e., choć zapewne były spożywane wcześniej[40]. Wiemy także o importach produktów z solonych ryb znad Morza Czarnego i z Hiszpanii (!). Produkcja natomiast jest poświadczona późno, bo dopiero dla I w. n.e. Pliniusz Starszy rekomenduje *garum* z Pompejów i *muria* z Thurii[41]. Zaangażowanie ośrodków kampańskich w przetwarzanie produktów rybnych potwierdzają świadectwa epigraficzne pochodzące z miast zniszczonych wybuchem Wezuwiusza. Datuje się je na ostatnie lata przed wybuchem wulkanu w 79 r. n.e. Należą tu przede wszystkim *tituli picti*, malowane napisy na naczyniach służących do przechowywania i transportu sosów rybnych. Chociaż dowodzą one jednoznacznie, że „przemysł" solenia ryb w Pompejach i Herkulanum był bardzo rozwinięty, żeby tylko wspomnieć A. Umbrycjusza Skaurusa, czołowego producenta *garum* w Pompejach, to nigdzie nie odnaleziono *cetariae*, w których konserwowano ryby[42].

Dla kontrastu trzeba powiedzieć, że przetwórstwo rybne w Hiszpanii jest udokumentowane co najmniej od V w. p.n.e. Produkcja owa przekraczała potrzeby lokalne i w znacznej części była przeznaczona na eksport. Greckie importy solonych ryb z Hiszpanii są potwierdzone nie tylko przez źródła literackie, ale także archeologiczne[43]. W północno-zachodniej części forum rzymskiego w Koryncie archeolodzy odkryli dom spełniający rolę magazynu handlowego. Wśród znalezionych tam naczyń 40 procent stanowią amfory punickie typu Mana-Pascual A-4a z zaschniętymi kawałkami solonego leszcza i tuńczyka. Analizy fizykochemiczne wykazały, że pochodzą one z rejonów Gades lub przeciwległego wybrzeża dzi-

[40] *Hallex* (*Allec*): Plaut. *Persa* 105; *Poen.* 1310; Cato, *De agr.* 58. *Garum* jest wspomniane po raz pierwszy dopiero w I w. p.n.e. przez Warrona (*LL* 9.40.66).

[41] Plin. *HN* 31.94.

[42] Odkryto natomiast magazyn solonych ryb w Pompejach w Regionie I.XII.8, gdzie znaleziono wysuszone szczątki sosu rybnego *allec*. Zob. Curtis, *Garum and salsamenta*, s. 92–94; id., The Salted Fish Industry of Pompeii, *Archaeology* 37, 1984, s. 68–59, 74–75. Pompeje i Herkulanum są zupełnie wyjątkowym miejscem w skali całego cesarstwa, gdzie dzięki inskrypcjom kwestie struktury produkcji sosów rybnych możemy badać z niespotykaną gdzie indziej dokładnością. O Skaurusie zob. Curtis, A Personalized Floor Mosaic from Pompeii, *AJA* 88, 1984, s. 557–566; id., A. Umbricius Scaurus of Pompeii, w: *Studia Pompeiana & Classica*, ed. R.I. Curtis, New Rochelle 1988, t. 1, s. 19–50; A. Łoś, *Wyzwoleńcy w Pompejach. Studium stosunków ekonomicznych w kampańskim mieście*, Wrocław 1991, s. 91–93; id., *Dorobkiewicze*, s. 135–36.

[43] Szczególnym powodzeniem cieszyły się produkty z Gades. Zob. Eupolis *fr.* 186 (Edmonds); Nicostratus *fr.* 4,5 (Edmonds); Antiphanes *fr.* 77 (Edmonds). Jak się zdaje, przetwórstwo rybne było zdominowane przez osadników fenickich. Świadomie pomijam szczegóły skomplikowanej kwestii pochodzenia umiejętności solenia ryb w Hiszpanii, odkładając ten temat na odrębny artykuł. Odkryty niedawno punicki warsztat solenia ryb w Gades, datowany na koniec V–III/II w. p.n.e., wzmacnia kandydaturę Fenicjan, choć nie sposób wykluczyć udziału osadników greckich, jak chciał R. Étienne. Zob. G. de Frutos, G. Chic, N. Berriatua, Las anforas de la factoria preromana de salazones de „Las Redes" (Puerto de Santa Maria, Cadiz), w: *Actas 1er Congreso Peninsular de Historia Antigua*, Santiago de Compostela 1988, t. 1, s. 295–306; Á. Muñoz Vicente et al., Contribution a los orígines y difusión comercial de la industria pesquera y conservera Gaditana a Través de las recientes aportaciones de las factorías de salazones de la Bahía de Cadiz, w: *Actas de Congreso Internacional el Estrecho de Gibraltar Ceuta – Noviembre 1987*, Distancia [1989], s. 487–508. Por. R. Étienne, A propos du „garum sociorum", *Latomus* 29, 1970, s. 297–299; Curtis, *Garum and salsamenta*, s. 46–48; id., Salt-fish products around the Strait of Gibraltar, *JRA* 4, 1991, s. 300–305; J.C. Edmondson, *Two industries*, s. 107.

siejszego Maroka. Działalność tego magazynu jest datowana na V w. p.n.e.[44] Oznacza to, że już w tym czasie istniały kontakty handlowe między Hiszpanią a światem greckim. Co szczególnie ważne, odkryto także punicki warsztat solenia ryb w Las Redes w Betyce, datowany na V–III/II w. p.n.e.[45] Jakkolwiek ponad wiek dzieli działalność warsztatu w Las Redes i rozpoczęcie produkcji przez warsztaty rzymskie, których początki datuje się na I w. p.n.e./I w. n.e., to wydaje się, że przetwórstwo okresu rzymskiego czerpie z tradycji przedrzymskiej (fenicko-kartagińskiej)[46].

Z powyższego wynika, że zainteresowanie przetwórstwem rybnym zaszczepili mieszkańcom Hiszpanii nie Rzymianie, lecz osadnicy fenicko-kartagińscy (być może pewną rolę odegrali tutaj Grecy). Romanizacja Hiszpanii nie musiała więc oznaczać zmiany upodobań kulinarnych miejscowej ludności, przynajmniej jeśli idzie o produkty z solonych ryb – co najwyżej wzrosła konsumpcja owych produktów[47]. Na dowód tego można przytoczyć znaczny wzrost liczby amfor przeznaczonych na produkty z solonych ryb i datowanych od I w. n.e. Początki cesarstwa charakteryzują się zresztą na wielu obszarach „boomem" gospodarczym, który dotknął wszystkich dziedzin gospodarki, gdyż *Pax Augusta* stworzyła sprzyjające warunki dla *prosperity* w wielu dziedzinach.

Drugie zastrzeżenie do koncepcji Edmondsona dotyczy stosunku romanizacji do specyficznego modelu hiszpańskich *villae maritimae*.

Jest oczywiste, że model gospodarstwa willowego został przeszczepiony na grunt hiszpański z Italii. W okresie od II w. p.n.e. do I w. n.e. wille stają się powszechnym elementem krajobrazu rolniczego Hiszpanii. Jednak hiszpańskie wille nadmorskie, w których obok rolnictwa przetwarzano ryby, nie były, jak wynika z wcześniejszych uwag, prostą adaptacją wzorów italskich. Jak dotąd nie zidentyfikowano w Italii żadnych warsztatów solenia ryb ani w ramach gospodarstw willowych, ani poza nimi[48]. Brak zresztą warsztatów do solenia ryb

[44] Publikacja wykopalisk: C. Kaufman Williams II, Corinth 1977, Forum Southwest, *Hesperia* 47, 1978, s. 15–20; *id.*, Corinth 1978, Forum Southwest, *Hesperia* 48, 1979, s. 107–124; id., Corinth Excavations, 1979, *Hesperia* 49, 1980, s. 108–111. Analiza fizykochemiczna amfor: Y. Maniatis et al., Punic Amphoras Found at Corinth, Greece: an Investigation of Their Origin and Technology, *JFA* 11, 1984, s. 205–222.

[45] Por. przypis 43.

[46] Zob. M. Ponsich, M. Tarradell, *Garum et industries antiques de salaison dans la méditerranée occidentale*, Paris 1965, s. 114. Ponsich i Tarradell, publikując swoją książkę przed odkryciem warsztatu punickiego, tłumaczyli brak instalacji przedrzymskich tym, że rzymska industrializacja była tak pełna, iż zamazała ślady wcześniejszych warsztatów.

[47] Mówienie o przedrzymskiej ludności Hiszpanii jest tutaj umowne. Półwysep Iberyjski nie był jednolity pod względem etnicznym. W interesującym nas okresie można wyróżnić cztery główne etnosy: iberyjski, celtycki (później z ich połączenia powstała grupa celtoiberyjska w północno-środkowej Hiszpanii), fenicko-kartagiński i grecki. Niestety, źródła, którymi dysponujemy, nie oświetlają w jednakowym stopniu wszystkich grup. Więcej możemy powiedzieć tylko o osadnikach fenickich i greckich. Jeśli więc można, chociażby fragmentarycznie, uchwycić upodobania kulinarne przedrzymskich mieszkańców Hiszpanii, obraz ten będzie się odnosił do obszarów związanych z oddziaływaniem kultury fenickiej (później kartagińskiej) i greckiej. Ludność iberyjska i celtycka nie zostawiła nam źródeł pisanych, więc ten aspekt ich życia jest dla nas nieuchwytny.

[48] Zastanawiać może fragment inskrypcji, pochodzącej z pojemnika typu Schoene-Mau VI (typowego dla transportu produktów rybnych), o treści: *arbor quam/ ex rure Scauri.* Chodzi tu bez wątpienia o wspomnianego pompejańskiego producenta *garum* A. Umbrycjusza Skaurusa (informację o tej inskrypcji zawdzięczam dr. hab. A. Łosiowi, któremu jestem także winien podziękowania za udostępnienie mi przed drukiem cytowanego wielokrotnie artykułu *Nec enim quicquam...*). A. Łoś przypuszcza, iż Skaurus poza działalnością przetwórczą był właścicielem majątków rolniczych. Jest to bardzo prawdopodobne, jeśli zważy się, iż posiadanie ziemi było istotnym wyznacznikiem statusu społecznego (por. uwagi na s. 11). Nic jednak nie wskazuje na to, że *officinae*, w których Skaurus produkował sosy rybne, znajdowały się w obrębie gospodarstwa typu *villa*. Nie wiemy zresztą nic konkretnego o ewentualnych posiadłościach Skaurusa. Zob. Łoś, *Dorobkiewicze*, s. 124–125. Niestety nie udało mi

w gospodarstwach willowych Italii zgadza się dobrze z modelem *villae*, opisanym w łacińskich traktatach agronomicznych. Nie ma w nich bowiem wzmianek o soleniu ryb, choć są informacje świadczące o ich spożyciu, a także zastosowaniu w *materia medica*. Katon wymienia wśród dodatków do pożywienia *familia* sos rybny *hallex* (*allec*). Nie wiadomo jednak, czy jest on wyrabiany w jego majątku czy zakupywany, tak jak małe solone rybki *maenae*. Przepis na solankę (*muria*) nadającą się do konserwowania mięsa, serów i ryb mógłby sugerować, że w willi Katona istotnie wyrabiano *salsamenta*[49]. Nawet jeśli rzeczywiście tak było, produkcja ta miała niewielki wymiar i była przeznaczona na bieżące potrzeby *familia*. Wykorzystanie solanki (*muria*) do konserwowania różnego rodzaju pożywienia jest opisane także w pracach Warrona, a szczególnie Kolumelli[50]. Szeroko omawia on również medyczne zastosowanie sosów rybnych (*garum*, *muria*) w weterynarii[51]. Obaj pisarze poświęcają oddzielne paragrafy hodowli ryb. Szczególnie wnikliwy opis znajdujemy u Kolumelli[52]. W żadnym z traktatów agronomicznych nie wspomina się o możliwości czerpania zysku z przetwórstwa ryb. Nie tylko nie znajdziemy tam opisu *cetariae* i przepisów na konserwowanie ryb, ale w ogóle żadnych wzmianek o takiej działalności. Wydaje się, że milczenie Warrona, a przede wszystkim Kolumelli, należy potraktować poważnie. Kolumella, bardzo starannie konstruując swój podręcznik rolnictwa, nie omieszkałby nadmienić o możliwościach dodatkowych dochodów z konserwowania ryb. Dając tak szczegółowy opis *piscinae*, wspomniałby zapewne także o *cetariae*, jeśli obecność ich w gospodarstwach willowych byłaby powszechną praktyką, zwłaszcza że znał i stosował sosy rybne w swoim gospodarstwie w *materia medica*. Możemy mniemać, że nie był mu obcy sam proces produkcji solonych ryb, bowiem porównuje solenie mięsa wieprzowego do wyrabiania *salsamenta*. Nie może więc być mowy o przeoczeniu.

Usprawiedliwione więc wydaje się stwierdzenie, że w gospodarstwach willowych Italii nie zajmowano się przetwórstwem rybnym. Jak się zdaje, działalność ta była prowadzona niezależnie od rolnictwa (oczywiście chodzi tu o działalność na skalę „przemysłową")[53]. Taki stan rzeczy zresztą nas nie dziwi. Przywołajmy zaprezentowane nieco wcześniej uwagi o stosunku rzymskiej arystokracji do rzemiosła i handlu[54].

---

się dotrzeć do publikacji tej inskrypcji przez C. Giordano i A. Casale (Iscrizioni pompeiane inedite scoperte tra gli anni 1954–1978, *AAP* 39, 1990, n. 351).

49 *Hallex*: *De agr.* 58; *maenae*: 23; *muria*: 88.

50 Varro *RR* 1.60. Colum. 7.8.6–7; 8.6.1; 12.9; 12.49.2; 12.49.8; 12.50.5; 12.56. Pełny wykaz wzmianek zob. G.G. Betts, W.D. Ashworth, *Index to the Uppsala edition of Columella*, Upsala 1971, s. 346.

51 Colum. 6.9; 6.30.9; 6.34; 6.38; 7.10.5. Por. G.G. Betts, W.D. Ashworth, Index, s. 228 (*garum*), s. 346 (*muria*). Por. R.I. Curtis, Salted fish products in ancient medicine, *JHSM* 39, 1984, s. 430–445.

52 Varro *RR* 3.3.1; 3.17; Colum. 8.16–17. Nie wszystkie sadzawki rybne były nastawione na zysk. Część z nich zaspokajała potrzeby samej *villa*, część była też kaprysem właściciela willi i przejawem mody. Warron ze zgorszeniem ocenia ogromne koszty ponoszone przez nobilów rzymskich dla utrzymania swoich stawów rybnych (3.16).

53 Być może, jak mógłby sugerować przykład Pompejów, w Italii mamy do czynienia z przewagą produkcji miejskiej. Jednak z powodu szczupłości źródeł niewiele wiemy w skali całego imperium o miejskiej produkcji *salsamenta*.

54 Stosunek Rzymian do rybaków i handlarzy *salsamenta* był szczególnie lekceważący. Kolumella, jakkolwiek włącza do swojego traktatu omówienie *piscinae*, zaznacza, że dochód z nich osiągany jest najmniej odpowiedni dla rolników (8.16.1): *(...) piscium reditum quamvis alienissimum agricultoribus putem (quid enim tam contrarium est, quam terrenum fluido?)*. Literatura grecka i łacińska obfituje w uszczypliwe i często niewybredne uwagi o handlarzach sosów rybnych i *salsamenta*. Są oni synonimem lichego charakteru i niskiego statusu społecznego, czasami są nazywani wprost „mętami społecznymi". Zob. Curtis, *Garum and salsamenta*, s. 152–155. Żałuję, iż nie był mi dostępny artykuł Curtisa, The Man Who Wipes his Nose on his Shirt Sleeve, *Laverna* 1, 1990, s. 1–12.

Hiszpańskie *villae maritimae*, w których przetwarzano ryby, były zatem jak gdyby konglomeratem rzymskiej idei gospodarstwa rolnego oraz miejscowych tradycji rolniczych wraz z poczuciem silnej potrzeby wykorzystywania zasobów morza. Poczucie to zaszczepili na Półwyspie Iberyjskim osadnicy feniccy i greccy[55]. Nie było tu – jak się zdaje – oporów właścicieli gospodarstw, należących do lokalnej elity, przed dochodami uzyskanymi z przetwórstwa ryb. Postawa taka może co nieco powiedzieć o myśleniu ekonomicznym miejscowych notabli.

C. Właściciele hiszpańskich *villae maritimae*

Żałować należy, że nie udało się zidentyfikować żadnego właściciela opisywanych *villae maritimae* z imienia[56]. Posługując się analogią do innych gospodarstw willowych w Hiszpanii, możemy bezpiecznie skonstatować, że należeli oni do miejscowej elity społeczno-ekonomicznej. W grupie tej byli zarówno zromanizowani mieszkańcy Hiszpanii, jak i italscy emigranci. Nie można wykluczyć, że w związku z zakrojoną na szeroką skalę kolonizacją wojskową Cezara i Augusta, niektórzy z nich mogli być weteranami wojskowymi prowadzącymi w Hiszpanii rolniczy tryb życia.

Fakt posiadania oraz rodzaj posiadłości ziemskiej był – jak mówi wybitny znawca problematyki społecznej starożytnego Rzymu, G. Alföldi – najważniejszym ekonomicznym kryterium podziału społecznego[57]. Pomimo bogactwa form, wille pozostawały gospodarstwami średnich rozmiarów. Zamanifestowanie lepszego statusu społecznego wymagało więc koncentracji kilku, kilkunastu lub nawet kilkudziesięciu takich majątków w jednych rękach[58]. Niekoniecznie majątki te musiały się znajdować w jednej okolicy, zresztą rzadko to było możliwe. Posiadanie willi mniej lub bardziej oddalonych od siebie pozwalało na wspomniane już podróże i odwiedziny (*hospitium*), stanowiące rodzaj mody wśród elit społeczno-ekonomicznych. Zapewne także w Hiszpanii część posiadaczy majątków willowych angażowała się – wzorem Italii – w działalność polityczną, robiąc lokalne kariery; nielicznym udawało się nawet wejść do elity imperialnej.

Styl życia związany z posiadaniem ziemi i manifestacja bogactwa nie różniły się w Hiszpanii od podobnych zachowań elity Italii[59]. Inny był natomiast stosunek do środków, dzię-

[55] Eksploatacja zasobów morza stanowiła zawsze istotny element gospodarki Półwyspu Iberyjskiego. Zjawisko to można obserwować od antyku do czasów współczesnych. Hiszpania, a szczególnie Portugalia czerpie znaczne zyski z rybołówstwa. Edmondson podkreśla, iż rytm życia wiejskiego w południowej Portugalii układa rolnictwo i rybołówstwo w symbiozę. Zob. E d m o n d s o n, *Two industries*, s. 110–113.

[56] Inskrypcja na dachówce, znaleziona w willi Budens, Boca de Rio (*G.A. Emili/ Scriboni*), niewiele może nam pomóc, gdyż nie wiemy, czy imiona producentów należy wiązać z tą willą. Zob. G o r g e s, *Les villas*, s. 480.

[57] Zob. G. A l f ö l d y, *Historia społeczna starożytnego Rzymu*, Poznań 1991, s. 139. Badania nad relacją pomiędzy domem a statusem społecznym właściciela były prowadzone przez A. W a l l a c e - H a d r i l l, *Houses and society in Pompeii and Herculaneum*, Princeton, New Jersey 1994, który przebadał materiał z Pompejów i Herkulanum. Tym samym problemem w odniesieniu do willi zajął się J.T. S m i t h w cytowanej już pracy *Roman Villas. A study in social structure*. Zob. również Ł o ś, *Dorobkiewicze*, s. 82–91. Na marginesie wspomnę, że prowadzi się również badania nad tym, w jaki sposób architektura willowa służyła upamiętnieniu właściciela willi. Zob. J. B o d e l, Monumental villas and villa monuments, *JRA* 10, 1997, s. 5–32.

[58] Zob. K o l e n d o, *Rolnictwo rzymskie*, s. 345. Por. M. J a c z y n o w s k a, Własność ziemska nobilów w okresie schyłku republiki rzymskiej, *Roczniki Dziejów Społeczno-Gospodarczych* 21, 1959, s. 14–15, 41.

[59] Wydaje się jednak, że przepych willi italskich był obcy Hiszpanii i brak tam ekstrawagancji budowlanych w rodzaju przedsięwzięć L. Licyniusza Lukullusa. Zob. A. K e a v e n e y, *Lukullus*, Warszawa 1998, s. 160–164. Por. S.J. K e a y, *Roman Spain*, California 1988, s. 76.

ki którym bogactwo zostało zgromadzone. Wspomniałem już o negatywnym nastawieniu rzymskiej arystokracji do zarobkowania w sektorze nierolniczym. Dodajmy do tego wszechobecny ideał *agricola bonus*, szeroko rozpowszechniony w literaturze łacińskiej (nie tylko agronomicznej). Wszystko to zmuszało arystokratów do stosowania wybiegów przy angażowaniu kapitału w rzemiosło czy handel (np. posługiwanie się wyzwoleńcami i niewolnikami). Pokusa była duża, bo dochody z rolnictwa, jakkolwiek stabilne, nie pozwalały na spektakularny sukces ekonomiczny[60]. Przykłady szybko zgromadzonych fortun wyzwoleńców pobudzały wyobraźnię senatorów, ekwitów i elit municypalnych. Znalazło to wymowny wyraz w literaturze, żeby tylko wspomnieć najczęściej cytowany przykład – wyzwoleńca Trymalchiona[61]. Posunięcia ekonomiczne arystokracji italskiej były krępowane przez system wartości i ocen. Doprowadzało to nierzadko do decyzji irracjonalnych z ekonomicznego punktu widzenia, komplikując system zależności ekonomicznych i prawnych. Wydaje mi się, iż elita ekonomiczna Hiszpanii różniła się pod tym względem od italskiej. Nie miała ona oporów i zahamowań przed czerpaniem zysków z sektora nierolniczego. Główną rolę w rachunku ekonomicznym odgrywały tu kategorie zysku i opłacalności. Tego – racjonalnego przecież – podejścia do decyzji ekonomicznych nie zmienił nawet proces romanizacji. Właściciele hiszpańskich *villae maritimae*, którzy angażowali się w produkcję sosów rybnych i *salsamenta*, kontynuowali przedrzymskie tradycje łączenia działalności rolniczej z wykorzystaniem zasobów morza, zaszczepione – jak próbowałem wykazać – przez osadników fenickich. Symbiozę rolnictwa i eksploatacji morza jeszcze dziś można obserwować w nadmorskich regionach Hiszpanii i Portugalii[62].

D. Podsumowanie

Studia nad produkcją sosów rybnych i *salsamenta* w hiszpańskich *villae maritimae* przynoszą ważne ustalenia dla zrozumienia całokształtu ekonomiki Hiszpanii. Pozwalają także na wnioski ogólniejszej natury.

Hiszpańskie gospodarstwa willowe, nie przestając być willami rzymskimi, posiadają cechy miejscowe, właściwe dla swojego regionu. Wynika z tego postulat mówienia o wielu modelach willi i traktowania modelu italskiego (szczegółowo omówionego przez łacińskich *scriptores rei rusticae*) jako punkt wyjścia. Hiszpański przykład pokazuje, że baczniejszą uwagę należy przywiązywać do przedrzymskich tradycji gospodarowania na romanizowanych obszarach.

Znamienne jest, że hiszpańskie *villae maritimae*, w których produkowano sosy rybne i *salsamenta*, nie są wyjątkiem w skali imperium, czego dowodzi przykład Armoryki i Étang de Berre w Galii[63]. Podkreślałem także wcześniej, że działalność pozarolnicza willi hiszpańskich nie ograniczała się do przetwórstwa rybnego. Była mowa o produkcji barwnika purpurowego, ze specjalnego gatunku ślimaków *murex* i produkcji amfor. Przywoływałem także obserwację J.C. Edmondsona, dotyczącą związku willi z kopalnictwem w Luzytanii. Gospodarstwa willowe, w których sektor pozarolniczy stanowił poważne uzupełnienie działalności rolniczej, są także cechą Brytanii. Znajdujemy tam wille, w których produkowano ceramikę,

---

[60] Zob. Łoś, Struktury społeczne, s. 307–308.

[61] Petr. *Sat.* Por. propozycję identyfikacji Trymalchiona A. Łosia, Gdzie mieszkał i kim był Trymalchion? A propos archiwum a Argo Murecine, *Classica Wratislaviensia*, 15, 1991, s. 63–73.

[62] Por. przypis 55.

[63] Zob. Curtis, *Garum and salsamenta*, s. 76.

dachówki, cegły, obrabiano również kamień i metale[64]. Zakres zajęć pozarolniczych mógł być nawet większy, gdyż niektóre rodzaje aktywności gospodarczej nie pozostawiły śladów do naszych czasów (np. skóry, tekstylia).

W nawiązaniu do poruszanych w tym artykule problemów warto przytoczyć pytanie, które zadaje M. Todd w swoim artykule *Villa and fundus*, zresztą postawione już wcześniej przez J. Percivala: *Were there such things as industrial villas?*[65] Trudno ustosunkować się do tego pytania w kilku zdaniach. Sądzę, że można by takie określenie przyjąć w odniesieniu do gospodarstw willowych, gdzie sektor rzemieślniczy stanowił istotne u z u p e ł n i e n i e dochodów z rolnictwa. Działalność pozarolnicza byłaby więc źródłem d o d a t k o w y c h, a n i e g ł ó w n y c h d o c h o d ó w gospodarstwa. W odwrotnym przypadku powątpiewam w sens używania terminu *villa* na określenie takiego gospodarstwa.

Przykład właścicieli hiszpańskich *villae maritimae* uzmysławia, nie do końca chyba rozpoznany, z w i ą z e k g o s p o d a r k i z *mentalité*. Rozpatrywanie procesów z zakresu historii gospodarczej będzie pełniejsze w szerokim kontekście odniesień do systemu wartości obowiązujących w danym społeczeństwie[66].

AN ATTEMPT AT A NEW WAY OF LOOKING AT VILLA-FARMS AND THEIR OWNERS IN SPAIN (I–II CENTURY A.D.)

S u m m a r y

A. Introduction: Traditional Interpretation of a Villa-farm

Many research workers have been working on the problems concerning villa-farms and literature concerning villas is enormous. Although there are a lot of debatable and questionable matters, everyone agrees that the purpose of villas was farming, that is, agriculture and animal husbandry. However, we do find reference to processing and craft activity in Latin agronomic tracts, it is easy to see that these activities were not essential (the processing of olives and grapevine was treated as farming). Villas in which clay products were made (bricks, amphorae, roof tiles etc.) were an exception. This deviation is important because Roman aristocracy believed, at least officially, that any activity connected with crafts and trade was despicable. From other sources we know that Roman "gentry" gained a lot of profit from the non-agricultural sector (crafts, processing, trade). However, the production of clay artifacts is a specific exception. Apart from the above-mentioned activities, nothing shows us that villas participated in other domains of crafts.

This picture seems to be true as far as Italy is concerned. In Italy villas have developed in their "classic" form. They also fit the descriptions, which can be found in the Latin agronomic tracts (Cato the Elder, Varro and Columella).

It is otherwise with villa-farms, in the provinces, where quite often the specific local conditions modify the picture of *villae* which are familiar to us, thanks to the Latin agronomic tracts. Such an

[64] K. B r a n i g a n, Specialization in villa economies, w: *Villas Economies*, s. 42–50.

[65] M. T o d d, Villa and fundus, w: *Villas Economies*, s. 20. Por. J. P e r c i v a l, *The Roman Villa*, s. 161–162.

[66] Badania nad mentalnością społeczeństw są prowadzone od pewnego czasu przez historyków różnych okresów. Por. W. W r z o s e k, *Historia – kultura – metafora. Powstanie nieklasycznej historiografii*, Wrocław 1995, s. 131–138.

interesting example in Spain, where food processing and craft activities were an integral part of the villa-farm activities, supplying and additional income obtained from the agricultural sector *sensu stricto*, whereas in Italy it was conducted outside the villa-farms (although often by their owners). I am concentrating in my paper on maritime coast villas (*villae maritimae*) where apart from farm products, fish sauces and salted fish (*salsamenta*) were produced. These products were very popular and widespread in the ancient world.

B. Spanish Villas and the Production of *salsamenta*

In 25 cases (see map) we were able to discover that fish salteries (*officinae*) were situated on the premises or near villa-farms. They differ in size and equipment, which was usually salting vats (*cetariae*) coated with mortar (*opus signinum*) to ensure a water tight container. Fish were preserved there by taking out the fish mass and an adequate amount of salt to dry out in the sun for 1–3 months. Sometimes near these stood buildings where products were processed and stored.

Not always is there an obvious connection between a fish saltery and villa-farm, but it is evident in most cases (see table 1 and 2). We have to say very clearly here that Spanish villas which dealt with fish processing are not similar, and in most cases have nothing to do with fish farming within *viliatica pastio* which was described in detail by Varro and Columella. In Spanish villas where fish processing existed, the fishponds (*piscinae*) described by *scriptores rei rusticae* are rare. The agronomic tracts do not mention salting fish farmed on villa-farms.

Close neighbourhood of *villae* and fish salteries is typical for the entire Spanish coast, but so far, systematical studies have been conducted only in regard to Lusitania. J.E. Edmondson has distinguished 3 methods of making the fish sauce *garum* in Lusitania:

1. **Rural production** – where fish salteries were connected with the villa-farm. Here farming completed fish processing. According to Edmondson, this kind of production was not on a big scale. The Canadian researcher emphasises the self-sufficiency of these farms and the production of goods for self-consumption. He does not exclude surpluses on the local market.

2. **Urban production** – where the scale of production was much larger. Goods were produced for the local market, but also for export. This was easy, because all the towns in which fish salteries were discovered functioned as ports.

3. **Semi-urban production** (*la production semi-urbaine*). Preserving fish took place in specialised *vici*. Production was on a very big scale, considerably larger than the needs of the local market. The ability to concentrate more manpower in the *vicus* enabled the division of labour, a larger assortment of products (e.g. purple dye, whose production was similar to the production of the *garum*), and also a wider range of activities, for example the production of amphorae, used as containers for finished products.

Edmondoson's division shows us that fish preservation was not connected only with one production model; we have here a whole range of models. We can use this division for the whole Iberian Peninsula, where we can find *villae maritimae* in which *salsamenta* were produced, and specialised settlements, where enormous amounts of salted fish were produced.

The connection of farming and fish processing within one farming unit may seem at first sight to be artificial, but I think it is a viable suggestion. It is certain that work in the fish salteries in or near the villa-farms was not on the same scale all year round. This was due to two reasons. The first one was that the amount of fish in the waters surrounding the Iberian Peninsula was not the same every time of the year. This is caused by the migration of tuna fish from the Atlantic Ocean into the Mediterranean Sea in the late spring, and than returning into the Atlantic Ocean in July and August. Moreover, present-day Portuguese statistics show that the tonnage of fishing can differ in certain years. We may surmise that in ancient times there were also years of "wealth" and "poverty" in fishing. The second reason is that farmers had to (in some seasons) concentrate all their efforts on fieldwork and fruit picking especially during harvest time. The agricultural character of the *villa* put it in a comfortable position, since fish preservation was then only a supplement to farming, the owners or managers could not complain about standstills. Such villas were also better equipped to outlast the periods of the bad crops. There were, of course, periods in the year when one of the activities predominated in villas: either farming or processing. Some scholars (R.I. Curtis, J.C. Edmondson) stress the fact that the rhythm of the activities in both these spheres was harmonious. The most intense moment for fish processing came in late spring and then in July and August (periods during which tuna schools were near the coast of Spain). Some villas produced amphorae for their products. An example is the Puerto Real kiln (the Cadiz Gulf).

We can note in passing that – according to J.C. Edmondson – some of the villa owners launched into investing in mining of precious metals, an activity distant from farming. The Canadian scholar reports the striking coincidence between the localisation of the villas (often quite rich) and the mine in Lusitania. According to him, such a correlation may reflect a non-existing (in modern times) connection between tenure of land and mining.

The Spanish model of seacoast villas connecting farming and fish processing is a novel phenomenon and it differs from the Italian one. In Italian villa-farms there was not any fish processing. It seems that this activity was conducted independently of farming (we mean here an activity on an "industrial" scale).

The Spanish *villae maritimae*, in which fish were processed, were some kind of conglomeration of the Roman idea of a farm and the local farming traditions, with the strong need to use the sea resources.

C. Owners of Spanish *villae maritimae*

The owners of Spanish *villae maritimae* belonged to the local socio-economical élite. It included romanized inhabitants of Spain as well as Italian immigrants. The ownership of such a villa was a sign of belonging to the propertied class. Since most of the villas were of middle size, in order to make oneself visibly prominent, one had to concentrate on a few, several or tens of such estates.

The lifestyle connected with the possession of land and the manifestation of wealth were similar in the case of both Spanish and Italian élites. The difference between them was the attitude toward meaning by which the wealth had been gained. The negative approach of Italian aristocracy to earning in a non-agricultural sector (common was the idea of *agricola bonus*, which was widely present in Latin literature) forced its members to using tricks while investing in crafts or trade (making use of freedmen and slaves). The temptation was big, as earnings from farming, although stable, did not lead to a spectacular economic success.

The economic initiatives of the Italian aristocracy were constrained by the system of values and opinions. This often led to irrational (from an economic point of view) decisions, which made the system of economic and legal dependencies unnecessarily, complicated. It seems to me that the Spanish economic élite differed in this respect from the Italian one. It felt no inhibitions or fears as far as making money in non-agricultural sector was concerned. Profit and profitability were the main factors in their economic calculus. This rational approach to economic decisions was not changed even by romanization. The owners of Spanish *villae maritimae*, who engaged themselves in the production of fish sauces and salsamenta, continued the pre-Roman tradition of combining farming with the use of the gifts of the sea: this idea was brought by Phoenician settlers. Even today we can observe this symbiosis between farming and the exploitation of the sea in seacoast regions of Spain and Portugal.

D. Summary and Conclusions

The Spanish villa-farms, while remaining Roman, have local qualities, suitable for specific regions. So we can speak of many models of villas, and treat the Italian model (detailed description of which can be found in *scriptores rei rusticae*) as a starting point. The Spanish example shows us that we should pay more attention to pre-Roman traditions of farming on romanized lands.

It is significant that the Spanish *villae maritimae* in which fish sauces and *salsamenta* were produced are not exceptional in the Roman Empire: the proofs are Armorica and Étang de Berre in Gaul.

Fish processing had not been the only non-agricultural activity of the Spanish villas. Purple dye was also made from a certain species of snail *murex* and amphorae were produced. I also recalled J.C. Edmondson's observations relating to the connection of villas with mining in Lusitania. The scale of non-agricultural activities could have been ever bigger, but some activities did not leave any traces behind which could have survived till our times (e.g. leather, textiles etc.).

The example of the owners of the Spanish *villae maritimae* demonstrates the not yet fully realised link between economy and mentalité. The investigation of the processes of economic history would have been fuller in a wide context of the system of values operative in a giving society.

ELECTRUM * Vol. 4
Kraków 2000

Tadeusz Kotula

Principales civitatium: Grupa społeczna i municypalna instytucja epoki późnego cesarstwa rzymskiego

W piątej księdze traktatu *De cognitionibus*, fragmentarycznie zachowanego w Justynianowych *Digestach*, pisał Kallistrat, jurysta okresu Sewerów, o *decuriones et principales civitatium, qui capitale admiserunt*[1]. Mamy tu niewątpliwie do czynienia, już na przełomie II/III wieku, z oficjalną instytucją cesarstwa. Zacznijmy od krótkiego stwierdzenia, że termin *principales* ma sens *par excellence* hierarchiczny – na określenie grupy społecznej, wysuwającej się, jak sama nazwa wskazuje, na pierwszy plan.

Społeczeństwo rzymskie nigdy nie było demokratyczne, także pod względem strukturalnym. Już w dobie republiki wyodrębniły się z rządzącej *nobilitas* wielkie rody o przewodniej roli w życiu politycznym. Poświęcił im zasłużoną uwagę niemiecki historyk F. Münzer i Włoch F. Cassola. Wśród samej arystokracji senatorskiej oligarchiczne rodziny odcięły się od *senatores pedanei*. W epoce cesarstwa proces społecznego rozwarstwienia znacznie się pogłębił, o czym świadczyło mnożenie się na samym szczycie socjalnej hierarchii wszelkich oboczności i wariantów liczebnika porządkowego *primus*: *primarii*, *primates*, *primores*, *principes*, *principales*, *priores* oraz ich odpowiedników w ogólnikowym znaczeniu czołowych osobistości, *civitatis vertices*. Jak wszystkie tego rodzaju określenia z wokabularza społecznej stratyfikacji, także pojęcie *principales* nie miało zrazu znaczenia terminu technicznego w sensie instytucjonalnym. W dobie Antoninów określił Apulejusz kartagińskich dekurionów mianem *principes Africae viri*, a podobny ogólny zwrot odniósł do najznamienitszych przedstawicieli arystokracji municypalnej (*principales viri*), zaś Tertulian wyróżniał wśród kartagińskich chrześcijan *principales personas*[2].

Już jednak za Sewerów, jak wyżej wspomniano, prawnicy rzymscy uważali kategorię miejskich *principales* wydzieloną z ogółu dekurionów za formalną instytucję. Zacytujmy szerzej odnośny tekst Kallistrata: *De decurionibus et principalibus civitatium, qui capitale admiserunt*... (i dalej:) *Si qui ex principalibus alicuius civitatis latrocinium fecerint*... Surowe wyroki spadały zatem również na najwyższych miejskich notablów, którzy popełnili cięż-

---

[1] *Dig.* XLVIII, 19, 27, 1–2.

[2] Apul. *Flor.* 16, 72; 21, 100; por. *Metam.* IV, 26: *speciosus adulescens, inter suos principalis*; Tert. *ad Scap.* 5.

kie przestępstwa karane śmiercią; wśród nich *latrocinium* oznacza zapewne rabunek cudzego mienia. Za instytucjonalnym sensem pojęcia *principales* w tekście *Digesta* przemawiają same zasady penalizacji. Nie wydaje się możliwe, aby w przypadku całych grup społecznych rzymskie prawo karne ścigało ustawowymi sankcjami jakąś luźną nieformalną strukturę. Właśnie prawny pozór spowodował, że na przykład w cesarskich konstytucjach skierowanych przeciwko donatystom mógł H.-J. Diesner uznać – słusznie czy niesłusznie – afrykańskich cyrkumcelionów za określony stan, *ordo*, obłożony ustaloną karą pieniężną, choć w odnośnych ustawach Honoriusza nie określa się ich takim terminem przysługującym legalnie innym grupom, senatorom czy dekurionom, jako członkom określonych *ordines*[3].

„Kryzys III wieku" nie sprzyjał testymoniom pryncypalatu. W naszych źródłach jego istnienie i rozwój znalazły pełny wyraz dopiero w epoce dominatu pod postacią licznych cesarskich dekretów, bądź bezpośrednio adresowanych do *principales civitatum*, bądź odnoszących się do nich częściowo. Podstawowym źródłem staje się zatem od czasów Konstatyna Wielkiego zespół praw zebranych następnie w *Codex Theodosianus*; u autorów późnej epoki *principales* występują dość rzadko, a sporadycznie tylko w inskrypcjach.

A oto główne rysy pryncypalatu w świetle zachowanych przekazów[4]. Przede wszystkim był on instytucją typowo miejską, reprezentowaną przez municypalnych notablów wysokiej rangi. Jeśli pojawiają się wśród nich *viri perfectissimi*, to z reguły ściśle związani z ojczystymi ośrodkami, *civitates*. Nie znam senatorów wywodzących się z kręgu *principales*, choć zapewne i takie awanse się trafiały. Mamy do czynienia z elitarnym gremium kurialnych dostojników, zazwyczaj określanym w nowożytnej literaturze mianem kolegium lub komitetu *viri principales*, rekrutujących się z najznakomitszych i najzamożniejszych rodzin wedle arystokratycznego kryterium pochodzenia. Ich liczba wahała się przypuszczalnie w miastach zależnie od wielkości czy rangi danego ośrodka, lecz przeciętnie było ich zapewne kilkunastu, na co wskazują analogie z oligarchicznym kolegium *decemprimi curiales*, na Wschodzie δεκάπρωτοι. Stanowili więc czołówkę kurii złożoną z byłych urzędników, których określano terminem *honorati*, po przebyciu wszystkich szczebli municypalnej kariery (*omnibus honoribus functi*)[5]. Ich działalność miała charakter władzy wykonawczej; w tym sensie jakby dublowali administracyjne zadania najwyższych urzędników, od których jednak odróżniał ich dożywotni status pełnionej funkcji.

Z punktu widzenia potrzeb państwa najważniejszym obowiązkiem *principales* była powierzona im repartycja podatków i ogółu świadczeń fiskalnych między poszczególne grupy ludności miast (w tym między samych kuriałów) i prowincji, co określano jako *distributionum omnium forma*[6]. W związku z tą właśnie działalnością konstytucje cesarskie piętnują częste wypadki nadużyć i korupcji wśród *principales*. Należy jednak pamiętać, iż to oligarchiczne kolegium było obciążone zbiorową odpowiedzialnością wobec państwa za sprawowaną kontrolę. W obawie przed niemożnością sprostania zobowiązaniom finansowym dopuszczali się oni karygodnych wykroczeń, zwłaszcza w małych ośrodkach, z nieznacznym procentem zamożnych kuriałów. Trzeba podkreślić, że źródła prawnicze przekazują normatywny i uogólniony obraz organizacji miejskiej, bez uwzględnienia faktu znacznego zróżnicowania materialnej kondycji poszczególnych *civitates*. Norma prawna musi operować

[3] *CTh*. XVI, 5, 52 (412 r.); H.-J. D i e s n e r, Methodisches und Sachliches zum Circumcellionentum, w: *Kirche und Staat im spätrömischen Reich*, Berlin 1963, s. 54 nn.: *ihre Einordnung* [w *CTh, loc.cit.* – T.K.] *als ordo oder quasi-ordo*.

[4] O funkcjach i przywilejach *principales* zob. szerzej T. K o t u l a, *Les principales d'Afrique. Etude sur l'élite municipale nord-africaine au Bas-Empire romain*, Wrocław 1982, s. 68 nn., 86 nn., 102 nn., tamże źródła.

[5] *CTh*. XII, 1, 75 (371 r.).

[6] *CTh*. VIII, 15, 5 (368 r.).

ogólnymi kategoriami. W rzeczywistości natomiast ogromny dystans skali zamożności dzielił takie ośrodki, jak Cyrta czy Hippo Regius, nie mówiąc już o stołecznej Kartaginie, od przeważającej liczby gmin miejskich. Wspomniany przez św. Augustyna *Curma, curialis pauper, vix illius loci* [municipium Tulliense w rejonie Hippo Regius – T.K.] *duumviralicius et simpliciter rusticanus*, może stanowić instruktywny przykład kuriała *minorum gentium*, dla którego przewidziane prawem kary za niewypełnianie obowiązków kurialnych były ciężarem wręcz nie do udźwignięcia[7].

Do regularnych powinności *principales* jako władzy wykonawczej należał również uciążliwy nadzór nad realizacją dekretów miejskiej rady, które osobiście sygnowali i zdawali sprawę z ich wykonania jako obowiązkowych *munera*.

Z drugiej strony, tytułem nagrody za przykładne wypełnianie wyznaczonych im zadań administracyjnych, wyróżnieni *principales civitatum* (podobnie jak inni *honorati*) korzystali z ustawowych przywilejów, sprowadzających się głównie do zwolnienia z wszelkich *onera curiae*, które spadały na ogół kuriałów. Byli od nich majątkowo wolni, *immunes*, cieszyli się pełnym immunitetem[8].

Wraz jednak z ogółem czołowych kuriałów i ze wszystkimi *honorati, viri principales* byli indywidualnie zobowiązani do aktów euergetyzmu, urządzania własnym kosztem tradycyjnych igrzysk, do finansowania miejskiej działalności budowlanej oraz do zwyczajowych rozdawnictw dla plebsu. Przykłady tego rodzaju działalności są tak liczne i pospolite, że nie trzeba ich tutaj przytaczać. Były one reklamowane jako *amor in patriam et cives suos*[9].

Konstytucja Honoriusza adresowana w 412 roku do prefekta Galii Dardanusa podsumowuje zakres funkcji *principales*: sprawują oni *gubernacula urbium, in ordinis sui administratione*. Trafniej i zwięźlej nie mogło tego cesarskie ustawodawstwo wyrazić[10].

Po krótkim omówieniu instytucji pryncypalatu zatrzymamy się nieco dłużej na dwóch dokumentach, które chciałbym tu wyeksponować. Pierwszy z nich to honoryfikacyjna inskrypcja ku czci lokalnego notabla umbryjskiej kolonii Hispellum, dość znana w literaturze kultu cesarskiego. Oto tekst z nadłuższym (poza Afryką) municypalnym *cursus honorum* w przypadku *principales*:

> *C. Matrinio Aurelio / C. f. Lem. Antonino v. p., / coronato Tusc. et Umb., / pont. gentis Flaviae, / abundantissimi muneris sed et / praecipuae laetitiae theatralis edi*[*t*]*o*[*r*]*i, / aedili, quaestori, duumviro / iterum qq. i.d. huius splendidissimae / coloniae, curatori r. p. eiusdem / colon. et primo principali, ob meritum / benevolentiae eius erga se /* [*ple*]*bs omnis urbana Flaviae / Constantis patrono / dignissmo*[11].

Terminus a quo dla tego napisu stanowi słynny epigraficzny dekret Konstantyna Wielkiego z tegoż Hispellum (333/5 r.), gdzie mowa o ustanowieniu za zgodą cesarską miejscowego kultu *Gens Flavia* oraz o wzniesieniu jego świątyni i urządzeniu, związanych z cesarskim kultem (zsekularyzowanym!), regularnych igrzysk[12].

---

[7] August. *De cura pro mortuis gerenda* 12, 15; por. C. Lepelley, *Les cités de l'Afrique romaine au Bas-Empire*, t. 1: *La permanence d'une civilisation municipale*, Paris 1979, s. 203 (w rozdziale o afrykańskich *principales*).

[8] Zob. *CIL* X 5349 (408 r.), Interamna Lirenas: *primarius civitatis omnibus honoribus et oneribus curiae suae perfunctus*; por. *CTh*. XII, 1, 75 (wyżej, przyp. 5): *Qui ad ... principalis honorem gradatim pervenerint ... habeantur immunes*; *ibidem*, IX, 35, 6 (399 r.): *principalitatis honor* jako gwarancja przywilejów.

[9] *IRT* 564, Lepcis Magna.

[10] *CTh*. XII, 1, 171.

[11] *CIL* XI 5283 = *ILS 6623.*

[12] CIL XII 5265 = *ILS* 705, urządzanie igrzysk, lin. 51.

G. Matryniusz Aureliusz Antoninus osiągnął perfektyssymat, eksponowany w tekście po nazwisku; na uwagę zasługuje podanie *tribus*, dość już rzadkie w tej epoce. Przed utworzeniem wspólnego dla Tuscji i Umbrii kultu *Gens Flavia*, którego jest lokalnym pontyfeksem, pełnił w hierarchii kultu cesarskiego funkcję arcykapłana z dość rzadkim tytułem *coronatus*, tutaj obu wspomnianych prowincji italskich wymienionych oddzielnie. Z kolei zapewne już jako *pontifex* (*Flavialis*) urządzał wspomniane w inskrypcji okazałe widowiska, zwłaszcza przedstawienia teatralne (komedie? – *laetitia theatralis*). Po wyliczeniu godności kapłańskich (tradycyjnie na początku tekstu), następuje pełna municypalna kariera w chronologicznym porządku jej poszczególnych szczebli (edyl, kwestor, duumwir *quinquennalis*, kurator kolonii). A zatem, począwszy od miejskiej kurateli wieńczącej municypalną karierę, wszedł Aureliusz Antoninus do kategorii *omnibus honoribus functi*, jak inni *principales*. W momencie wyrycia napisu z uchwały miejskiego ludu był już patronem kolonii, któremu dedykowano tekst w ostatnich latach Konstatyna Wielkiego.

Osobno zajmiemy się tutaj jego wyjątkowym epitetem: *primus principalis*. Stanowi on absolutny *hapax* epigraficzny, poza Hispellum nigdzie w źródłach niespotykany. Trudno to przypisywać przypadkowi. Czyżby więc chodziło tu o instytucjonalnego prezesa kolegium *principales*? Taką ewentualność rozpatrywałem w książce o afrykańskich *principales*, nie bez wahania jednak[13]. W nauce zbyt chętnie mnożono, zwłaszcza w XIX wieku, instytucje, zgoła niepotrzebnie. *Imperium Romanum* epoki dominatu było wystarczająco sprawną machiną administracyjną, gdzie wszystko było uporządkowane. Nic tu nie trzeba dodawać. Bardziej prawdopodobne wydaje się po prostu przypuszczenie, że tytuł *primus principalis*, moim zdaniem – nieoficjalny, przysługiwał całkiem automatycznie prymasowi miejskiej kurii (*primus curiae*). To byłoby nasze pierwsze ustalenie.

Punkt drugi. Podaliśmy wyżej całą gamę określeń elitarnej grupy na szczycie miejskiego społeczeństwa, w sensie społecznym: *primates*, *primarii*, *primores*, *proceres*, *ordinis vertices*, *summates civitatis* – można je mnożyć. Powstaje pytanie, czy także one nabierały instytucjonalnego znaczenia. Sięgnijmy do drugiego z kolei dokumentu, cesarskiego dekretu z końca IV wieku:

> *Quicumque decursis perfunctus officiis primum obtinuerit in sua curia sequentibus ceteris locum, comitivae tertii ordinis habeat dignitatem, ut ab omnibus eum iniuriis dignitas concessa defendat, ita tamen, ut hoc honore donatus a nexu propriae originis non recedat*[14].

Mamy tu raz jeszcze do czynienia z *primus curiae* (*primus locus in sua curia*). W źródłach literackich interesującą analogię do tego terminu stanowi Lepcytanin *Silva, ordinis sui primas*, wymieniony przez Ammiana Marcellina[15]. Mielibyśmy więc kolejny przykład miejskiego dostojnika w sensie instytucjonalnym.

Różne oboczności liczebnika *primus*, do III wieku cesarstwa używane w źródłach tylko jako określenia grupy społecznej, mogły w późnej epoce nadal występować w tym nietechnicznym sensie, ale mogły się odtąd zarazem odnosić do oficjalnej instytucji doby dominatu, właśnie do późnorzymskich *principales*, jako synonimy tego pojęcia. W nowożytnej literaturze nie ma dotychczas jasności w tym punkcie; należało tu uczynić porządek w eksplikacji aparatu pojęciowego. I to jest nasze drugie ustalenie.

[13] K o t u l a, *op.cit.*, s. 36 i 55.

[14] *CTh.* XII, 1, 127 (392 r., do prefekta pretorium Tacjana).

[15] Ammianus Marcelinus XXXVIII, 6, 4. Zwrot *ordinis sui primas* można by odnieść do jednego z miejskich *primates – principales* (por. August. *Epist.* 17, 4). Z konteksu jednak wynika, że chodzi tu o szczególnie eminentną osobistość, której pojmanie przez Asturianów podczas ich najazdu na Trypolitanię ma w widoczny sposób podnieść grozę tego wydarzenia. A więc raczej *princeps curiae* (= *primus principalis*).

PRINCIPALES CIVITATIUM: GROUPE SOCIAL ET INSTITUTION MUNICIPALE DU BAS-EMPIRE

Résumé

Les indications qui ont été conservées dans le Digeste permettent de constater que déjà au tournant du IIème et du IIIème siècles ap. J.-C., les *principales civitatium* devinrent une institution reconnue officiellement. L'apparition de ce terme remonte aux temps des Antonins bien qu'à cette époque-là il ne se rapportât qu'à un milieu très restreint regroupant l'aristocratie municipale. D'autre part, il existe des fondements qui laissent penser que cette notion devint synonyme d'institution sociale déjà à l'époque des Sévères. Les nombreux décrets impériaux conservés datant de l'époque du Bas-Empire permettent d'estimer que ce ne fut qu'à ce moment-là que cette forme se développa plus pleinement. Les collèges des *principales* étaient dotés d'un certain pouvoir exécutif grâce à quoi ils représentaient un élément qui complétait l'appareil administratif de l'Etat. Les tâches confiées aux *principales* concernaient tout un ensemble d'obligations importantes liées à la prise en charge de certains devoirs considérables du point de vue matériel, ceci aussi bien à l'égard de l'Etat (en matière fiscale) qu'envers la collectivité locale (responsabilité pour l'activité des autorités municipales, l'évergétisme au profit des co-citoyens). Probablement, au fonctionnement du principalat sont liés certains termes qui apparaissent dans les sources et dont la signification n'a pas été totalement élucidée. D'après l'analyse de celles-ci, nous pouvons avancer la thèse selon laquelle l'appellation *primus principalis* ayant vraisemblablement un caractère officiel, pouvait être attribuée au primat de la curie municipale (*primus curiae*), alors que toutes les formes dérivées de l'adjectif du nombre *primus*, recensées dans les sources et employées à l'égard du groupe social au Bas-Empire, sont des synonymes de l'institution des *principales*.

ELECTRUM * Vol. 4
Kraków 2000

Ireneusz Łuć

Pretorianie, ich zadania i miejsce w ramach rzymskiego systemu wojskowego

Wśród wielu problemów związanych z organizacją armii rzymskiej jeden budzi specjalne zainteresowanie. Dotyczy on szczególnego charakteru gwardii pretoriańskiej[1].

W literaturze naukowej dość często mamy do czynienia z uznawaniem *cohortes praetoriae* za formację elitarną. Potwierdza to choćby częste używanie w stosunku do gwardii pretoriańskiej przez współczesnych badaczy określeń typu: *corps d'élite, élite units* itp. Także pisarze starożytni uświadamiali sobie, że pretorianie stanowili jednostkę o specyficznym charakterze. Autorzy ci nie zdobyli się jednak na pogłębioną refleksję nad tym, co decydowało o elitarności gwardii pretoriańskiej[2].

To, że *cohortes praetoriae* miały funkcjonować jako jednostka o charakterze elitarnym, wynikało bezpośrednio z samego pomysłu Oktawiana Augusta zorganizowania tej formacji. Status oraz zadania wykonywane przez żołnierzy kohort pretoriańskich stanowią zatem punkt wyjścia niniejszych rozważań[3].

---

[1] Osobny problem stanowi to, czy pretorianie działali jako samodzielny czynnik, czy też stanowili część armii rzymskiej. Istnieją dwa odmienne poglądy w tej sprawie. Według pierwszego, reprezentowanego m.in. przez S.J. De Laeta (Cohortes prétoriennes et préfets du prétoire au Haut-Empire, *RBPH* 23, 1944, s. 499), A. Passeriniego (Le forze armate, w: V. Ussani (ed.), *Guida allo studio della civiltà romana antica*, t. 1, Roma 1952, s. 505–508), G.R. Watsona (*The Roman Soldier*, London 1969, s. 13–25) i J. Campbella (*The Emperor and the Roman Army, 31 BC – AD 235)*, Oxford 1984, s. 4), w skład armii rzymskiej, oprócz legionów, *auxilia* oraz floty, wchodziły także: gwardia pretoriańska, kohorty miejskie oraz straż pożarna (*cohortes vigilium*). Natomiast zdaniem L. Keppiego (*The Making of Roman Army. From Republic to Empire*, London 1984, s. 173 (= *Army*), a także E. Dąbrowy (Organizacja armii rzymskiej w okresie Wczesnego Cesarstwa, w: J. Wolski, T. Kotula i A. Kunisz (red.), *Starożytny Rzym we współczesnych badaniach. Państwo – Społeczeństwo – Gospodarka. Liber in memoriam Lodovici Piotrowicz*, Kraków 1994, s. 107, 117), trzon armii rzymskiej tworzyły: legiony, oddziały pomocnicze oraz flota. Zdaniem tych badaczy, *cohortes praetoriae* oraz inne oddziały stacjonujące w Rzymie i Italii stanowiły odrębne formacje.

[2] Na temat genezy gwardii pretoriańskiej zob.: M. Durry, *Les cohortes prétoriennes*, Paris 1938, s. 67–77; A. Passerini, *Le coorti pretorie*, Roma 1939, s. 3–40; L. Keppie, The Praetorian Guard before Sejanus, *Athenaeum* 84, 1996, s. 102–107.

[3] Pod względem wykonywanych zadań można znaleźć wiele podobieństw między gwardią pretoriańską a używanymi zarówno w okresie monarchii, jak i republiki, jednostkami straży przybocznej. Z drugiej jednak strony, istotne różnice w ich organizacji świadczą o odmienności tych formacji. Na temat *celeres* zob.: Dion. Halic. *Ant. Rom.* 2, 13, 2–3; Liv. 1, 15, 4; Plutarch *Rom.* 10, 2; 36, 2; *Numa* 7, 4. O *extraordinarii*, por. Polyb., 6, 26, 5–6; 30, 2–3; 31, 2–8; Liv. 27, 12, 14; 26–2; 34, 47, 3; 35, 5, 1.

Istotnych informacji o statusie żołnierzy gwardii pretoriańskiej dostarcza Tacyt w relacji z buntu trzech legionów stacjonujących w Pannonii, który wybuchł we wrześniu 14 roku n.e. Żądania zbuntowanych legionistów dotyczyły zwolnienia ze służby weteranów, przyznania legionistom dziennej stawki żołdu w wysokości jednego denara oraz zmniejszenia długości trwania służby w legionach z dwudziestu do szesnastu lat, czyli tylu, ile służyli pretorianie[4]. Relacja ta pozwala wskazać dwie podstawowe cechy elitarności żołnierzy gwardii pretoriańskiej: wysokość otrzymywanego wynagrodzenia oraz okres służby.

Pretorianie wraz z legionistami i żołnierzami innych rzymskich formacji wojskowych objęci byli wspólnym systemem wynagrodzeń, w skład którego wchodziły trzy elementy: żołd, nagrody otrzymywane w czasie służby (tzw. *donativa*) oraz odprawy emerytalne. Prawdopodobnie po raz pierwszy żołd wypłacono żołnierzom kohort pretoriańskich na podstawie uchwały senatu rzymskiego z roku 27 p.n.e[5].

Podstawowa stawka żołdu pretoriańskiego, którą początkowo wypłacano z *patrimonium*, czyli z funduszy prywatnych cesarzy, potem zaś, od roku 32 n.e., ze skarbca państwowego (*aerarium Saturni*)[6], była dwukrotnie większa od żołdu otrzymywanego wtedy przez legionistów. W 14 roku n.e., lub na krótko przed nim, stawka podstawowa żołdu pretoriańskiego została ponownie zwiększona – i odtąd żołd zwykłego pretorianina był już ponad trzykrotnie wyższy od żołdu otrzymywanego przez legionistę. Od roku 27 p.n.e. pretorianie otrzymywali zatem po około 450 denarów, które wypłacano im zwykle w trzech ratach w ciągu roku. W 14 roku n.e. wysokość stawki podstawowej żołdu żołnierzy gwardii pretoriańskiej uległa kolejnemu powiększeniu do 750 denarów[7]. Domicjan znowu podwyższył tę kwotę. Odtąd pretorianie otrzymywali już po 1000 denarów rocznie[8]. Dla porównania: legioniści, po podwyżce Domicjana, mieli dostawać po 300 denarów, zamiast dotychczasowych 225. Żołnierze wojsk posiłkowych (*auxiliares*) otrzymywali jedynie po 75 denarów rocznie[9].

Donativa, czyli nagrody okolicznościowe, pretorianie dostawali na podobnych zasadach jak żołnierze innych formacji rzymskich. Pretekstem do otrzymania takiej nagrody, wypłacanej z reguły w gotówce, były przeważnie zapisy testamentowe po śmierci cesarza, obchody rocznicy objęcia przez niego władzy lub wykonanie szczególnie ważnych zadań na rzecz panującego[10]. Wysokość kwot wypłacanych z tych tytułów żołnierzom gwardii pretoriańskiej była znacznie wyższa od nagród, jakie dostawała pozostała część armii rzymskiej. Oktawian August, na przykład, polecił w swoim testamencie wypłacić każdemu pretorianinowi po 250 denarów w dniu swojej śmierci. Dla żołnierzy kohort miejskich kazał natomiast przeznaczyć po 125 denarów na osobę. Najmniej, bo tylko po 75 denarów, miano dać każdemu z legionistów[11]. Podobnie uczynił Tyberiusz. W swoim testamencie rozdysponował po 250 denarów dla żołnierzy gwardii pretoriańskiej, zaś tylko po 125 denarów dla każdego z żołnierzy kohort miejskich oraz jeszcze mniej, bo po 75 denarów, dla żołnierzy z pozostałych

---

[4] Suet. *Tib.* 25; Tac. *Ann.* 1, 17; 26: *is orditur de missione a sedecim annis, de praemiis finitae militiae, ut denarius diurnum stipendium foret, ne veterani sub vexillohaberentur.*

[5] Cass. Dio 53, 11, 5.

[6] Cass. Dio 58, 18, 3; C a m p b e l l, *op.cit.*, s. 159–160.

[7] Tac. *Ann.* 1, 17: *praetorias cohortes, quae binos denarios acceperint.*; P.A. B r u n t, Pay and Superannuation in the Roman Army, *PBSR* 18, 1950, s. 55; H.C. B o r e n, Studies relating to the stipendium militum, *Historia* 32, 1983, s. 449.

[8] Suet. *Dom.* 7; M. G r a n t, *The Army of Caesars*, London 1974, s. 218; M.A. S p e i d e l, Roman Pay Scales, *JRS* 82, 1992, s. 102, 104.

[9] Durry, *op.cit.*, s. 265–267.

[10] Durry, *op.cit.*, s. 264–273; P a s s e r n i n i, *op.cit.*, s. 115–119, 122–124.

[11] Tac. *Ann.* 1, 8; Suet. *Aug.* 101; P a s s e r n i, *op.cit.*, s. 115.

rzymskich jednostek wojskowych[12]. W 37 roku n.e. Kaligula przyznał pretorianom, oprócz pieniędzy, jakie mieli otrzymać z tytułu zapisu w testamencie Tyberiusza, dodatkową kwotę w wysokości 250 denarów[13].

Pozostali cesarze również nie szczędzili funduszy na nagrody dla żołnierzy gwardii pretoriańskiej. W roku 41 n.e. Klaudiusz obiecał wypłacić pretorianom, jeśli wierzyć źródłom, aż po 15 tys. sesterców, tj. po 3 tys. 750 denarów na osobę, co stanowiło równowartość ich żołdu za okres pięciu lat. W rok później, jak podaje Kasjusz Dion, cesarz polecił, aby w rocznicę objęcia przez niego władzy żołnierzom kohort pretoriańskich co roku wypłacano po 25 denarów[14]. Neron, kiedy wstępował na tron w 54 roku n.e., także obiecał pretorianom, że otrzymają nagrody[15].

Często *donativa* ustanawiane przez cesarzy dostawali wyłącznie pretorianie. Tyberiusz na przykład, po obaleniu Sejana w roku 31 n.e., przyznał *donativum* jedynie pretorianom w wysokości aż 1000 denarów[16]. Neron, po zamordowaniu swojej matki Agryppiny w roku 59 n.e., ofiarował żołnierzom kohort pretoriańskich nieokreśloną bliżej sumę pieniędzy. W sześć lat później, po zdławieniu spisku Pizona, cesarz polecił, aby każdemu pretorianinowi wypłacono po 2 tys. sesterców, tj. po 500 denarów. Tytus i Domicjan, co sugeruje Kasjusz Dion, także dawali żołnierzom gwardii pretoriańskiej różnego rodzaju nagrody[17].

Odprawy emerytalne wypłacał specjalnie utworzony skarb, który powstał w 6 roku n.e. Po zakończeniu służby żołnierze mieli otrzymywać z *aerarium militare* określone kwoty pieniężne[18]. Pretorianom przysługiwało 5 tys. denarów odprawy emerytalnej, natomiast legionistom 3 tys.[19]

Okres służby w gwardii pretoriańskiej stanowił drugi wyznacznik elitarności tej formacji. W 13 roku p.n.e. długość służby w kohortach pretoriańskich została ustalona na dwanaście lat, zaś legionistów na szesnaście lat plus dodatkowe cztery lata tzw. „czynnej rezerwy". W roku 5 n.e. okres służby w gwardii pretoriańskiej został wydłużony do lat szesnastu, a w legionach do dwudziestu plus dodatkowe cztery lata „czynnej rezerwy"[20].

Trwał zatem swego rodzaju wyścig, w którym cesarze, chcąc pozyskać lojalność żołnierzy gwardii pretoriańskiej, przyznawali im coraz to wyższe stawki wynagrodzenia i większe nagrody pieniężne. Zbyt częste powiększanie kwot otrzymywanych przez *cohortes praetoriae* wprawiło w ruch samonapędzającą się machinę, która przybrała z jednej strony postać przyjaznych gestów władców, wymiernych nie tylko w brzęczącej monecie, z drugiej zaś rosnących apetytów i aspiracji beneficjentów tegoż systemu.

---

[12] Cass. Dio 59, 2, 1, 3: ... κατὰ πεντήκοντα καὶ διακοσίς δραχμὰς διένειμε ... τοῦτ΄έστι τοῖς μὲν ἀστικοῖς ἀνὰ πεντε καὶ ἑκατὸν δραχμάς, τοῖς δ΄ἄλλοις ἅπασι πέντε καὶ ἑβδομήκοντα . Por. Durry, *op.cit.*, s. 268: *Tibère après la chute de Séjan accorda quatre stipendia et par son testament la même somme qu'Auguste par le sien.*; Passerini, *op.cit.*, s. 116.

[13] Cass. Dio 59, 2, 1–2; Durry, *op.cit.*, s. 268; Passerini, *op.cit.*, s. 116; B. Levick, *Tiberius the Politician*, London 1976, s. 124.

[14] Suet. *Claud.* 10, 4; Cass. Dio 60, 12, 4; Brunt, *op.cit.*, s. 55; Campbell, *op.cit.*, s. 166–167. Por. Josephus Flavius *Ant. Jud.*, 19, 4, 247; A.A. Barrett, *Caligula. The Corruption of Power*, London 1989, s. 175.

[15] Tac. *Ann.* 12, 69; Cass. Dio 61, 3, 1; Passerini, *op.cit.*, s. 166; Campbell, *op.cit.*, s. 168.

[16] Suet. *Tib.* 48, 2. Legiony syryjskie otrzymały premie za to, że nie umieściły wśród swoich godeł wizerunku Sejana: Durry, *op.cit.*, s. 268.

[17] Tac. *Ann.* 15, 72; Suet. *Domit.* 2, 3; Cass. Dio 62, 14, 3; 27, 4; 66, 26, 3; Durry, *op.cit.*, s. 368; Passerini, *op.cit.*, s. 116, 119.

[18] Cass. Dio 55, 25, 2; Passerini, *op.cit.*, 122–123; Keppie, *Army*, s. 148.

[19] Cass. Dio 55, 23, 1; Brunt, *op.cit.*, 63; Campbell, *op.cit.*, s. 20.

[20] Tac. *Ann.* 1, 17; Cass. Dio 54, 25, 6; 55, 23, 1; Durry, *op.cit.*, s. 262; Keppie, *Army*, s. 148, 154.

Żołd, nagrody pieniężne, odprawy emerytalne i długość służby były zatem elementami, które wyznaczały status gwardii pretoriańskiej. Słowa Percenniusza, jednego z przywódców opisanego przez Tacyta buntu w Pannonii, który mówił, że pretorianie dostawali żołd w wysokości dwóch denarów dziennie i że już po szesnastu latach służby mogli wracać do ojczystych domów, nie padły zatem bez przyczyny[21].

W I wieku n.e. elitarność gwardii pretoriańskiej potwierdzają również promocje jej żołnierzy. Pretoriański *evocatus*, czyli weteran zatrzymany w służbie, mógł być awansowany na stanowisko centuriona (*centurio*) od razu po przeniesieniu do legionu lub innej formacji rzymskiej[22]. Było to wyjątkowe dla większości karier żołnierzy pochodzących z innych formacji, którzy zwykle osiągali ten stopień w ramach swoich jednostek i dopiero wtedy prawdopodobnie mogli być przenoszeni na wyższe stanowiska w innych formacjach[23].

Jako spektakularny przykład takiego awansu może posłużyć choćby kariera Marka Celiusza Klemensa, który był najpierw zwykłym żołnierzem VI kohorty pretoriańskiej, a potem został mianowany na stanowisko *optio*, czyli zastępcy centuriona[24]. Kiedy Marek Klemens zrezygnował z przejścia na emeryturę, został promowany na centuriona IV legionu (*centurio in legione IIII Flavia*)[25]. Także Gajusz Aniniusz Gallus służył w kohortach pretoriańskich (*cohortes praetoriae*), przechodząc na emeryturę po siedemnastu latach służby. Mając status *evocatus*, został przeniesiony na stanowisko centuriona legionu IV scytyjskiego, gdzie służył jeszcze aż dziewiętnaście lat[26].

Pretorianin piastujący stanowisko *cornicularius praefecti praetorio*, które było zaliczane do kategorii *principalis*, mógł także otrzymać awans na stanowisko centuriona w legionach, i to bez wymogu odsłużenia przepisowego okresu służby lub osiągnięcia stopnia *centurio*

---

[21] Tac. *Ann.* 1, 17: *an praetorias cohortes, quae binos denarios acceperint, quae post sedecim annos penatibus suis reddantur, plus periculorum suscipere? non obtrectari a se urbanos excubias: sibi tamen aput horridas gentes e contuberniis hostem aspici.*

[22] G.R. Watson, Documentation in the Roman Army, *ANRW* II, 3, Berlin – New York 1974, s. 504; V.A. Maxfield, *The Decorations of the Roman Army*, London 1981, s. 36; B. Dobson, D. Breeze, The Rome Cohorts and the Legionary Centurionate, w: id., *Roman Officers and Frontiers*, Stuttgart 1993, s. 89, 105–106; B. Dobson, The Significance of the Centurion and Primipilares, w: id., *Roman Officers and Frontiers, op.cit.*, s. 158; Keppie, *Army*, s. 179. Więcej o niższych szczeblach kariery pretorianina, tj. *miles, immunis, principalis*, zob. D. Breeze, Pay and Ranks below the Centurionate, *JRS* 61, 1971, s. 131 nn.; id., The Organisation and the Career Structure of the immunes and principales of the Roman Army, w: *Roman Officers and Frontiers, op.cit.*, s. 11 nn.

[23] Przykłady promocji legionistów na stopień centuriona legionowego zob. *ILS* 2342, 2649, 9090 etc.; Dobson, Breeze, The Rome Cohorts..., *op.cit.*, s. 88 nn. Przykłady awansu centurionów legionowych na wyższe stanowiska w innych formacjach zob. *ILS* 2695, 2701.

[24] Durry, *op.cit.*, s. 103.

[25] *ILS* 2086: M(arco) Coelio C(ai) f(ilio) / Cam(ilia tribu) Clementi / mil(iti) c(o)ho(rtis) VI pr(aetoriae) / optioni, evoc(ati) Aug(usti) / centurioni leg(inis) / IIII Flav(iae) ... Podobna jest kariera innego pretorianina, *ILS* 2080. Zob. też Breeze, The Organisation..., *op.cit.*, s. 13.

[26] *CIL* XI 5935; L. Mrozewicz, *Legioniści mezyjscy w I wieku po Chrystusie*, Poznań 1995, s. 36, 74–75, nr 7: C(aius) Aninius C(ai) f(ilio) Pom(ptina tribu) Gallus / domo Arretio c(enturio) leg(ionis) IIII / Scyth(icae), militavit in / pr(aetorio) an(nnos) XVII / evoc(atus) an(nnos) II / c(enturio) in leg(ione) IIII Scythic(a) / annos XVIIII, vixit / an(nos) LX meru(it) an(nos) XXXVIII / ... Zdaniem B. Dobsona (The Significance of Centurion..., *op.cit.*, s. 156), ... *there is no evidence for systematic use of the guard as training-ground for future centurions or for spreading a unified system of training through the legions. It was rather necessary through the system adpoted to ensure that the man from the guard had a route by which he could reach the primipilate, a route which was always available to the legionary provided that the system was operated fairly.* Nie zmienia to jednak faktu, że pretoriańscy *evocati* byli przenoszeni na stanowiska centurionów legionowych i był to awans na wyższy stopień w hierarchii wojskowej.

w gwardii[27]. Jednocześnie podoficerowie pretoriańscy oraz oficerowie, tj. centurionowie i trybuni, mogli być promowani na stanowiska wyższego lub identycznego szczebla w kohortach wigilów i statores oraz w kohortach miejskich[28]. Pretoriański centurion mógł także otrzymać awans na stanowisko *primus pilus in legione*. Potwierdza to kariera niejakiego Lucjusza Owiniusza Rufusa:

L(ucius) Ovinius L(ucii) f(ilius) Ter(etina tribu) Rufus / prim(us) ordo cohortium praet(oriarum) / divi Augusti, prim(us) pil(us) leg(ionis) XIIII Gem(ina) trib(unus) mil(itum) cohort(is) XI urb(anae) trib(unus) mil(itum) / coh(ortis) [....] III praet(oriae) praef(ectus) fabr(um) IIvir, (...).

Istniały zatem jakby dwie drogi awansu. Pierwsza z nich polegała na przenoszeniu z niższych szczebli w hierarchii gwardii pretoriańskiej na wyższe stopnie w innych formacjach. Drugą drogę awansu stanowiło natomiast przeniesienie trybunów lub centurionów, pełniących służbę w innych jednostkach, na identyczne stanowiska w gwardii pretoriańskiej. Za jej ilustrację można uznać karierę wspomnianego już Lucjusza Rufusa. Będąc trybunem legionu XIV Gemina, został przeniesiony na takie samo stanowisko w XI kohorcie miejskiej (*tribunus cohortis XI urbanae*), a następnie promowany na stanowisko trybuna w III kohorcie gwardii pretoriańskiej (*tribunus cohortis III praetoriae*)[29]. Podobny awans przypadł w udziale Gawiuszowi Sylwanusowi. Ten, po promocji na stanowisko pierwszego centuriona w pierwszej centurii I kohorty VIII legionu (*primus pilus legionis VIII Augustae*), został przeniesiony do II kohorty wigilów w randze trybuna (*tribunus cohortis II vigilum*). W jakiś czas później Gawiusz Sylwanus otrzymał nominację na stanowisko trybuna XIII kohorty miejskiej (*tribunus cohortis XIII urbanae*). Kolejny awans przeniósł go do gwardii pretoriańskiej, gdzie w randze trybuna dowodził XII kohortą (*tribunus cohortis XII praetoriae*)[30]. Kariera Gajusza Bebiusza Atticusa była podobna pod względem kolejności szczebli awansu w hierarchii wojskowej:

C(aio) Baebio P(ublii) f(ilio) Cla(udia tribu) / Attico / IIviro i(ure) [d(icundo)], primopilo leg(ionis) / V Macedonic(ae), praef(ecto) / c[i]vitatium Moesiae et Treballia[e, pra]ef(ecto) [ci]vitat(ium) / in Alpib(us) Maritumius, t[r(ibuno)] mil(itum) coh(ortis) / VIII pr(aetoriae) primopil(o) iter(um) procurator(i) / Ti(berii) Claud(ii) Caesaris Aug(usti) Germanici / in Norico, / civitas / Saevatum et Laiancorum[31].

To samo odnosi się do kariery Tytusa Pontiniusza:

[D(iis) M(anibus) / T(itus) Pontinus [–] / primopil(us) leg(ionis) V Maced(onicae) / [praef(ectus)] eq(uitum), trib(unus) c(o)hor(tis) V p[r(aetoriae)][32].

Przykładów takich promocji znamy stosunkowo dużo[33]. Na uwagę zasługuje szczególnie kariera Marka Wetiusza Walensa. Droga awansów, jaką przebył, mogłaby stanowić

---

[27] B r e e z e, The Organisation..., *op.cit.*, s. 11–13; D o b s o n, B r e e z e, The Rome Cohorts..., *op.cit.*, s. 89, 92–93.

[28] Zob. przykłady promocji trybunów pretoriańskich na takie same stanowisko w kohortach wigilów i kohortach miejskich: *ILS* 1336, 1361; *AE* 1962, 312. Por. też H. F r e i s, *Die Cohortes Urbanae*, Köln 1967, s. 67, 83, 97, 144.

[29] *ILS* 2021; por. *ILS* 9199; M. M c C r u m, A.G. W o o d h e a d, *Select Documents of the Principates of the Flavian Emperors including the Year of Revolution A.D. 68–96*, Cambridge 1961, nr 355.

[30] *ILS* 2701; M r o z e w i c z, *op.cit.*, s. 114, nr 45; Tac. *Ann.* XV, 50; 60; 61; 71; L. K e p p i e, Legio VIII Augusta and the Claudian Invasion, *Britannia* 2, 1971, s. 149–152.

[31] *ILS* 1349; E.M. S m a l l w o o d, *Documents Illustrating the Principates of Gaius Claudius and Nero*, Cambridge 1967, nr 258; M r o z e w i c z, *op.cit.*, s. 82–83, nr 17.

[32] *CIL* XI 4368; M r o z e w i c z, *op.cit.*, s. 150–151, nr 93a.

[33] Zob. *CIL* III 3126; V 535; V 939 etc.; *ILS* 1339, 1379, 2695, 2701, 9199.

przedmiot zazdrości niejednego z rzymskich żołnierzy. Walens był najpierw szeregowym żołnierzem gwardii pretoriańskiej, który został awansowany na stanowisko *beneficiarius praefecti praetorio*. Za zasługi w czasie wojny w Brytanii otrzymał szereg nagród, w tym – *torques, armilae, phalerae*, a po siedemnastu latach służby otrzymał kolejne odznaczenia wojskowe – *corona aurea*, i niedługo potem awans na stanowisko centuriona VI kohorty wigilów (*centurio cohortis VI vigilum*). Następnie został promowany na centuriona XVI kohorty miejskiej (*centurio cohortis XVI urbanae*), potem zaś na stanowisko centuriona II kohorty pretoriańskiej (*centurio cohortis II praetoriae*). W gwardii pretoriańskiej Walens dodatkowo pełnił funkcję instruktora jazdy spekulatorów pretoriańskich (*exercitator equitum speculatorum*) i piastował stanowiska *princeps praetorii* oraz *trecenarius*. Jako centurion został przeniesiony do legionu XIII Gemina (*centurio legionis XIII Geminae*), z którego trafił do legionu VI Victrix, w którym osiągnął stanowisko *primus pilus* (*primuspilus in legione VI Victrix*). Po kolejnych nagrodach otrzymanych w trakcie służby, nastąpił kolejny awans. Najpierw został przeniesiony na stanowisko trybuna V kohorty wigilów (*tribunus cohortis V vigilum*), by następnie zostać promowanym na trybuna do XII kohorty miejskiej (*tribunus cohortis XII urbanae*). Z tej przeniesiono go na stanowisko trybuna III kohorty pretoriańskiej (*tribunus cohortis III praetoriae*). Potem raz jeszcze M. Walens służył w legionie jako *primus pilus*, aby wreszcie, za panowania Nerona, zakończyć swoją karierę na stanowisku prokuratora cesarskiego prowincji Luzytanii (*procurator imperatoris Neronis Caesaris Augusti provinciae Lusitaniae*)[34].

Informacje o karierach poszczególnych żołnierzy gwardii pretoriańskiej, zawarte w źródłach epigraficznych, można zatem uznać za wiarygodne świadectwo uzasadniające tezę o elitarności gwardii pretoriańskiej. Wyjątkowość *cohortes praetoriae* przejawiała się z jednej strony w możliwości awansu pretoriańskich *evocati* i *corniculari praefecti praetorio* na stanowiska centurionów w legionach i pozostałych jednostkach rzymskich, z drugiej zaś w promocji na identyczne lub wyższe stopnie w gwardii pretoriańskiej dla wielu oficerów, tj. centurionów i trybunów z innych formacji rzymskich, co oznaczało awans w hierarchii wojskowej i w efekcie w hierarchii społecznej.

Kolejnym elementem wskazującym na elitarność gwardii pretoriańskiej była wyjątkowość wykonywanych zadań. Ich przykładem może być udział pretorianów w uśmierzeniu wspomnianego buntu trzech legionów w Pannonii. Wiadomo, że Tyberiusz nie zaakceptował żądań legionistów i rozkazał, aby Druzus, jego syn, zaprowadził wśród nich porządek. Wspierać go w tym mieli pretorianie z dwóch wzmocnionych liczebnie kohort oraz część jazdy pretoriańskiej. Doradcą Druzusa został prefekt pretorianów, Lucjusz Eliusz Sejan[35]. Bezpieczeństwa Druzusa w obozie trzech legionów panońskich, położonym niedaleko Poetovio, lub może nawet w Siscia[36], strzegli przede wszystkim pretorianie, co uzasadniała burzliwość i nerwowość toczonych pertraktacji. Oni też, po ich zakończeniu, wraz z legionowymi centurionami wyłapywali głównych prowodyrów rebelii, których następnie mordowano. Wykonanie egzekucji poza obozem przypadło w udziale także pretorianom[37].

[34] *ILS* 2648. Lucjusz Leliusz Fuskus, będąc *evocatus*, także został przeniesiony w charakterze *centurio*, ale do I kohorty wigilów: *ILS* 9190. Zob. także m.in. *ILS* 2081. Por. Durry, *op.cit.*, s. 132; Freis, *op.cit.*, s. 77–78; Dobson, Breeze, The Roman Cohorts.., *op.cit.*, s. 90; Keppie, *Britannia* 2, 1971, s. 151–153; id., *Army*, s. 189.

[35] Oprócz żołnierzy z gwardii pretoriańskiej towarzyszyli mu także Germanie z oddziału *Germani corporis custodes*: Tac. *Ann.* I, 24; K. Wellesley, The Dies imperii of Tiberius, *JRS* 57, 1967, s. 23, 25, 27; Levick, *op.cit.*, s. 71.

[36] M. Šašel Kos, The 15th Legion at Emona – some thoughts, *ZPE* 109, 1995, s. 236.

[37] Tac. *Ann.* 1, 26–28.

Opis dalszych wydarzeń, jakie rozegrały się w czasie tego buntu, zawiera kolejną istotną informację, dotyczącą wyjątkowej pozycji gwardii pretoriańskiej. Otóż udział żołnierzy kohort pretoriańskich w tłumieniu owej rebelii był następstwem rozkazu wydanego przez samego cesarza. Jednak nie tylko ten przykład dowodzi, że pretorianie znajdowali się pod bezpośrednim dowództwem władcy państwa rzymskiego. Dobitnie potwierdza to sprawa senatora Juniusza Galliona, który zaproponował, aby wysłużeni pretorianie mogli zasiadać w rzędach ekwitów w czasie widowisk. Odpowiedź Tyberiusza była natychmiastowa. Zdaniem cesarza, ani Juniusz Gallion, ani nikt inny nie powinien się interesować sprawami żołnierzy, bo pretorianie jedynie od niego mogą otrzymywać zarówno rozkazy, jak i nagrody. Dlatego niefortunny wniosek upadł, a Juniusza Galliona wygnano z Italii[38].

Bezpośrednie podporządkowanie władcy łączyło się ściśle z głównym zadaniem żołnierzy gwardii pretoriańskiej, polegającym na czuwaniu nad bezpieczeństwem cesarza i osób z jego otoczenia, w tym przede wszystkim członków rodziny. Nic więc dziwnego – o czym była już mowa – że po przybyciu do letniego obozu legionów panońskich, na nich spoczywał obowiązek czuwania nad bezpieczeństwem Druzusa. Także inne osoby, wchodzące w skład rodziny władcy, miały prawo do takiej właśnie ochrony. Korzystali z niej, między innymi, Germanik oraz Agryppina Młodsza, matka Nerona[39].

Ochrona cesarza polegała głównie na trzymaniu przy nim straży przez żołnierzy gwardii. Gdy ten przebywał na terenie Rzymu, kompleks pałacowy na Palatynie był ochraniany przez jedną z jej kohort[40]. Trybun dowodzący taką kohortą każdorazowo zwracał się osobiście z prośbą do cesarza o podanie hasła, jakim miały się posługiwać straże pretoriańskie[41].

Pretorianie byli obecni przy cesarzu w czasie audiencji. Towarzyszyli mu również w trakcie uczt i oficjalnych wizyt[42]. Byli przy nim, gdy udawał się do senatu, uczestniczył w uroczystościach publicznych lub oglądał widowiska. Często nosili wówczas togi[43]. Przebywanie w otoczeniu władcy łączyło się z obowiązkiem uświetniania różnych uroczystości i dodawania splendoru uczestniczącemu w nich cesarzowi. Spektakularnym przykładem uczestnictwa pretorianów w takim wydarzeniu była ich obecność u boku Kaliguli, kiedy ten w zbroi Aleksandra Wielkiego przejeżdżał na rydwanie po moście pontonowym w zatoce w Bajach[44].

W podobnej, zdaje się, roli pretorianie występowali na uroczystościach pogrzebowych. Byli obecni na pogrzebach, między innymi, Oktawiana Augusta i Germanika, po którego prochy Tyberiusz wysłał dwie kohorty pretoriańskie, oraz na pogrzebie Druzylli, siostry Kaliguli[45]. Żołnierze gwardii pretoriańskiej uczestniczyli również w powitaniach dostojnych gości przybywających do Rzymu oraz asystowali w czasie wjazdów triumfalnych[46].

---

[38] Tac. *Ann.* 6, 3; Cass. Dio 58, 18, 3–5; R. S y m e, The year 33 in Tacitus and Dio, *Athenaeum* 61, 1983, s. 20.

[39] Trudno przypuszczać, aby zadania żołnierzy dwóch kohort pretoriańskich towarzyszących Germanikowi w kampanii przeciwko Germanom sprowadzały się tylko wyłącznie do udziału w walce (Tac. *Ann.* 2, 20); Tac. *Ann.* 13, 18; Cass. Dio 61, 8, 4, 6.

[40] Tac. *Ann.* 16, 27; Keppie, *Army*, s. 187; id., *Athenaeum* 84, 1996, s. 120.

[41] Tac. *Ann.* 1, 7; 13, 2; Suet. *Cal.* 56.

[42] Tac. *Ann.* 1, 7; Suet. *Claud.* 35.

[43] Tac. *Ann.* 12, 56; 13, 25; 15, 33; 16, 27; Suet. *Nero* 21. Trudno jednoznacznie wyjaśnić symbolikę tego aktu – czy miał on służyć podkreśleniu statusu społecznego pretorian, wyeksponowaniu ich wyjątkowej pozycji, czy też dodać splendoru osobie władcy? Por. M. G w y n M o r g a n, The Long way round Tacitus, *Histories* I.27, *Eranos* 92, 1994, s. 95.

[44] Suet. *Cal.* 19.

[45] Tac. *Ann.* 1, 8–9; 3, 2–4; Cass. Dio 56, 42, 1–4; 59, 11, 2; L e v i c k, *op.cit.*, s. 156.

[46] Taki charakter miał przemarsz ulicami Rzymu wziętego do niewoli Kratakusa i jego rodziny: Tac. *Ann.* 12, 36.

Przykładem udziału *cohortes praetoriae* w tego typu uroczystościach była ich obecność w trakcie powitania w Rzymie w 66 roku n.e. Tirydatesa, króla Armenii. Pretorianie, jak pisze Swetoniusz, obstawili wtedy forum oraz ulice przy świątyniach[47]. W czasie igrzysk do pretorianów należał obowiązek pilnowania porządku zarówno wśród widzów, jak i wśród osób bezpośrednio w nich uczestniczących[48].

Pretorianie przebywali z racji swych zadań głównie w Rzymie. Za rządów Tyberiusza żołnierze gwardii pretoriańskiej zostali zgromadzeni w obozie, który specjalnie dla nich zbudowano na obrzeżach miasta. W prowincjach pretorianie pojawiali się raczej rzadko, a jeśli już, to w związku z podróżami cesarza bądź z wypełnianiem ściśle określonych misji[49]. Kiedy cesarz przebywał poza stolicą, zadaniem żołnierzy kohort pretoriańskich było dostarczanie adresatom jego korespondencji[50]. Z pewnością wymienione zadania żołnierzy gwardii pretoriańskiej i warunki ich działania mogły być postrzegane jako swego rodzaju zachęta do podejmowania takiej właśnie służby.

Okoliczność, że do likwidacji buntu legionistów panońskich wysłano kohorty pretoriańskie, ma istotne znaczenie[51]. Z udziałem gwardii pretoriańskiej w tłumieniu tej rebelii łączy się bowiem kwestia wykorzystania kohort pretoriańskich w walce z wrogami państwa rzymskiego. Problem ten można rozpatrywać dwojako: po pierwsze, poprzez udział żołnierzy gwardii pretoriańskiej w walce z wrogiem zewnętrznym; po drugie, poprzez uczestnictwo oddziałów pretoriańskich w konfliktach wewnętrznych Rzymu. Wykorzystanie żołnierzy gwardii pretoriańskiej w walce z wrogiem zewnętrznym potwierdza między innymi ich obecność w 16 roku n.e. u boku Germanika w kampanii przeciwko Germanom[52]. Towarzyszyli oni także cesarzowi Klaudiuszowi w czasie walk na terenie Brytanii w 43 roku n.e.[53] O użyciu gwardii pretoriańskiej w konfliktach wewnętrznych świadczy natomiast wspomniany już bunt legionów panońskich, bunt gladiatorów w Praeneste oraz wojna domowa między Othonem a Witeliuszem z 69 roku n.e.[54]

Z kwestią czuwania nad bezpieczeństwem cesarza i członków jego rodziny łączy się kolejne zadanie żołnierzy gwardii pretoriańskiej. Była to rola „policji politycznej", polegająca na zwalczaniu spisków, których celem miała być osoba cesarza. Pretorianie dysponowali w tym zakresie prawie pełną swobodą działania. Przedmiotem ich operacji mogły być bowiem osoby pochodzące ze wszystkich warstw społeczeństwa rzymskiego – od ludzi z bezpośredniego otoczenia władcy po tych z nizin społecznych. Także teren działania pretorianów nie ograniczał się wówczas tylko do obszaru samego Rzymu. Za przykład może posłużyć sprawa Agryppiny Starszej oraz jej synów, Nerona i Druzusa. Akcją, której celem było

---

[47] Suet. *Nero* 13.

[48] Zawsze w czasie igrzysk jedna z kohort pretoriańskich czuwała nad porządkiem: Tac. *Ann.* 13, 24–25. Por. też Tac. *Ann.* 12, 56; Suet. *Nero* 21.

[49] Tac. *Ann.* 4, 59; *Hist.* 1, 23; Suet. *Tib.* 60; *Cal.* 43; *Nero* 19; K e p p i e, *Athenaeum* 84, 1996, s. 120–121.

[50] Tac. *Ann.* 4, 41.

[51] Przykładem wykorzystania gwardii pretoriańskiej w innej pacyfikacji przeprowadzonej również za rządów Tyberiusza była akcja skierowana przeciwko ludności cywilnej w mieście Polencja: Suet. *Tib.* 37.

[52] Tac. *Ann.* 2, 20; G. P o w e l l, The Praetorian Guard, *History Today* 18, 1968, s. 862; K e p p i e, *Athenaeum* 84, 1996, s. 120.

[53] Potwierdzają to szczególnie inskrypcje: *ILS* 2648, 2697, 2701; por. także D u r r y, *op.cit.*, s. 367; P o w e l l, *op.cit.*, s. 862; K e p p i e, *Britannia* 2, 1971, s. 150; id., *Athenaeum* 84, 1996, s. 121.

[54] Tac. *Ann.* 15, 46 (*ad loc.* D u r r y, *op.cit.*, s. 279); Tac. *Hist.* 2, 11, 14, 18, 21–22, 24–25 etc.; P. F a b i a, Les Prétoriens de Vitellius, *Revue de Philologie, de Littérature et d'Histoire Anciennes* 38, 1914, s. 33 nn.; id., La concentration des Othoniens sur le Pô, *REA* 43, 1941, s. 193, 206 nn.; D u r r y, *op.cit.*, s. 372–376; K. W e l l e s l e y, *The Long Year A.D. 69*, London 1975, s. 50 nn.

zgromadzenie dowodów potwierdzających działalność spiskową wdowy po Germaniku przeciwko Tyberiuszowi, kierował sam Sejan. Dla zapewnienia powodzenia tej akcji wybrano grupę żołnierzy gwardii pretoriańskiej, przydzielonych do straży czuwających nad bezpieczeństwem Agryppiny Starszej. Ich zadaniem miało być nieprzerwane inwigilowanie całej trójki. Prócz szpiegowania, polegającego na sporządzeniu rejestru osób, z którymi Agryppina i jej synowie się spotykali, do ich obowiązków należało także przeglądanie korespondencji[55].

W 65 roku n.e., w zorganizowanym z inicjatywy Gajusza Pizona spisku przeciwko Neronowi, oprócz kilkunastu cywilnych członków sprzysiężenia, uczestniczyli też pretorianie[56]. Mimo głębokiej konspiracji sprzysiężenie zostało wykryte. Wierni Neronowi żołnierze kohort pretoriańskich z jego rozkazu obsadzili mury i ulice Rzymu. Ich piesze i konne patrole wyruszyły do miast i miasteczek Italii. Wszędzie szukano spiskowców i osób im sprzyjających. Zakrojona na szeroką skalę obława, łącznie z blokadą portów, oraz okrutne tortury pozwoliły na szybkie aresztowanie członków sprzysiężenia. Prawie wszystkich spotkała śmierć z rąk żołnierzy gwardii pretoriańskiej[57].

Pretorianie wykonywali także zadania wyjątkowe, o nietypowym charakterze. Przykładem jednego z nich było pobieranie przez trybunów i centurionów pretoriańskich podatków i opłat, jakie Kaligula nałożył między innymi na stręczycieli i prostytutki[58]. Za rządów Klaudiusza takim zadaniem było pozorowanie walki na arenie w czasie igrzysk przez szwadron jazdy pretoriańskiej dowodzony przez trybunów i prefekta[59]. Za Nerona natomiast, w 61 roku n.e., został wysłany do Egiptu niewielki oddział pod dowództwem trybuna. Jego zadaniem miało być eskortowanie misji, która – jak się później okazało – dotarła aż w okolice dzisiejszego Chartumu[60]. Sześć lat później, w 67 roku n.e., cesarz polecił, aby pretorianie rozpoczęli prace nad przekopaniem Przesmyku Korynckiego[61].

W okresie panowania poszczególnych cesarzy te nietypowe zadania różniły się między sobą pod względem charakteru i znaczenia. To, co miało miejsce po raz pierwszy za panowania Tyberiusza, przez jego następców mogło być już traktowane jako element należący do katalogu zwykłych pretoriańskich obowiązków. Jako przykład może posłużyć zamordowanie Agryppy Postumusa w 14 roku n.e. przez jednego z centurionów pretoriańskich. Za Kaliguli z ręki trybuna pretoriańskiego zginął Tyberiusz Gemellus. Za rządów Nerona ten sam los spotkał Oktawię[62].

Te dwie kategorie zadań można zatem uznać za istotny wyznacznik odrębności, a w konsekwencji i wyjątkowości gwardii pretoriańskiej. O ile obowiązki należące do pierwszej grupy tworzyły swoisty fundament, na którym zorganizowano gwardię pretoriańską

---

[55] Tac. *Ann.* 4, 67; Suet. *Tib.* 53–54.

[56] Tac. *Ann.* 15, 49–53; 65; 69; *ILS* 2701. Byli to trybuni gwardii pretoriańskiej: Subriusz Flawus, Gawiusz Sylwan i Stacjusz Proksumus, oraz centurionowie: Sulpicjusz Asper, Maksymus Skaurus i Wentus Paulus. Wtajemniczony w to przedsięwzięcie był także prefekt pretorianów Feniusz Rufus.

[57] Tac. *Ann.* 15, 58–60; 63–64; 66–71; 16, 17. Następstwem zlikwidowania spisku było również zwolnienie z szeregów kohort pretoriańskich trzech trybunów: Pompejusza Korneliusza Marcjalisa, Flawiusza Neposa i Stacjusza Domicjusza. Za powód ich usunięcia, pomimo braku dowodów łączących ich ze spiskowcami, posłużyły „domysły" o ich nieprzychylnym stosunku do cesarza (Tac. *Ann.* 15, 71).

[58] Josephus Flavius, *Ant. Jud.*, 19, 1, 28–29; Suet. *Cal.* 40.

[59] Suet. *Claud.* 21.

[60] Plin. *Nat. Hist.* 6, 181; R.K. S h e r k, Roman Geographical Exploration and Military Maps, *ANRW* II, 3, Berlin – New York 1974, s. 540–541.

[61] Suet. *Nero* 19.

[62] Tac. *Ann.* 1, 6; 14, 63–64; Suet. *Cal.* 23.

jako samodzielną formację wojskową, to zadania wyjątkowe, wynikające często z potrzeby chwili, podkreślały jej szczególną pozycję.

Kwestia struktury organizacyjnej, a przede wszystkim liczebności gwardii pretoriańskiej, która w dalszym ciągu nie jest do końca jednoznacznie rozstrzygnięta, może pośrednio przemawiać za wyjątkowością tej formacji. Jeżeli uznać słuszność koncepcji, w myśl której każda z kohort gwardii pretoriańskiej najpóźniej od roku 69 n.e. liczyła po 1000 osób, oznacza to, że za panowania Flawiuszy gwardia liczyła od 9–10 do 17 tys. żołnierzy[63]. Dla porównania: kohorty legionowe, pomijając pierwszą (ta była podwójna i składała się z około 1000 ludzi), czyli od drugiej do dziesiątej, liczyły po około 480–600 żołnierzy. Liczebność legionu wynosiła zatem od około 5 do 6 tys. i była znacznie mniejsza od *cohortes praetoriae*[64].

Z organizacją gwardii pretoriańskiej łączy się także kwestia ilości trybunów. Regułą było, że każdą z pretoriańskich kohort dowodził jeden trybun[65]. Stąd ich liczba mogła wynosić od dziewięciu do szesnastu. W legionie natomiast, gdzie trybuni wojskowi nie mieli ściśle określonych zadań, a większe znaczenie posiadali centurionowie, w tym szczególnie *primi pili*, było ich jedynie sześciu[66]. Odmienność struktury organizacyjnej gwardii pretoriańskiej wynikała jednak prawdopodobnie ze specyfiki jej zadań.

Kwestia rekrutacji może również stanowić pewien wyznacznik specyfiki gwardii pretoriańskiej. Nabór do kohort pretoriańskich odbywał się głównie poprzez zaciąg ochotniczy. Z przekazu Tacyta wiadomo, że w I wieku n.e. głównymi terenami rekrutacji były: Etruria, Umbria, Lacjum i stare kolonie rzymskie. Przekaz ten w istotny sposób pozwalają uzupełnić inskrypcje. Na ich podstawie można ustalić nazwy ośrodków miejskich, z których pochodzili rekruci. Na liście tej znajdują się m.in.: Bononia, Faesulae, Kremona, Mutina, Florencja, Peruzja i Venafrum[67]. Z reguły w gwardii pretoriańskiej służyły osoby mające obywatelstwo rzymskie. O tym, że posiadanie obywatelstwa miało dość istotne znaczenie, może świadczyć nadanie przez Klaudiusza w roku 46 n.e. obywatelstwa rzymskiego (*civitas Romana*) plemieniu Anauronów z terenu Alp. Przywilej ten miał być zapewne nagrodą za ich lojalność i wierną służbę w kohortach pretoriańskich. Sam edykt miał jednak na celu zlikwidowanie powstałego precedensu, czyli służenia w elitarnych oddziałach przez żołnierzy nieposiadających rzymskiego obywatelstwa[68]. Aż do II wieku n.e. zdecydowaną większość wśród żołnierzy gwardii pretoriańskiej stanowili mieszkańcy Italii[69].

---

[63] Tac. *Hist.* 2, 93, 10–11: *sedecim praetoriae, quattuor urbanae cohortes scribebantur, quis singula milia inessent*; *ILS* 1993; D.L. K e n n e d y, Some Observations on the Praetorian Guard, *AnSoc* 9, 1978, s. 275. Stanowisko M. Durryego (*op.cit.*, s. 83–87), podważające z jednej strony wiarygodność informacji Kasjusza Diona (55, 24, 6), a z drugiej strony zakładające, że w okresie rządów cesarzy z dynastii julijsko-klaudyjskiej liczebność każdej z kohort pretoriańskich wynosiła około 500 żołnierzy, budzi kontrowersje. Por. P a s s e r i n i, *op.cit.*, s. 58–67; G.E.F. C h i l v e r, *A Historical Commentary on Tacitus' Histories I and II*, Oxford 1979, s. 16–17; C a m p b e l l, *op.cit.*, s. 162–163, przyp. 6. Zob. też K e p p i e, *Athenaeum* 84, 1996, s. 111.

[64] D. B r e e z e, The Organization of the Legion: the First Cohort and the Equites legionis, *JRS* 59, 1969, s. 50; K e p p i e, *Army*, s. 173.

[65] D u r r y, *op.cit.*, s. 143; K e p p i e, *Army*, s. 188; id., *Athenaeum* 84, 1996, s. 113.

[66] W. D a v i e s, The Daily Life of the Roman Soldier under the Principate, *ANRW* II, 1, Berlin – New York 1974, s. 305–306. *Tribunus laticlavius* towarzyszył legatowi (*legatus legionis*) we wszystkich jego obowiązkach i działał jako zastępca dowódcy legionu. Pięciu *tribuni angusticlavii* wykonywało obowiązki administracyjne dotyczące legionistów oraz niekiedy dowodziło wydzielonymi oddziałami lub towarzyszyło namiestnikowi w różnych zadaniach administracyjnych, por. K e p p i e, *Army*, s. 176.

[67] Tac. *Ann.* 4, 5; D u r r y, *op.cit.*, s. 240–241; K e p p i e, *Athenaeum* 84, 1996, s. 118.

[68] *ILS* 206; D u r r y, *op.cit.*, s. 241, 252.

[69] K e p p i e, *Army*, s. 189.

Udział *cohortes praetoriae* w stłumieniu buntu z 14 roku n.e. nasuwa jeszcze jedną refleksję związaną z tzw. *esprit de corps*. Zdecydowane działania podjęte przeciwko buntownikom przez żołnierzy gwardii pretoriańskiej sugerują wyraźnie, że sami pretorianie musieli zdawać sobie sprawę z tego, iż żądania legionistów, nawiązujące do wielkości stawek otrzymywanego przez nich żołdu oraz czasu służby, godziły bezpośrednio w ich własny status.

Przedstawiony przez Tacyta opis założenia *castra praetoria* w 23 roku n.e. zawiera aluzje odnoszące się do uświadamianej sobie przez pretorian ich wyjątkowości. Zdaniem historyka rzymskiego, wybudowanie pretorianom koszar mogło wzmocnić w nich ufność w siłę własnej formacji, a jednocześnie, co jest szczególnie istotne, wzbudzić respekt u innych[70].

Niewątpliwie, jak w całej armii, religia żołnierzy gwardii pretoriańskiej stanowiła istotny element ich tożsamości. Oprócz znaków wojskowych i chorągwi z medalionami (*signa* i *vexilla*) zawierającymi podobizny cesarzy (*imagines imperiales*), każda z centurii pretoriańskich otaczała czcią swojego geniusza (*genius centuriae*). *Religo castrensis* tworzyła swoistą więź między życiem każdego żołnierza a losem jego oddziału i całego państwa rzymskiego[71].

Wiele elementów potwierdza istnienie wyraźnych związków pomiędzy gwardią pretoriańską a resztą wojska rzymskiego. Jednakże część z nich nie pozostawia wątpliwości co do tego, że pretorianie mieli lepszą i silniejszą pozycję w porównaniu z innymi formacjami wchodzącymi w skład rzymskiego systemu wojskowego.

The Praetorians – their role in the Roman military system

Summary

Until now the Praetorian Guard was the subject of only a few studies and papers. Almost all of them treat the Praetorians as the soldiers, who were corps d'élite or élite unit. But so far, no one has presented a catalogue of elements which confirmed that the Praetorian Guard was indeed the élite unit. We can distinguish three of these elements: the soldier's pay, the definite terms of service and a separate pay for veterans. Another element was a pattern of career of the praetorians. Those elements created the status of the Praetorian Guard as a special military formation.

[70] Tac. *Ann.* 4, 2. Budowa obozu wojskowego miała także sakralny charakter: J. Helgeland, Roman Army Religion, *ANRW* II, 16, Berlin – New York 1978, s. 1488–1495.

[71] Durry, *op.cit.*, s. 307–317; Watson, *Roman Soldier, op.cit.*, s. 128–129. Więcej o *genii* zob. M.P. Speidel, A. Dimitrova-Milceva, The Cult of the Genii in the Roman Army and a New Military Deity, *ANRW* II, 16, Berlin – New York 1978, s. 1544–1545; Helgeland, *op.cit.*, s. 1473.

ELECTRUM * Vol. 4
Kraków 2000

Danuta Musiał

Sekty religijne w świecie grecko-rzymskim
Zarys problematyki

1. Uwagi terminologiczne

W łacinie klasycznej termin *secta* (od *sequor* – iść za kimś) miał dosyć szerokie zastosowanie i – jak wiele łacińskich pojęć odnoszących się do życia publicznego – występował zarówno w znaczeniu abstrakcyjnym, jak i bardziej konkretnym. W tym pierwszym mógł oznaczać określony sposób postępowania czy też zespół życiowych zasad, którymi należy się kierować. Potwierdzenie takiego rozumienia słowa *secta* można znaleźć np. u Cycerona, Waleriusza Maksimusa czy Lukana[1]. Najczęściej jednak termin *secta* występuje w źródłach literackich na określenie grupy ludzi podzielających te same poglądy.

1.1. Sekta jako grupa polityczna

Pośród licznych przykładów zastosowania terminu *secta* są też takie, które dowodzą, że pojęcie to było używane w kontekście politycznym. Przykładowo Liwiusz „sektą" nazywa tych, co poszli śladami Witruwiusza, zbuntowanego przeciwko Rzymowi wodza Fundów. W podobnym znaczeniu określenie to pojawia się w wystąpieniu P. Korneliusza Scypiona, który tych, co podporządkowali się jego dowództwu, nazywa *mea secta*[2]. Inny tego rodzaju przykład znajduje się w korespondencji Cycerona. Otóż w liście do K. Waleriusza Orki pisze on o „sekcie" Cezara, z którą sympatyzuje adresat[3]. U obydwu wymienionych autorów interesujący nas termin pojawia się w znaczeniu zbliżonym do *factio*, chociaż – przynajmniej u Liwiusza – chodzi bardziej o sympatie polityczne w sensie ogólnym, rodzaj wspólnoty poglądów, niż o przynależność do stronnictwa politycznego, które najczęściej w źródłach określane bywa właśnie jako *factio*.

---

[1] Cic. *N.D.*, 2, 57; *Pro Caelio* 40; Val. Max. 2, 7, 2; Luc. 2, 380; *CIL* VIII 1557. Podobnie: Nevius *Carm.* 5, 1; Catull. 63, 15.

[2] Liv. 8, 19, 10: *negant se pro Vitruvio sectamque eius secutis precatum venisse sed pro Fundano populo.* Zob. mowa Scypiona, Liv. 29, 27, 2. Por. 42, 31, 1.

[3] Cic. *ad fam.* 13, 4, 2: *est tuae prudentiae aut sequi eius auctoritatem cuius sectam atque imperium summa cum dignitate secutus es.* Por. Cic. *Pro Sestio* 97.

Dla przypomnienia warto dodać, że *factiones*, wszechobecne w życiu politycznym Rzymu u schyłku republiki, z oczywistych względów przestały się liczyć w polityce w początkach pryncypatu, a sam termin stopniowo zatracił swój aspekt polityczny, chociaż nadal był używany, także w znaczeniu negatywnym, w związku z nielegalną działalnością. Przykładem są *Przemiany* Apulejusza, gdzie *factio*, podobnie jak *secta*, oznaczało bandę rozbójników[4]. Zastosowanie terminu *secta* w takim kontekście jest pewnym ewenementem, ponieważ u innych autorów z tej epoki nie ma on pejoratywnego zabarwienia. J. Hellegouarc'h był zdania, że w źródłach z tego okresu *secta* pojawia się zamiast *factio*, przynajmniej u niektórych autorów, właśnie ze względu na negatywne skojarzenia wiążące się z działalnością *factiones* u schyłku republiki[5]. Swetoniusz, pisząc o próbach odcięcia się Augusta od wcześniejszych związków z optymatami, nazywa zwolenników tej opcji politycznej „sektą"[6].

1.2. Sekta jako szkoła filozoficzna

Najczęściej jednak termin *secta* pojawia się w źródłach w odniesieniu do różnych szkół i kierunków w filozofii, medycynie, a także sztuce. W tym znaczeniu stosowany był już przez Cycerona, a później przez Senekę, Pliniusza i Swetoniusza[7]. Szczególnie interesujące przykłady można znaleźć w dziele Pliniusza, u tego bowiem autora określenie *secta* często występuje obok innych terminów o zbliżonym znaczeniu, jak *factio* i *schola*.

Sektami nazywa Pliniusz takie szkoły lekarskie, jak: Asklepiadesa z Prusy (*nova secta*), Asklepiosa (*Aesculapi secta*), której członkowie uważali, że długość ludzkiego życia zależy od gwiaz, i Herofilosa (*haec secta*), jednego z najwybitniejszych kontynuatorów Hipokratesa. Natomiast eksperymentalny kierunek w medycynie, reprezentowany przez Akrona z Akragas, określa jako *factio*[8]. Kiedy zaś Pliniusz pisze o kontrowersjach między szkołami lekarskimi, w jego tekście pojawia się słowo *scholae*[9]. Podobnie rzecz się ma z astrologami i magami: chaldejczyków określa jako *Chaldea astrologum secta*, natomiast o magach nawiązujących do cudotwórczej działalności Mojżesza pisze *alia magices factio*[10]. Sektą nazywa też Pliniusz szkołę rzeźbiarską Lizypa[11]. Nie ulega wątpliwości, że dla Pliniusza terminy *secta, schola* i *factio* są bardzo zbliżone znaczeniowo, ale czy stosuje je całkowicie dowolnie, to już inna sprawa.

J.-M. André, znawca dziejów filozofii rzymskiej, sugerował, że Pliniusz i inni piszący po łacinie autorzy z okresu wczesnego cesarstwa stosowali termin *secta* w odniesieniu do niektórych kierunków w filozofii i medycynie dla podkreślenia ich specyficznej uczoności o ezoterycznym charakterze[12]. To oczywiście możliwe, ale sąd taki wymaga przyjęcia wstęp-

---

[4] Apul. *Met.* 3, 28; 7, 7; 8, 1. *Secta*: Apul. *Met.* 4, 18, 3; 24, 2.

[5] J. Hellegouarc'h, *Le vocabulaire latin des relations et des parties politiques sous la république*, Paris 1963, s. 105.

[6] Suet. *Aug.* 12: *quo magis poenitentiam prioris sectae approbaret.*

[7] Cic. *Brutus* 120; *De leg.* 1, 138; Sen. *Epis.* 95, 9; Suet. *De gram. et reth.* 8; 18; Tac. *Ann.* 14, 57, 3; 16, 32, 3; *Hist.* 4, 40, 8. Por. też *Flor.* 14; 15; Val. Max. 1, 18 ext. 17; Quint. *Inst. orat.* 5, 7, 35.

[8] Plin. *N.H.* 7, 124; 7, 160; 29, 6.

[9] Plin. *N.H.* 29, 6.

[10] Plin. *N.H.* 18, 211; 30, 11.

[11] Plin. *N.H.* 34, 67.

[12] J.-M. André, Les écoles philosophiques aux deux premiers siècles de l'Empire, *ANRW* II, 31 (New York – Berlin 1987), s. 6. W przypisie 7 autor sugeruje jednak, że Pliniusz używał tych terminów *d'une manière indifférenciée.*

nego założenia, że pojęciu *secta* nadawano w tej epoce jakieś ukryte znaczenie, a tego cytowane źródła nie potwierdzają. Poza tym trudno się oprzeć wrażeniu, że w tym konkretnym przypadku francuski uczony zasugerował się współczesnym rozumieniem określenia sekta i przypisał mu treści, których w starożytności nie posiadało. Tego typu rozumowanie – nie tak znów rzadkie wśród badaczy – jest bez wątpienia rezultatem „teologicznego" myślenia o sektach, właściwego już późnej starożytności, a charakteryzującego współczesne definicje sekty (kwestia ta zostanie omówiona w dalszej części artykułu). Warto zwrócić uwagę, że Seneka, piszący o upadku szkół filozoficznych, m.in. pitagorejskiej, nazywa ją *Pythagorica ... schola*, a przecież jej nauki w pełni zasługiwały na miano ezoterycznych. Seneka nie unika jednak słowa *secta*, ale rezerwuje je dla zwolenników poglądów głoszonych przez Sekstiuszy (ojca i syna), rzymskich filozofów z końca I w. p.n.e. (*Sextiorum ... secta*), co by wskazywało, że dostrzegał różnicę między obydwoma terminami[13]. Potwierdza to zdanie z *De beneficis*, gdzie filozof mówi o paradoksach sekty stoików (*hoc ex paradoxis stoicae sectae minime mirabile*). Wydaje się, że w podobnym znaczeniu używa tego pojęcia Cycero, kiedy pisze o ludziach, którzy podążali za różnymi filozofami (*sectam secuti sunt*), i Waleriusz Maksimus (*Epicuri sectam secuti*)[14].

Podane powyżej przykłady, dotyczące stosowania przez autorów łacińskich terminu *secta*, są oczywiście tylko wyborem i w żadnym wypadku nie mogą zostać uznane za kompletny zestaw, ale moim zdaniem są one na tyle reprezentatywne, że mogą stanowić podstawę przynajmniej dwóch wniosków natury ogólnej.

Po pierwsze: termin *secta* pojawia się – jak się wydaje – w tekstach przede wszystkim w tych miejscach, w których autorom bardziej chodziło o poglądy jakiejś szkoły czy poszczególnych jej przedstawicieli niż o szkołę w znaczeniu instytucji; oczywiście tak, jak rozumiano instytucję szkoły filozoficznej czy lekarskiej w świecie greckim. W takim znaczeniu termin ten używany był przez Senekę. Jeszcze św. Augustyn, komentując słowa Warrona dotyczące sporów między filozofami, pisze o wielości niezgadzających się ze sobą sekt (*multitudo sectarum*)[15].

Po drugie: w okresie republiki i wczesnego cesarstwa sektami – co wyraźnie należy podkreślić – nie nazywano stowarzyszeń kultowych, dla nich bowiem zarezerwowane były inne terminy, jak *collegium* i *sodalitas*; członkowie takich stowarzyszeń byli najczęściej określani jako *cultores*. Wspólnota poglądów łącząca ludzi należących do tej samej „sekty" nie pociągała bowiem za sobą istnienia formalnych struktur organizacyjnych, co z kolei wyróżniało funkcjonujące oficjalnie stowarzyszenia kultowe. Nie zawsze też powodowała więzy personalne między zwolennikami tych samych idei; na tych ostatnich opierały się zaś *factiones*. Nie przypadkiem za pomocą terminu *secta* przełożono greckie słowo *hairesis*, które przez greckich autorów, przynajmniej od III w. p.n.e., używane było na określenie poglądów różnych szkół filozoficznych. Ale *hairesis* to przede wszystkim ogół przekonań przedstawicieli danego kierunku, szeroko pojmowana postawa filozoficzna, raczej „szkoła myśli" niż szkoła w sensie instytucjonalnym[16].

---

[13] Sen. *N.Q.* 7, 32, 2.

[14] Sen. *De benef.*, 2, 31, 1; Cic. *De leg.*, 1, 38; Val. Max. 1, 8 ext. 17.

[15] *De civ. dei* 6, 5, 2.

[16] O greckiej terminologii dotyczącej szkół filozoficznych i użyciu *hairesis* przez autorów hellenistycznych, także Polibiusza: J. G l u c k e r, *Antiochus and Late Academy*, Göttingen 1978, s. 160–180.

1.3. Sekta jako wspólnota religijna

Sens religijny pojęciu sekty nadali autorzy chrześcijańscy. Termin *secta* nadal używany był przez nich na określenie grupy ludzi podzielających te same poglądy, ale odniesienie go do wyznawców Chrystusa stopniowo zmieniło jego znaczenie. Tertulian nazywa chrześcijan w *Apologetyku: divina secta, Dei secta* lub *Christiana secta*; także kiedy pisze o różnicach doktrynalnych między wyznawcami Chrystusa, również używa tego samego określenia (*varietas sactae*)[17]. Według Tertuliana chrześcijanie (*ista secta*) tworzą rodzaj stowarzyszenia (*factio*) i nie czynią nic sprzecznego z prawem, dlatego też domaga się, aby nie traktowano ich, jak inne nielegalne stowarzyszenia (*illicitae factiones*)[18]. Terminu *factio* w odniesieniu do chrześcijan używa Minucjusz Feliks; w ustach poganina Cecyliusza ma on jednak znaczenie zdecydowanie negatywne (*inlicita ac desperata factio*)[19].

Nowego znaczenia nabiera pojęcie „sekty" wraz z kształtowaniem się instytucji Kościoła. Słowo *secta* zaczyna teraz oznaczać grupę wyznawców sprzeciwiających się oficjalnej doktrynie. Stało się tak przede wszystkim pod wpływem języka greckiego i zmian, jakie nastąpiły w rozumieniu terminu *hairesis*[20]. W literaturze patrystycznej słowem *hairesis* dosyć wcześnie zaczęto nazywać poglądy tych chrześcijan, którzy interpretowali doktrynę niezgodnie z oficjalną wykładnią. Przykładem mogą być pisma Justyna, który wystrzega się stosowania tego terminu w odniesieniu do poglądów szkół filozoficznych, a używa go, pisząc o religijnych ugrupowaniach żydowskich (uważał je za ruchy opozycyjne w stosunku do oficjalnego judaizmu), o wyznawcach Jezusa postrzeganych przez Żydów jako odstępcy czy o gnostykach[21]. Prawna definicja herezji pojawia się natomiast wraz z uznaniem chrześcijaństwa za religię panującą. Herezja zostaje uznana wówczas za *crimen publici*, a w ustawodawstwie cesarskim pojawiają się rozporządzenia przeciwko heretykom: *omnes diversarum perfidarumque sectarum*, by odwołać się do sformułowania użytego w jednym z paragrafów kodeksu teodozjańskiego[22]. Cytowane powyżej słowa św. Augustyna świadczą jednak o tym, że w języku potocznym słowo *secta* długo zachowało swój pierwotny neutralny sens.

2. Socjologiczne definicje sekty religijnej

Przechodząc do współczesnych definicji sekty wypracowanych na gruncie socjologii religii, możemy powiedzieć, że – ogólnie rzecz ujmując – są one niewątpliwie pochodną znaczeń, jakie nadawano temu terminowi w starożytności. Bezpośrednio jednak odwołują się do takiego rozumienia sekty, jakie znamy z oficjalnych dokumentów państwowych i kościelnych z okresu późnego cesarstwa. Przez wiele lat, począwszy od przełomu XIX i XX wieku, kiedy to rodziło się religioznawstwo (a przede wszystkim socjologia religii) jako niezależna dyscyplina naukowa, termin sekta odnoszony był w praktyce wyłącznie do różnych

[17] Ter. *Apol.* 37, 3; 39, 6; 40, 7; 47, 9. Termin *secta* w odniesieniu do chrześcijan pojawia się też w innych pismach Tertuliana, np. *Ad Nat.* 1, 5, 4; 10, 19.

[18] Tert. *Apol.* 38, 1.

[19] Min. Felix *Octavius* 8, 3.

[20] Józef Flawiusz (*Ant.*, *iud.*, 13, 5, 9; *Bell.*, *iud.*, 2,8.) za pomocą słowa *hairesis* nazywa stronnictwa religijne saduceuszy, faryzeuszy i esseńczyków. O *hairesis* w Nowym Testamencie: K. Rudolph, Wesen und Struktur der Sekte, *Kairos* 21 (1979), s. 241–242.

[21] A. Le Boulluec, *La notion d'hérésie dans la littérature grecque IIe–IIIe siècles*, t. 1: *De Justin à Irénée*, Paris 1985, s. 62–64.

[22] *CTh* 16, 5, 15. O ustawodawstwie cesarzy chrześcijańskich przeciwko heretykom: A. Dembiński, *Ustawodawstwo karne rzymskich cesarzy chrześcijańskich w sprawach religijnych*, Lublin 1990, s. 59–116.

nurtów schizmatyckich wywodzących się z chrześcijaństwa. W konsekwencji sektami nazywano zazwyczaj takie wspólnoty religijne, które dogmatycznie i organizacyjnie oddzielały się od tradycyjnej religii; na gruncie chrześcijańskim była to oczywiście opozycja: sekta – Kościół, i podobnie jak w późnej starożytności, termin sekta nabrał ujemnego znaczenia[23].

Współczesne religioznawstwo, zdominowane w dużym stopniu przez studia komparatystyczne, stara się budować bardziej uniwersalne definicje, dające możliwość opisu różnorodnych zjawisk religijnych. Dlatego też pisze się np. o sektach w buddyzmie, czy w określonym kontekście nawet samo chrześcijaństwo nazywane bywa sektą – jak uczynił to J. Gernet w odniesieniu do sytuacji religii chrześcijańskiej w Chinach[24]. Termin sekta bywa zaś odnoszony do wierzeń właściwych nie tylko różnym kulturom, lecz także różnym epokom historycznym.

Definicję sekty religijnej socjologowie sformułowali, analizując różnego typu powiązania między wspólnotami wyznaniowymi a społeczeństwem. Stopień identyfikacji tych wspólnot z istniejącym porządkiem społecznym reprezentowanym przez religię oficjalną stał się zaś podstawowym kryterium w opracowaniu typologii grup religijnych. Sam proces tworzenia się sekt nie różni się natomiast zasadniczo od procesu tworzenia się innych wspólnot religijnych. Te ostatnie są przede wszystkim grupami społecznymi – i dlatego odnieść do nich można ustalenia socjologów dotyczące powstawania i roli tych grup w społeczeństwie[25].

2.1. Proces formowania się sekt

Jednym z najważniejszych elementów każdej religii jest tradycja, która zawsze łączy się z określonym społeczeństwem, stanowiąc podstawową formę jego identyfikacji. Inaczej mówiąc, tradycja zapewnia łączność kulturową społeczeństwa. Tę samą rolę odgrywa tradycja w życiu wspólnot religijnych, albowiem zachowując składniki religii właściwej dla danej społeczności, umożliwia im trwanie ponad pokoleniami. Tym samym jest ona głównym czynnikiem scalającym wspólnotę religijną. Poza tradycją funkcję tę pełnią integralnie z nią związane obrzędy. Wśród nich na pierwszym miejscu wymienić należy inicjację, dzięki której nowi członkowie świadomie wstępują do wspólnoty, a następnie święta z ich rytuałami i mitami, wzmacniającymi poczucie jedności u ludzi należących do tej samej grupy religijnej.

[23] Pionierami badań nad sektami religijnymi w ramach chrześcijaństwa byli E. Troeltsch (*Die Soziallehren der christlichen Kirchen und Gruppen*, Tübingen 1912) i M. Weber (*Gesammelte Aufsätze zur Religionssoziologie*, Tübingen 1920–1921). To dzięki nim rozwinęła się nowoczesna socjologia religii. Pojmowali oni sektę jako formę wspólnoty religijnej opartej na umowie między jej członkami, w odróżnieniu od instytucjonalnej organizacji kościelnej. Praca Troeltscha jest już dzisiaj zaliczana do historii tej dyscypliny, ale monumentalne opracowanie Webera jest nadal przedmiotem szczegółowych analiz i komentarzy. Najważniejszym z nich jest ciągle niezastąpiona klasyczna monografia J. Wacha (*Sociology of Religion*, Chicago 1944; wyd. pol. *Socjologia religii*, Warszawa 1961, rozdz. o sekcie s. 196–204), w której znaleźć można zarówno podsumowanie badań poprzedników, jak i własne przemyślenia autora. Krótkie omówienie współczesnych badań nad zjawiskiem powstawania i funkcjonowania sekt religijnych zawiera cytowany już artykuł K. Rudolpha (*op.cit.*, s. 243–253).

[24] J. Gernet, *Chine et christianisme. Action et réaction*, Paris 1988, s. 153–170 (*Le christianisme comme secte irregulière*).

[25] W socjologii, ogólnie rzecz biorąc, funkcjonuje podział grup społecznych na pierwotne i wtórne. Do tych pierwszych zalicza się najczęściej małe zbiorowości, takie jak rodzina, grupa dziecięca i sąsiedzka, ale kryteria przynależności do grup pierwotnych spełniają też wspólnoty religijne, co w literaturze polskiej przekonująco przedstawił ostatnio P. Załęcki (Wspólnota religijna jako grupa pierwotna, *Kultura i społeczeństwo* 40, 1996, z. 1, s. 83–96).

Ryty inicjacyjne towarzyszą nie tylko przyjmowaniu nowych wyznawców do grupy, lecz także uzyskiwaniu w jej ramach wyższego statusu. We wspólnotach religijnych inicjacja wprowadza neofitę w sferę *sacrum*. Przykładem może być mitraizm zorganizowany wokół siedmiu stopni wtajemniczenia, tworzących hierarchiczną strukturę, przez którą przechodzili stopniowo członkowie wspólnoty. Każdy z etapów wtajemniczenia wymagał odrębnych, właściwych dla danego stopnia obrzędów[26]. Wprowadzenie do wspólnoty może mieć również charakter duchowy i prawdopodobnie nie zawsze towarzyszą mu jasno określone rytuały. Wydaje się, że za taką inicjację należy uznać zdobywanie wiedzy przez członków stowarzyszeń pitagorejskich czy przyjmowanie nowego sposobu życia przez orfików. Charakter inicjacyjny mają również w wielu religiach obrzędy związane z obejmowaniem funkcji kapłańskich.

Znaczenie tradycji powoduje, że jej ochrona należy do podstawowych zadań tak całego społeczeństwa, jak i poszczególnych wspólnot religijnych. To zaś wymaga przede wszystkim specjalistycznej wiedzy, pozwalającej, w razie potrzeby, na interpretację i udzielanie wskazówek praktycznych. Dlatego też zadaniem tym obarczani są specjalnie do tego celu powoływani strażnicy. Rola strażników tradycji religijnej kojarzona jest najczęściej z funkcjami kapłańskimi, ale dzieje różnych religii uczą, że depozytariuszami wiedzy religijnej mogą być nie tylko kapłani, ale np. uczeni, znawcy prawa, a także urzędnicy. Szczególna rola w tej dziedzinie przypada różnym charyzmatycznym osobowościom typu szaman czy prorok.

Szamanizm posługuje się zwykle archaicznymi technikami ekstatycznymi, których szaman uczy się od swojego mistrza (starszego szamana). Ich celem najczęściej jest przeżycie podróży w czasie i doświadczenie świata boskiego. Na swojej drodze szaman spotyka siły nie zawsze mu przychylne, jak rożnego rodzaju demony, dusze przodków, od których musi się uwolnić, aby zrealizować swój cel. Znawcy przedmiotu twierdzą, że lot szamana jest formą inicjacji – wraca on bowiem na ziemię ze swojej symbolicznej podróży jako człowiek wtajemniczony, wyposażony w wiedzę inną niż wszyscy. Od tej chwili jest on zdolny do służenia swojej wspólnocie np. w przezwyciężaniu chorób, oddalaniu niebezpieczeństwa itp. Zadaniem proroka jest natomiast głoszenie posłania od bóstwa[27].

Ochrona, o czym warto pamiętać, nie wyklucza krytyki. Krytyka może jednak dotyczyć poszczególnych elementów tradycji, takich jak np. symbole i mity. Natomiast kwestionowanie całej tradycji, a przede wszystkim jej źródeł, podważa religijną tożsamość społeczeństwa i prowadzi do wyodrębniania się sekt religijnych, których członkowie budują własną tradycję.

2.2. Charakterystyka sekt

Z punktu widzenia historyka kluczowe znaczenie mają odpowiedzi na pytania: co jest dla członków sekt źródłem tradycji i w jaki sposób jest ona przez nich interpretowana. Od wyjaśnienia tych kwestii zależy bowiem odpowiedź na inne ważne pytanie – o cechy charakterystyczne sekty religijnej.

---

[26] Por. D. M u s i a ł, Mitraizm – religia wtajemniczonych, *Ars Regia* 2, 1994, s. 9–17.

[27] Literatura religioznawcza dotycząca roli tradycji i formowania się wspólnot religijnych jest dosyć obfita, także w języku polskim. Jednym z wartościowszych opracowań o charakterze podręcznikowym jest praca J. W a a r d e n b u r g a, *Religie i religia*, Warszawa 1991, s. 125–141 (tam też podstawowa bibliografia).

Bryan R. Wilson, angielski socjolog religii proponuje, aby do sekt zaliczyć taką wspólnotę religijną, która spełnia następujące warunki: 1) proponuje swoim członkom alternatywny sposób życia; 2) posiada odrębną organizację (konieczne są regularne spotkania) i jakiś rodzaj wspólnej własności; 3) członków grupy wiąże głębokie poczucie jedności, oparte na autorytecie założyciela lub duchowego przewodnika ewentualnie doktrynie interpretowanej w sposób właściwy tylko tej grupie, czego świadectwem mogą być „święte teksty" (pojawia się wówczas opozycja: my – oni, co może prowadzić do podejmowania działań przeciwko apostatom); 4) wykazuje się dużą trwałością zarówno w czasie, jak i przestrzeni[28].

W uzupełnieniu klasyfikacji Wilsona warto podkreślić rolę autorytetów religijnych w umacnianiu jedności sekt. Owi *homines religiosi* w środowiskach sekciarskich są najczęściej zarówno twórcami tradycji religijnej, jak też jej strażnikami. W odróżnieniu od innych wspólnot religijnych, nazwijmy je dla jasności wykładu „zwykłymi"; krytyka tradycji religijnej w ramach sekty jest ograniczona, a często wręcz niemożliwa. Rygorystyczne przestrzeganie tradycji jest bowiem często podstawowym warunkiem decydującym o przetrwaniu sekty. Czynnikami spajającymi wewnętrznie sektę, podobnie jak w przypadku każdej wspólnoty religijnej, są też właściwe danej grupie rytuały, ale obrzędy inicjacyjne odgrywają w nich najczęściej większą rolę niż w innych wspólnotach.

3. Sekty religijne w starożytności grecko-rzymskiej

Historyk zajmujący się starożytnością musi w tym miejscu postawić sobie pytanie, czy przedstawione wyżej opinie socjologów religii mogą mu być pomocne w opisie wspólnot religijnych funkcjonujących w interesującej go epoce. W literaturze przedmiotu niewiele można znaleźć refleksji na ten temat, chociaż termin sekta jest przez starożytników powszechnie i, co warto podkreślić, dosyć dowolnie używany. Sytuacja ta bywa niekiedy źródłem nieporozumień i terminologicznego chaosu, ponieważ nie zawsze wiadomo, czy określenie to stosowane jest zgodnie ze znaczeniem, jakie nadawali mu autorzy klasyczni, czy też ze znaczeniem, jakie nadaje mu współczesna socjologia[29].

Przykładem dobrze ilustrującym zjawisko terminologicznego zamętu jest książka trójki francuskich badaczy antyku, wydana pod wielce znamiennym tytułem: *Sectes religieuses en Grèce et à Rome dans l'Antiquité païenne*, w wartościowej serii *Realia*, popularyzującej szczegółowe problemy z dziedziny kultury, gospodarki i życia społecznego starożytnej Grecji i Rzymu[30]. Autorzy tej pracy wiele uwagi poświęcili orfikom i pitagorejczykom, których określają jako *sectes philosophico-religieuses*, ale przedmiotem ich zainteresowania były również stowarzyszenia wyznawców Dionizosa, Izydy i Mitry oraz Kybele i Attisa, Kabirów, Adonisa, a także trackich bogiń Kotyto i Bendis. Niestety nigdzie w tej pracy nie znajdujemy satysfakcjonującej odpowiedzi na pytanie, jakimi kryteriami kierowano się, kwalifikując wyznawców wymienionych kultów jako sekty religijne. Autorzy zadowolili się ogólną, dostępną w popularnych leksykonach, definicją sekty, jako „grupy ludzi wyzna-

---

[28] B.R. Wilson, *Religious Sects*, London 1970, s. 22–35. Dla omawianego problemu ważne są też uwagi autora zawarte w jego wcześniejszej pracy: *Sects and Society*, London 1961, s. 325–327.

[29] Sytuacja ta skłania niektórych badaczy do całkowitego odrzucenia tego terminu. Jako zdecydowany przeciwnik jego stosowania zadeklarował się w prywatnej rozmowie z autorką prof. W. Lengauer.

[30] M.L. Freyburger-Galland, G. Freyburger, J.-Ch. Tautil, *Sectes religieuses en Grèce et à Rome dans l'Antiquité païenne*, Paris 1986; zob. rec. D. Musiał, *Przegląd Historyczny* 81, 1990, s. 716–717.

jących tę samą doktrynę czy podzielających poglądy uznane za herezję" (s. 12–13). Tak enigmatycznie sformułowana definicja nie może być oczywiście podstawą klasyfikacji jakichkolwiek ruchów religijnych, z czego francuscy badacze zdają sobie sprawę. Z treści książki i uwag zamieszczonych we wstępie wynika, że dla potrzeb swojej pracy przyjęli oni inne, niestety tak niewiele tłumaczące, określenie sekty jako stowarzyszenia kultowego o „skrajnym" charakterze (s. 14: *association cultuelle marginale*). Po lekturze omawianej książki odnieść można wrażenie, że jej autorzy za „sekciarskie" uznali wszystkie te kulty, które nie mieściły się w ramach tzw. tradycyjnej religii obywatelskiej. Takie stanowisko trudne jest jednak do pogodzenia z religioznawczymi definicjami sekty religijnej.

Wielu innych autorów piszących o wspólnotach religijnych w świecie grecko-rzymskim rezerwuje jednak termin sekta przede wszystkim dla orfizmu i pitagoreizmu[31]. Rzadko podejmują oni, wykorzystując dorobek socjologii religii, próby teoretycznego uzasadnienia takiego wyboru. Do tej nielicznej grupy badaczy, w których pracach znaleźć można refleksje na ten temat, należą M. Detienne, A. Momigliano i W. Burkert[32].

W. Burkert, zainspirowany przemyśleniami B.R. Wilsona na temat czynników decydujących o zaliczeniu wspólnoty religijnej do sekt, zanalizował pod tym kątem zawarte w źródłach informacje dotyczące funkcjonowania grup orfików i pitagorejczyków. Interesujący jest szczególnie jego komentarz odnośnie do wspólnot pitagorejskich. Wynika z niego, że biorąc pod uwagę ustalenia socjologów religii, spełniają one kryteria pozwalające zaliczyć je do sekt religijnych, przynajmnej w kształcie stworzonym przez Pitagorasa[33]. Pitagorejczycy żyli bowiem według własnych reguł (asceza, ćwiczenia w milczeniu, noszenie lnianych szat, powstrzymywanie się od spożywania mięsa), a ich związki były organizacjami niezależnymi od struktury *polis*. Bractwa pitagorejskie cechowało też silne poczucie wspólnoty oparte na autorytecie Mistrza. Wiedza była traktowana jako swojego rodzaju tajemnica kultowa, dlatego też adepci pitagoreizmu przechodzili proces wtajemniczenia. Prawdopodobnie jednak sektę w ścisłym tego słowa znaczeniu tworzyła wąska grupa uczniów Pitagorasa, którzy zobowiązani byli do przestrzegania wszystkich jego zaleceń, nie zawsze jednak możliwych do zaakceptowania przez każdego ze zwolenników głoszonych przez niego nauk. Ustępstwa Pitagorasa wynikały z chęci zachowania wpływów wśród elit rządzących miastami greckimi w południowej Italii, skłonnych do wspierania programu politycznego pitagorejczyków, ale nie za cenę zerwania więzów z tradycją religijną[34].

---

[31] Trudno jest cytować prace, w których pojawia się określenie sekta w odniesieniu do tych dwóch kierunków, bowiem jest ich zbyt dużo. Również zastosowanie tego terminu ma długą tradycję, por. L. Gernet, *La génie grec dans la religion grecque*, Paris 1932. Popularny jest też wśród współczesnych badaczy, por. E. Rawson, *Intelectual Life in the Late Roman Republic*, Baltimore 1985, s. 291; F. Jacques, J. Scheid, *Rome et l'intégration de l'Empire (44 av. J.-C. – 260 ap. J.-C.)*, t. 1: *Les structures de l'Empire romain*, Paris 1990, s. 127. Odnośnie do wyznawców Dionizosa ciekawe spostrzeżenia znaleźć można w publikacji będącej pokłosiem konferencji poświęconej stowarzyszeniom dionizyjskim (*L'Association dionysiaque dans les sociétés anciennes*, Paris 1986).

[32] M. Detienne, La cuisine de Pythagore, *Archive de sociologie religieuse* 29, 1970, s. 141–162 = id., *Les jardins d'Adonis. La mythologie des aromates en grèce*, Paris 1972, s. 74–113; A. Momigliano, The Social Structure of the Ancient City, w: S.C. Humphreys (ed.), *Anthropology and the Greeks*, London 1978, s. 179–193; W. Burkert, Craft versus Sect: the Problem of Orphics and Pythagoreans, w: B.E. Meyer, E.P. Sanders (ed.), *Jewish and Christian Self-Definition*, t. 3: *Self-Definition in the Graeco-Roman World*, London 1982, s. 1–20.

[33] Burkert, *op.cit.*, s. 20: *quasi-puritan sect.*

[34] O sekciarskości pitagorejczyków zob. D. Musiał, *Sodalicium sacrilegii. Pitagorejczycy w Rzymie w okresie republiki: fakty i mity*, Toruń 1998.

Badania W. Burkerta potwierdzają użyteczność terminu sekta w opisie grup religijnych w świecie grecko-rzymskim, pozwala on bowiem przede wszystkim na ich precyzyjniejszą klasyfikację. Musi być jednak stosowany z zachowaniem określonych rygorów. Nie można wyznawców jakiegoś kultu nazwać sektą religijną tylko dlatego, że spełniane przez nich rytuały odbiegają od miejscowej tradycji religijnej. „Sekciarskość" nie sprowadza się bowiem tylko do uczestnictwa w określonych praktykach kultowych, nawet jeżeli mają one charakter misteryjny; zgodnie z definicją pojęcia sekty, muszą być spełnione jeszcze inne warunki.

Sur les sectes religieuses dans l'Antiquité gréco-romaine

Résumé

Dans le latin classique le terme *secta* avait un large emploi. D'après bon nombre d'auteurs, il désignait un groupe de gens partageant les mêmes idées, conjointement avec *factio* et *schola*. Suètone écrit sur la secte des *optimates* (*Aug.* 12), Pline l'Ancien réfère ce mot à l'école médicale (*Aesculapi secta, N.H.* 7, 160) et à l'école des astrologues (*Chaldea astrologum secta, N.H.* 18, 211). Par contre, la notion *secta* ne se référait pas aux associations cultuelles. Pour les désigner, les Romains utilisaient les termes *collegium, sodalitas* etc. Ce n'est que le christianisme et plus précisément l'Eglise qui a donné à ce mot un sens religieux et les définitions contemporaines d'une secte religieuse y font allusion. Les écrivains romains traduisaient à l'aide du mot *secta* le terme grec *hairesis*. Juridiquement, le délit d'hérésie était *crimen publici* depuis la fin du IVème siècle.

Dans la sociologie de religion on appelle secte des groupes religieux qui s'écartent de la religion traditionelle par les dogmes et par le type d'organisation. Les historiens qui étudient l'Antiquité utilisent souvent le terme de secte mais on ne sait pas toujours si celui-ci était employé dans le sens que lui attribuaient les anciens ou bien dans celui que lui donne la sociologie de la religion. Cette situation constitue une source de malentendus et d'un chaos dans la terminologie. Une partie des chercheurs soutient que les communautés religieuses se servent de ce mot pour définir l'orphisme et le pythagorisme. Selon W. Burkert, qui s'inspire des recherches sociologiques de B.R. Wilson, les répresentants de ces mouvements vivaient d'après leur propres principes, créérent une organisation indépendante des structures de *polis* et développèrent un fort sentiment de communauté. Tous ces éléments sont propres aux milieux des sectes.

En prenant en considération tous ces éléments on doit constater qu'il est excessif d'attribuer la notion de „secte" uniquement aux membres de cellc-ci en raison du fait que leurs rites diffèrent de la tradition religieuse locale.

ELECTRUM * Vol. 4
Kraków 2000

Norbert Rogosz

Rzymskie grupy społeczne a przemiany polityczne w Republice na przełomie lat sześćdziesiątych i pięćdziesiątych I wieku przed Chrystusem

Wrogie Gn. Pompejuszowi, M. Licyniuszowi Krassusowi i G. Juliuszowi Cezarowi poczynania optymatów oraz zdominowanego przez nich senatu były w 60 roku powodem zawarcia przez wspomnianych polityków porozumienia znanego powszechnie jako tzw. I triumwirat[1]. Jego następstwem były daleko idące i trwałe przemiany polityczne. Dostrzegali to już starożytni, zwłaszcza autorzy dzieł historycznych, starając się odpowiednio zaakcentować to na ich kartach[2].

Zmianę stosunków oraz układu sił w Republice w latach 60–59 wywołaną powstaniem I triumwiratu dostrzegają także historycy współcześni. Akcentują oni jednak przede wszystkim długofalowe następstwa tego wydarzenia, ujmując je jako moment przełomowy w końcowej fazie jej dziejów[3]. Jest on jednak postrzegany w różnym kontekście. Jedni eksponują wzrastającą w Rzymie od lat 60–59 rolę dowódców wojskowych i wzmożoną rywalizację wybitnych jednostek zmierzających do jedynowładztwa[4]. Inni w związku Pompejusza, Cezara i Krassusa dostrzegają czynnik kończący czasy dominacji i władzy senatu, mający także związek z przyszłymi przemianami ustrojowymi, a nawet z ostatecznym upadkiem tradycyjnej *res publica*[5].

---

[1] Zob. E. M e y e r, *Caesars Monarchie und das Principat des Pompeius*, Stuttgart – Berlin 1922, s. 55–62; Ch. M e i e r, *Res publica amissa*, Wiesbaden 1966, s. 270–280; E.S. G r u e n, *The Last Generation of the Roman Republic*, Berkeley – Los Angeles – London 1974, s. 83–102. Por. też literaturę z przypisu 40; daty w tekście odnoszą się do czasów przed Chrystusem.

[2] Opinie autorów antycznych na ten temat por. s. 63–64.

[3] Zob. M e i e r, *op.cit.*, s. 280; H. B e n g t s o n, *Römische Geschichte. Republik und Kaiserzeit bis 284 n. Chr.*, München 1973, s. 180; S.L. U t c z e n k o, *Kryzys i upadek republiki w starożytnym Rzymie*, Warszawa 1973, s. 94. Por. też G.M. B e r s a n e t t i, La tradizione antica e l'opinione degli moderni sul primo triumvirato, *Rivista di Indo-Grec.-Ital. Filologia* 11, 1927, s. 1–20, 185–204; 12, 1928, s. 21–42.

[4] A.E.R. B o a k, W.G. S i n n i g e n, *A History of Rome to A.D. 565*, New York – London 1965, s. 222; T. Ł o p o s z k o, *Historia społeczna republikańskiego Rzymu*, Warszawa 1987, s. 296 (= *Historia)*; id., Problemy społeczne schyłkowej Republiki, w: J. W o l s k i, T. K o t u l a, A. K u n i s z (red.), *Starożytny Rzym we współczesnych badaniach*, Kraków 1994, s. 260 (= *Problemy*).

[5] O tych kwestiach zob. m.in. Th. M o m m s e n, *Römische Geschichte*, Bd. 3, Berlin 1889, s. 211; L. P i o t r o w i c z, *Dzieje rzymskie*, Warszawa 1934, s. 415–416; B o a k, S i n n i g e n, *op.cit.*, s. 222; S. P e r o w n e,

W źródłach traktujących o utworzeniu I triumwiratu i towarzyszących temu wydarzeniach są także dane o związkach między wspomnianymi przemianami a najważniejszymi grupami społecznymi[6]. Ponadto – o powiązaniach między czołowymi rzymskimi politykami, zwłaszcza triumwirami, i ich zabiegach w celu zdobycia poparcia poszczególnych grup społecznych oraz inicjatywach mających im je zjednać[7]. Pośrednio więzi te poświadczają informacje o napięciach wewnętrznych w owym czasie[8]. Bardzo wymowna jest w tym kontekście wzmianka Kasjusza Diona o tym, że w 59 roku pretor Kw. Fufiusz Kalenus, chcąc poznać stanowisko poszczególnych stanów podczas głosowań na zgromadzeniu ludowym, przeforsował ustawę stanowiącą, iż ich przedstawiciele mają głosować razem, niezależnie od przynależności do konkretnej *tribus*[9]. Podobną wymowę ma opinia M. Tulliusza Cycerona sugerującego, że podczas konfliktów wewnętrznych istotne jest stanowisko nie poszczególnych obywateli, lecz stanów[10].

W literaturze przedmiotu udział poszczególnych grup społecznych w przemianach i konfliktach politycznych w latach 60–59 jest jednak dostrzegany w marginalnym stopniu[11].

Ponieważ zmiany, do których doszło w Rzymie na przełomie lat sześćdziesiątych i pięćdziesiątych, zostały wywołane poczynaniami Cezara, Pompejusza i Krassusa, związki między owymi przemianami a poszczególnymi grupami społecznymi autor zamierza ukazać poprzez powiązania między działalnością tych polityków a wspomnianymi grupami społecznymi. Wymaga to omówienia sytuacji politycznej w Republice przed powstaniem I triumwiratu, jak i bezpośrednich następstw tego faktu, a przede wszystkim udziału przedstawicieli poszczególnych grup społecznych w wiążących się z tym wydarzeniach.

Ponieważ porozumienie Cezara, Pompejusza i Krassusa prawdopodobnie ukształtowało się w krótkim czasie[12], miało prywatny, a także antypaństwowy, charakter i było tajne[13],

---

Death of the Roman Republic, London 1969, s. 177; U t c z e n k o, *op.cit.*, s. 94; M. C a r y, H.H. S c u l l a r d, *Dzieje Rzymu*, t. 1, Warszawa 1992, s. 485, 517.

[6] Odnoszą się one do arystokracji senatorskiej, ekwitów, mieszkańców Rzymu z niższych warstw społecznych i weteranów Pompejusza.

[7] Większość tych informacji dotyczy 59 roku. Do lat 61–60 jest ich mniej, są uboższe i gorzej ilustrują ich politykę.

[8] W przekazach im współczesnych są liczne dane o konsulacie Cezara, jak i latach go poprzedzających. W późniejszych przeważają wiadomości o rozgrywkach w 59 roku.

[9] Cass. Dio 38, 8, 1. Zob. też *Schol. Bob.* 97 Stangl. O Kw. Fufiuszu Kalenusie i jego orientacji politycznej: Cic. *Ad Att.* 1, 14, 5; 16, 2; P. W i l l e m s, *Le Sénat de la République romaine*, vol. 1, Louvain – Paris – Berlin 1885, s. 470. O jego inicjatywie: T.R.S. B r o u g h t o n, *The Magistrates of the Roman Republic*, vol. 2, New York 1952, s. 188–189.

[10] Cic. *Ad Att.* 7, 7, 5. Cyceron wyraził ją, komentując stanowisko poszczególnych stanów wobec sporu Cezara z Pompejuszem na przełomie lat 50–49. Następnie jednak (7, 6) kwestie te powiązał z wydarzeniami z 59 roku.

[11] Por. P.A. B r u n t, *Social Conflicts in the Roman Republic*, London 1971, s. 132–134; U t c z e n k o, *op.cit.*, s. 70–111; L. H a v a s, The Plebs Romana in the late 60's B.C., *Acta Classica Universitatis Scientiarum Debrecenensis* 15, 1979, s. 23–33; Ł o p o s z k o, *Historia*, s. 296; id., Problemy, s. 260; W. W i l l, *Der römische Mob. Soziale Konflikte in der späten Republik*, Darmstadt 1991, s. 47–65.

[12] Przed wyborami konsularnymi na 59 r. lub niedługo po nich. Nie można jednak wykluczyć końca 60 czy początku 59 roku: U t c z e n k o, *op.cit.*, s. 84–90. Zob. też G.M. B e r s a n e t t i, *Quando fu conclusa l'alleanza fra Cesare, Pompeo e Crasso?*, Palermo 1924; R. H a n s l i k, Cicero und das erste Triumvirat, *RhM* 98, 1955, s. 324–334; G. Z e c c h i n i, La data del cosidetto „primo triumvirato", *Rendiconti dell'Istituto Lombardo, Clase di Lettere, Scienze Morali e storiche* 109, 1975, s. 399–410.

[13] Tajność ich związku akcentuje Kasjusz Dion (37, 58, 1–2; por. 37, 57, 1–2). Zob. App. *B.C.* 2, 9, 33–10, 34. Jego antypaństwowy charakter podkreślają: Wellejusz Paterkulus (2, 44, 1), Swetoniusz (*Jul.* 19, 2), Plutarch (*Caes.* 13, 2–3; *Pomp.* 47, 1–2; *Crass.* 14, 2; *Cat. Min.* 30, 6; 31, 4) i Florus (2, 13, 11).

zadbali oni o to, by wiadomości o jego istnieniu nie przedostały się szybko do opinii publicznej. Dlatego informacji o nim jest w źródłach niewiele; najczęściej są to tylko pogłoski. Obszerniejsze dane na ten temat Rzymianie uzyskali dopiero po ujawnieniu się triumwiratu[14], gdy o przyczynach, okolicznościach powstania, początkowym okresie funkcjonowania oraz jego wpływie na sytuację wewnętrzną Republiki mogli wnioskować na podstawie działań zarówno samych uczestników sprzysiężenia, jak i ich zauszników. Szczególnie cenne wiadomości na ten temat znajdują się w korespondencji i w niektórych mowach Cycerona[15]. Ich ważne uzupełnienie stanowią znacznie późniejsze przekazy Appiana z Aleksandrii[16] i Kasjusza Diona[17]. Wiele dodatkowych informacji dostarcza biografia Cezara autorstwa Swetoniusza[18] oraz napisane przez Plutarcha z Cheronei żywoty Lukullusa, Katona Młodszego, Cycerona, Cezara, Pompejusza i Krassusa[19]. Znacznie mniejszą wartość mają relacje Wellejusza Paterkulusza[20], L. Anneusza Florusa[21] i wiadomości zawarte w periochach Liwiuszowego dzieła[22]. Dane o marginalnym znaczeniu znaleźć można także w innych tekstach[23].

W maju 61 roku w układzie sił w Rzymie nastąpiły zasadnicze zmiany. Ich przyczyną było uniewinnienie P. Klaudiusza (Klodiusza) Pulchra, oskarżonego o wtargnięcie do domu G. Juliusza Cezara, sprawującego wówczas urząd najwyższego kapłana (*pontifex maximus*), i sprofanowanie odbywających się tam uroczystości ku czci Dobrej Bogini[24]. Czołowi senatorowie wyrok ten przyjęli z dezaprobatą, podejrzewając, iż sędziowie, którzy opowiedzieli się za uwolnieniem Klodiusza od winy, zostali przekupieni. Skierowali przy tym oskarżenie o przyjęcie łapówek pod adresem zasiadających w gronie sędziów ekwitów[25]. Jego efektem stał się coraz bardziej nasilający się konflikt między ekwitami a skupioną w senacie arystokracją[26]. Drugim powodem wspomnianych zmian było ciągłe odwleka-

[14] Zob o tym H.A. Sanders, The So-Called First Triumvirate, *Memoirs of the American Academy in Rome* 10, 1932, s. 55–68.

[15] Zawierają je listy Cycerona do Attyka i brata Kwintusa z lat 61–59 i niektóre mowy z lat następnych. O korespondencji Cycerona zob. J. Carcopino, *Cicero. The Secrets of his Correspondence*, vol. 1–2, New York 1969; K. Kumaniecki, *Literatura rzymska. Okres cyceroński*, Warszawa 1977, s. 384–399; tamże o mowach, s. 240–274.

[16] App. *B.C.* 2, 8–14. Charakterystykę i ocenę przekazu Appiana daje E. Gabba, *Appiano e la storia delle guerre civili*, Frienze 1956.

[17] Cass. Dio 37, 45–38, 12. O autorze i jego dziele: F. Millar, *A Study of Cassius Dio*, Oxford 1964.

[18] Suet. *Jul.* 18–22. O autorze i jego przekazie zob. W. Steidle, *Sueton und die antike Biographie*, München 1951; M. Cytowska, H. Szelest, *Literatura rzymska. Okres cesarstwa*, Warszawa 1992, s. 425–432.

[19] Bardzo dużo zawierają ich biografie: Cezara (9–14), Pompejusza (42–48), Katona Młodszego (30–34); mniej: Lukullusa (42–43), Krassusa (14) i Cycerona (29–30). Omówienie i ocena żywotów Plutarcha zob. S.S. Averincev, *Plutarch i antičnaja biografija. K voprosu o meste klassika žanra v istorii žanra*, Moskva 1973. Por. C.P. Jones, *Plutarch and Rome*, Oxford 1971.

[20] Zob. Vell. Pat. 2, 40; 44.

[21] Zob. Florus 2, 13, 8–12.

[22] Zob. Liv. *Per.* 103.

[23] Na przykład w komentarzach do mów Cycerona i w przekazach Waleriusza Maksymusa, Eutropiusza czy Zonarasa.

[24] Cic. *Ad Att.* 1, 16, 3; 5; Plut. *Caes.* 10, 7; Cass. Dio 37, 46, 2; *Schol. Bob.* 85 Stangl. Por. Cic. *Ad Att.* 1, 16, 2. O procesie Klodiusza: M.C. Alexander, *Trials in the Late Roman Republic, 149 B.C. to 50 B.C.*, Toronto – Bufallo – London 1990, s. 116–117.

[25] Patrz o tym: Cic. *Ad Att.* 1, 16, 3–7; 17, 8; 18, 3; 19, 6; 2, 1, 8; *Pro Mil.* 32, 87; Plut. *Cic.* 29, 6; Cass. Dio 37, 46, 3.

[26] Cic. *Ad Att.* 1, 17, 8–9; 18, 3; 19, 6; 2, 1, 7. Pogłębiła go kampania podjęta przeciwko ekwitom po procesie Klodiusza: Cic. *ad Att.* 1, 16, 8–11. Zob. H. Hill, *The Roman Middle Class in the Republican Period*, Oxford 1952,

nie przez senat obniżenia czynszów za dochody publiczne dzierżawione przez publikanów w Azji[27].

Proces Klodiusza skonfliktował także senat z ludem, gdyż politycy przewodzący arystokracji senatorskiej w doprowadzenie do skazania go zaangażowali swój autorytet i wpływy. Zorganizowali też przeciwko niemu szeroko zakrojoną kampanię. Klodiusz zaś szukał oparcia wśród mieszkańców Rzymu z niższych warstw społecznych, wśród których był wówczas bardzo popularny[28].

W rezultacie tarcia te doprowadziły do rozpadu koalicji senatu, ekwitów i rzymskiego plebsu, utworzonej w 63 roku przez M. Tulliusza Cycerona podczas zwalczania spisku Katyliny[29]. Osłabiło to pozycję senatu na forum publicznym oraz zmniejszyło jego autorytet również przez to, że najbardziej wpływowi senatorowie skompromitowali się i ośmieszyli doznaną klęską[30].

Do skomplikowania sytuacji senatu jeszcze bardziej przyczyniły się wtedy spory między jego przywódcami, czołowymi optymatami[31], a politykami także wchodzącymi w jego skład, lecz związanymi dawniej z popularami. W tym kontekście na położenie senatu szczególnie negatywnie wpływał konflikt z Pompejuszem, gdyż od jego powrotu do Italii po zakończeniu wojny z Mitrydatesem VI, optymaci z L. Licyniuszem Lukullusem na czele uniemożliwiali zatwierdzenie zarządzeń Pompejusza, wprowadzających na Wschodzie nowy ład polityczny oraz zaopatrzenie nadziałami ziemi jego weteranów[32]. Źle układały się również stosunki z Krassusem, który do zwalczania dominujących w senacie nobilów wykorzystywał każdą okazję[33]. Tak było w połowie 60 roku, kiedy to powracającemu z Hiszpanii Cezarowi uniemożliwili oni równoczesne zabiegi o triumf i konsulat, co sprawiło, że i on zasilił szeregi ich nieprzyjaciół[34]. Zatargi te były dla senatu bardzo niebezpieczne, ponieważ pod koniec lat sześćdziesiątych Pompejusz i Krassus byli najpotężniejszymi Rzymianami,

---

s. 170; T. Łoposzko, Die Bestehung der Ritter im Prozess von Klodius im Jahre 61 v.u.Z., *Athenaeum* 56, 1978, s. 288–303.

[27] Cic. *Ad Att.* 1, 17, 9; 18, 7; 2, 1, 8; *ad Q. fr.* 1, 1, 11; P. Stein, *Die Senatssitzungen in der Ciceronischen Zeit (68–43)*, Münster 1930, s. 20–25; M. Bonnefond-Coudry, *Le Sénat de la République romaine de la guerre d'Hannibal à Auguste*, Rome 1989, s. 335, 478, 637, 639; L. de Libero, *Obstruktion*, Stuttgart 1992, s. 16–17.

[28] Cic. *Ad Att.* 1, 13, 3; 14, 5; 16, 1; Plut. *Caes.* 10, 5; *Cic.* 29, 5; App. *B.C.* 2, 14, 52; Cass. Dio 37, 46, 1–2. Wśród senatorów Klodiusz miał zaledwie kilkunastu zwolenników: Cic. *Ad Att.* 1, 14, 5; por. 1, 13, 3; 14, 1; 14, 6; H. Benner, *Die Politik des P. Clodius Pulcher*, Stuttgart 1987, s. 37–42; Will, *op.cit.*, s. 48–52.

[29] Cic. *Ad Att.* 1, 13, 3; 18, 2–3; por. 1, 17, 10; 2, 1, 7; P.A. Brunt, *The Fall of the Roman Republic*, Oxford 1988, s. 161. O utworzeniu owej koalicji: H. Strasburger, *Concordia ordinum*, Leizpzig 1931.

[30] Akcentuje to Cyceron: *Ad Att.* 1, 16, 6–7; 18, 2–3. W tym konteście por. jego opinię sprzed kilku miesięcy: *Ad Att.* 1, 14, 5.

[31] Grono tych polityków zestawiono na s. 65–66.

[32] Vell. Pat. 2, 40, 3; Plut. *Pomp.* 46, 3–4; *Luc.* 42, 5–6; *Cat. Min.* 30, 1–31, 2; Flor. 2, 13, 8–9; App. *B.C.* 2, 9, 31–33; Cass. Dio 37, 49, 1 – 50, 6. Por. Cic. *Ad Att.* 1, 14, 1; 14, 6; 16, 2–3; 18, 3; 18, 6; 19, 4; 20, 5; 2, 1, 6; J. van Ooteghem, *Lucius Licinius Lucullus*, Namur 1959, s. 173–174; A. Keaveney, *Lucullus. A Life*, London – New York 1992, s. 140–142; J. Murphy, Pompey's Eastern Acta, *The Ancient History Bulletin* 7, 1993, s. 136–142.

[33] Cic. *Ad Att.* 1, 16, 5; Plut. *Crass.* 13, 1–2; Cass. Dio 37, 55, 1. Dla koniunkturalnych celów zmieniał jednak stanowisko: Cic. *Ad Att.* 1, 14, 3–4; Plut. *Crass.* 7, 8; Cass. Dio 37, 56, 1; E.J. Parrish, Crassus' New Friends and Pompey's Return, *Phoenix* 27, 1973, s. 357–380; B.A. Marshall, *Crassus. A Political Biography*, Amsterdam 1976, s. 63–90; A.M. Ward, *Marcus Crassus and the Roman Republic*, Columbia – London 1977, s. 128–192.

[34] Zob. o tym: Cic. *Ad Att.* 1, 17, 11; Vell. Pat. 2, 43, 1–3; Suet. *Jul.* 18–19, 2; Plut. *Caes.* 13, 1; *Cat. Min.* 31, 2–4; App. *B.C.* 2, 8, 27–30; Cass. Dio 37, 54, 1–3; M. Gelzer, *Caesar der Politiker und Staatsmann*, Wiesbaden 1960, s. 57–58; J. Carcopino, *Jules César*, Paris 1968, s. 202–205.

zaś bardzo popularny Cezar, dzięki swej dynamice i przebojowości, dysponował liczącym się zapleczem politycznym[35].

Taki rozwój sytuacji w Rzymie po procesie Klodiusza był również rezultatem zmian w senacie. W miarę upływu czasu umiarkowani senatorowie tracili na jego forum znaczenie, zwiększała się natomiast rola konserwatystów wywierających coraz większy wpływ na jego prace, którzy w efekcie doprowadzili do usztywnienia stanowiska senatu i konfrontacji ze wspomnianymi już politykami i grupami społecznymi[36]. W toczących się rozgrywkach byli oni więc osamotnieni, a na wsparcie nie mogli liczyć. Dominacja w życiu publicznym, którą senat osiągnął po rozbiciu sprzysiężenia Katyliny, została przez nich bezpowrotnie utracona. Mimo to – chociaż z coraz większymi trudnościami – z powodzeniem przeciwstawiali się opozycji. Zachowali też duże wpływy na arenie politycznej. Zawdzięczali to skłóceniu i brakowi współpracy między opozycyjnymi politykami i ugrupowaniami[37]. Ponadto – bierności i nieporadności związanych z nimi, w latach 61–60, konsulów, niepotrafiących przeforsować zamysłów swoich mocodawców ani przeciwstawić się kierującym senatem optymatom[38].

Układ ten zaczął ulegać zmianie w połowie 60 roku, a nowy kształt uzyskał ostatecznie w pierwszych miesiącach roku 59. Wiązało się to z powstaniem wspomnianego już sojuszu Cezara, Pompejusza i Krassusa[39], a było wynikiem zupełnej przebudowy stosunków politycznych funkcjonujących w Rzymie od połowy 61 roku. Polegała ona na wygaszeniu konfliktów między opozycyjnymi wobec senatu politykami, ugrupowaniami czy grupami społecznymi oraz łączeniu rozbitej i skłóconej dotąd opozycji, czyli na zmontowaniu wokół triumwirów związanej z nimi koalicji wszystkich nieprzyjaciół optymatów skupionych w senacie[40].

Powyższe tezy są dobrze odzwierciedlone w tekstach źródłowych. Plutarch twierdzi, że celem triumwirów było obalenie optymatów. Sugeruje też, że posiadali siły i wpływy wystarczające do obalenia istniejącego w Rzymie porządku i przejęcia władzy[41]. Potwierdza to autor perioch Liwiuszowego dzieła, nadmieniając, iż związek trzech powstał, gdy Cezar starał się o konsulat, dążąc do zagarnięcia państwa[42]. W opinii Plutarcha, Pompejusz i Ce-

---

[35] O ich roli w Rzymie: Vell. Pat. 2, 40, 2; 43; Plut. *Caes.* 6, 1–7, 2; 8, 3–4; *Pomp.* 46, 1–2; *Crass.* 7, 7–8; Flor. 2, 13, 10–11; App. *B.C.* 2, 9, 31; Cass. Dio 37, 35, 2; 54, 3–56, 1; K.M. Girardet, *Imperium* und *provinciae* des Pompeius seit 67 v. Chr., *Cahiers du Centre Gustave Glotz* 3, 1992, s. 181–184; a także R. Syme, *The Roman Revolution*, Oxford 1960, s. 28–35. Zob. również przyp. 40.

[36] Cic. *Ad Att.* 1, 14, 5; 15, 2; 16, 2–3; 17, 9–11; 18, 6–7; 2, 1, 7–8; 20, 4–5; 21, 4–5; Vell. Pat. 2, 40, 5; Suet. *Jul.* 19, 1; 20, 1; Plut. *Caes.* 13, 1; *Pomp.* 44, 2; 46, 3; 47, 4; *Luc.* 42, 6; *Cat. Min.* 30, 1–32, 1; App. *B.C.* 2, 8, 30–11, 41; Cass. Dio 38, 3–4.

[37] Cic. *Ad Att.* 1, 14, 2–3; 18, 6; Vell. Pat. 2, 44, 2; Plut. *Crass.* 7,2; 7, 4; 8–9; 14, 1–2; *Luc.* 42, 5; App. *B.C.* 2, 9, 33; Cass. Dio 37, 56, 5.

[38] W 61 roku zawiódł Pompejusza M. Pupiusz Pizon, a w 60 roku L. Afraniusz: Cic. *Ad Att.* 1, 14, 6; 16, 12–13; 18, 3–5; 19, 4; 20, 5; Cass. Dio 37, 44, 3; 49, 1, 3; J. van Ooth egem, *Pompée le Grand, bâtisseur d'empire*, Namur – Louvain – Paris 1954, s. 289–294; F.X. Ryan, M. Pupius Piso and Consulares in 61 B.C., *Historia* 44, 1995, s. 255–256.

[39] Istotę tych zmian dobrze oddał Cyceron: *Ad Att.* 2, 9, 2.

[40] Plut. *Crass.* 14, 1–2; por. 7, 8. Za inicjatora tych posunięć uważano Cezara: Suet. *Jul.* 19, 2; Plut. *Caes.* 13, 2; *Pomp.* 47, 1–2; *Cat. Min.* 31, 2–4; Cass. Dio 37, 55, 1–56, 1. Inaczej ujmuje to Appian (*B.C.* 2, 9, 33); zob. też Plut. *Luc.* 42, 6. Szerzej o tym J. Saj, Rola Cezara w dziele tworzenia „pierwszego triumwiratu", w: *Antiquitas* 12, 1984, s. 35–45; por. G. Stanton, B.A. Marshall, The Coalition between Pompeius and Crassus, 60–59 B.C., *Historia* 24, 1975, s. 205–219.

[41] Plut. *Caes.* 13, 3; *Crass.* 14, 2; *Pomp.* 47, 1–2.

[42] Liv. *Per.* 103.

zar powstali wspólnie przeciwko Rzymowi[43]. Wymownie ich poczynania ujmuje Florus, pisząc: „ponieważ każdy jednakowo pożądał władzy, łatwo doszli do porozumienia w sprawie zagarnięcia Rzeczypospolitej (...)"[44]. Zdaniem Swetoniusza, porozumienie triumwirów przewidywało, że „nic nie miało się dziać odtąd w państwie, co mogłoby się nie podobać jednemu z trzech (...)"[45]. Według Plutarcha, dzięki wspólnym działaniom uzyskali siłę, „która rozwiązywała senat i zgromadzenie ludowe (...)"[46]. W rezultacie wszyscy trzej, szczególnie jednak Cezar, zapoczątkowali upadek ustroju republikańskiego[47].

W pierwszych miesiącach 59 roku między triumwirami, których reprezentował piastujący konsulat Cezar, a optymatami doszło do decydującej próby sił. Ci ostatni oraz senat przegrali ją zdecydowanie i w rezultacie utracili wpływ na dalszy rozwój sytuacji w Republice[48]. Właśnie dlatego, zdaniem Wellejusza Paterkulusa, następstwa porozumienia Cezara, Pompejusza i Krassusa były zgubne dla Rzymu i świata[49]. Według Katona, którego opinię przytacza Plutarch, stało się ono „pierwszym i najgorszym nieszczęściem Rzymu (...)"[50]. Kasjusz Dion oddziaływanie tego przymierza również ocenia negatywnie, ponieważ triumwirowie „sami pomiędzy sobą pokierowali sprawami państwa (...)", a ponadto razem ze swymi poplecznikami „bezkarnie robili to, co chcieli (...)"[51]. Podobnie ujmuje to Appian: „(...) ci trzej mężowie posiadający największą siłę w państwie udzielali sobie wzajemnej pomocy we wszystkich potrzebach (...)"[52].

Podobne oceny znajdują się w korespondencji Cycerona. Będąc zwolennikiem tradycyjnej *res publica* i nie chcąc zaakceptować tego, co się w Rzymie działo, wyjechał i przez szereg miesięcy 59 roku przebywał poza miastem[53]. Po przejęciu władzy przez triumwirów Cyceron wyraził opinię, że Republika jest w opłakanym stanie. Niepokoił się doznanymi przez nią wstrząsami. Był zdania, że ginie a ratunku nie dostrzegał. Nie widział środków, którymi można by było ukrócić panowanie triumwirów i ich zwolenników. W listopadzie stwierdził, że Rzeczpospolita jest już nie do uratowania[54]. Treść jego listów dowodzi więc, że dominacja Cezara, Pompejusza i Krassusa w życiu politycznym była wtedy zupełna[55].

W rozgrywkach między Cezarem i jego partnerami a senatem i skupioną w nim arystokracją wojska nie użyto. Zwycięstwo, mimo zastosowania przemocy, triumwirowie osiągnęli metodami politycznymi, wykorzystując do tego wiece i forum zgromadzenia ludowego[56].

---

[43] Plut. *Cat. Min.* 31, 4.

[44] Flor. 2, 13, 11 (tłum. I. Lewandowski).

[45] Suet. *Jul.* 19, 2 (tłum. J. Niemirska-Pliszczyńska).

[46] Plut. *Crass.* 14, 2 (tłum. M. Brożek). Por. Plut. *Pomp.* 47, 1–2.

[47] Plut. *Caes.* 13, 2.

[48] Cic. *Ad Att.* 2, 9, 1–2; 17, 1; 18, 1; Liv. *Per.* 103; Vell. Pat. 2, 44, 5; Suet. *Jul.* 20, 1–2; Plut. *Caes.* 14; *Pomp.* 47, 3–6; *Luc.* 42, 6–7; *Cat. Min.* 31, 4–32, 2; App. *B.C.* 2, 10, 34–12, 42; Cass. Dio 38, 1, 1–6, 5; M. Gelzer, *op.cit.*, s. 64–91; Carcopino, *op.cit.*, s. 205–221; J. Leach, *Pompey the Great*, London 1978, s. 123–130; R. Seager, *Pompey. A Political Biography*, Berkeley – Los Angeles 1979, s. 85–102; Ch. Meier, *Caesar*, München 1986, s. 256–276; W. Will, *Julius Caesar. Eine Bilanz*, Stuttgart – Berlin – Köln 1992, s. 51–61.

[49] Vell. Pat. 2, 44, 1. Podobnie postrzega je Florus (2, 13, 12).

[50] Plut. *Pomp.* 47, 3 (tłum. M. Brożek). Por. Plut. *Caes.* 13, 3.

[51] Cass. Dio 37, 51, 1–2 (tłum. M. Madyda).

[52] App. *B.C.* 2, 9, 33 (tłum. L. Piotrowicz).

[53] Poświadczają to listy pisane spoza Rzymu do Attyka (Cic. *Ad Att.* 2, 4–17). Pierwszy list z Rzymu Cyceron napisał do niego w czerwcu (*Ad Att.* 2, 18); K. Kumaniecki, *Cyceron i jego współcześni*, Warszawa 1989, s. 248.

[54] Zob. Cic. *Ad Att.* 2, 25, 2; 19, 1; 20, 3; 21, 1; *Ad Q. fr.* 1, 2, 5.

[55] Por. też: Cic. *Ad Att.* 2, 6, 2; 8, 1; 9, 1; 13, 2; 18, 1; 22, 1.

[56] Cic. *Ad Att.* 2, 15, 2; 16, 1; 24, 3; Liv. *Per.* 103; Vell. Pat. 2, 44, 4; Suet. *Jul.* 20, 1; 20, 3; Plut. *Caes.* 14, 1–3; *Pomp.* 47, 3–5; App. *B.C.* 2, 10, 35–36; 12, 42; Cass. Dio 38, 1, 1–2; 4, 2; 6. O zastosowaniu przemocy: Cic. *Ad Att.*

Tam jednak liczyło się stanowisko i głosy obywateli, zwłaszcza zaś – co sugerują Cyceron i Kasjusz Dion – poparcie całych grup społecznych[57]. Ustalenie, jaki był ich udział w tych wydarzeniach, jest więc sprawą istotną.

Zdecydowanie negatywnie, z wyjątkiem współpracowników triumwirów[58], była do omówionych już przemian nastawiona arystokracja senatorska, zwłaszcza przewodzący jej nobilowie. Wymowny tego dowód stanowiła polityka senatu inspirowana poczynaniami i postawą senatorów wywierających na jego prace i stanowisko największy wpływ. Wtedy do ich grona należeli: Kw. Lutacjusz Katulus – konsul z 78 roku[59], L. Licyniusz Lukullus – konsul z 74 roku i protegowany oraz wspierany przez niego M. Porcjusz Katon Młodszy[60], Kw. Hortenzjusz Hortalus i Kw. Cecyliusz Metellus Kretikus – konsulowie z 69 roku, P. Serwiliusz Watia Izaurikus – konsul z 79 roku, G. Kalpurniusz Pizon – konsul z 67 roku, M. Tulliusz Cyceron – konsul z 63 roku[61], konsulowie z lat 61–60, M. Waleriusz Mesala i Kw. Cecyliusz Metellus Celer[62] oraz M. Kalpurniusz Bibulus – konsul z 59 roku[63].

Występując przeciwko triumwirom, bronili racji senatu, jego pozycji w Republice i interesów arystokracji. Przegrana oznaczała dla nich utratę kontroli nad sprawami państwa, rezygnację z wielkich karier, usunięcie się na dalszy plan życia politycznego, przede wszystkim zaś uznanie dominującej roli Cezara, Pompejusza i Krassusa w Rzymie[64]. Dlatego jeszcze przed powstaniem triumwiratu bardzo aktywnie angażowali się w zwalczanie opozycji i związanych z nią polityków, a towarzyszyła temu mobilizacja większości senatorów[65]. Tendencje te wzmocniły się w czasie wyborów konsularnych na 59 rok[66], gdy zagrożenie dla Rzeczypospolitej wzrosło, a szczyt osiągnęły w pierwszych miesiącach tego

2, 9, 1; Plut. *Cat. Min. 32, 1–2; App.* B.C. 2, 10, 35; 11, 38–41; Cass. Dio 38, 2; 6, 8. Por. też J.W. H e a t o n, *Mob Violence in the Late Roman Republic*, Urbana 1939, s. 63–67; H. K o w a l s k i, Przemoc jako metoda walki wyborczej w Rzymie w okresie schyłku republiki (78–50 p.n.e.), *Annales Universitatis Mariae Curie-Skłodowska*, Sect. F, t. 38/39, 1983/1984, s. 85–86.

[57] Cic. *Ad Att.* 7, 7, 5–6; Cass. Dio 38, 8, 1.

[58] Byli to m.in.: L. Flawiusz, L. Korneliusz Balbus, P. Watyniusz, M. Pupiusz Pizon, L. Afraniusz oraz D. Pizaurus. Niezbyt jasne są więzi łączące z Cezarem L. Wettiusza. Do czasu z poszczególnymi triumwirami mogli być związani G. Skryboniusz Kurion i P. Klodiusz: R.J. R o w l a n d, Crassus, Clodius and Curio in the Year 59 B.C., *Historia* 15, 1966, s. 217–233; T. Ł o p o s z k o, *Trybunat Publiusza Klodiusza*, Warszawa 1974, s. 85–88, 185–303.

[59] Zob. o nim W i l l e m s, *op.cit.*, s. 119–120, 431. Katulus zmarł przed połową 60 roku (Cic. *Ad Att.* 1,20, 3).

[60] O Lukullusie zob.: O o t e g h e m, *Lucullus...*, zwłaszcza s. 173–174; K e a v e n e y, *op.cit.*, zwłaszcza s. 140–142. O Katonie: A. A f z e l i u s, Die politische Bedeutung des jüngeren Cato, *Classica et Mediaevalia* 4, 1941, s. 100–203; R. F e h r l e, *Cato Uticensis*, Darmstadt 1983, zwłaszcza s. 61–135.

[61] Zob. o nich W i l l e m s, *op.cit.*, s. 120–122, 427, 435–439.

[62] W i l l e m s, *op.cit.*, s. 430–431; 441, przypis 5. O ich konsulatach: B r o u g h t o n, *op.cit.*, s. 178–179, 182–183.

[63] O Bibulusie: W i l l e m s, *op.cit.*, s. 442. O jego konsulacie: B r o u g h t o n, *op.cit.*, s. 187–188. Na temat wymienionych powyżej polityków zob.: S y m e, *op.cit.*, s. 10–27; W a r d, *op.cit.*, s. 14–34.

[64] Musieli to uczynić Bibulus, Katon, Lukullus (Suet. *Jul.* 20, 1–4; Plut. *Caes.* 14, 6–7; *Pomp.* 48, 4; *Luc.* 42, 4; 43, 1; *Cat. Min.* 33, 1–2; App. *B.C.* 2, 12, 42; 45; Cass. Dio 38, 6, 3–6; 7, 5–6. Por. też Th.P. H i l l m a n, When did Lucullus Retire?, *Historia* 42, 1993, s. 211–228) i Cyceron (zob. przyp. 53).

[65] Wiązała się ona z atakowaniem Klodiusza (Cic. *Ad Att.* 1, 14, 5; 16, 12–13), sędziów przekupionych podczas jego procesu (Cic. *Ad Att.* 1, 14, 3–4; 16, 5; 17, 8; 2, 1, 8; Plut. *Cic.* 29, 6; Cass. Dio 37, 46, 3), ekwitów (Cic. *Ad Att.* 1, 17, 9; 18, 3; 18, 7; 2, 1, 8), L. Flawiusza (Cass. Dio 37, 50, 2) czy Pompejusza (Plut. *Cat. Min.* 31, 1–2; App. *B.C.* 2, 9, 32; Cass. Dio 37, 49, 4–50, 1). Por. S t e i n, *op.cit.*, s. 20–24; S y m e, *op.cit.*, s. 32–35.

[66] Suet. *Jul.* 19, 1–2; Plut. *Caes.* 14, 1; App. *B.C.* 2, 8, 29–30; 9, 34; Cass. Dio 37, 54, 1–2; J. L i n d e r s k i, *Rzymskie zgromadzenie wyborcze od Sulli do Cezara*, Wrocław – Warszawa – Kraków 1966, s. 132–133; H. K o w a l s k i, Organizacja przekupstw wyborczych w Rzymie w okresie schyłku republiki, w: *Antiquitas* 9, 1983, s. 108.

roku, podczas decydującej rozgrywki z Cezarem, gdy ważyły się jej losy[67]. Zdecydowanego poparcia udzielił im wtedy cały senat, który razem ze swymi przywódcami zajął postawę wrogą triumwirom[68]. Pomimo to jednak kierujący nim politycy nie potrafili się skutecznie przeciwstawić przeciwnikom.

Stanowisko innych grup społecznych wobec przemian zachodzących wtedy w Rzymie, ze względu na skromniejsze i bardzo ogólne informacje źródłowe, jest trudniejsze do uchwycenia[69]. Można jednak stwierdzić, że z powodu niesprzyjającej im polityki dominujących w senacie konserwatystów były one bardzo podatne na zabiegi ich nieprzyjaciół[70]. Od razu też stały się przedmiotem zainteresowania Cezara, Pompejusza i Krassusa.

Powyższe uwagi odnieść należy zwłaszcza do ekwitów, drugiej pod względem ważności grupy społecznej w Rzymie. W połowie 60 roku rozbieżności między nimi a senatem były już tak wielkie, że porozumienie nie wchodziło w grę[71], zwłaszcza iż Cyceron, który mógł do tego doprowadzić, nie miał już takich możliwości wpływania na jego decyzje, jak w latach poprzednich[72]. Dla triumwirów było więc oczywiste, że ekwici będą podatni na propozycje nawiązania współpracy. Jej rozpoczęcie nie było trudne, gdyż Krassus, który od dawna realizował z nimi różne przedsięwzięcia[73], mógł odegrać rolę doskonałego pośrednika.

Prześledzenie, jak owi trzej politycy porozumieli się z ekwitami, nie jest możliwe, ponieważ brak o tym informacji[74]. Zachowały się natomiast drobne wzmianki o kontaktach Krassusa i Cezara z niektórymi przedstawicielami tej grupy społecznej z czasów nieco wcześniejszych, wskazujące, że musiało to nastąpić w miarę szybko i bez większych trudności.

Sugestie takie wynikają między innymi z informacji o kampanii senackich polityków przeciwko przekupnym sędziom[75]. Godziła ona bowiem przede wszystkim w ekwitów sądzących Klodiusza, w drugiej zaś kolejności – w cały stan[76]. Szkodziła jednak również Krassusowi, którego uważa się za organizatora tego przekupstwa[77]. Na tym tle między nim

---

[67] Suet. *Jul.* 20, 1; Plut. *Caes.* 14, 2–3; *Pomp.* 47, 4–5; *Luc.* 42, 6–7; *Cat. Min.* 31, 5; 32, 1–2; App. *B.C.* 2, 10, 34–36; Cass. Dio 38, 2, 1–4, 2. Por. Cic. *Ad Att.* 1, 17, 11; 2, 1, 6; 1, 9; S t e i n, *op.cit.*, s. 25–26; L i b e r o, *op.cit.*, s. 72–76.

[68] Suet. *Jul.* 20, 1; Plut. *Caes.* 14, 2; 8; *Pomp.* 47, 4–5; *Cat. Min.* 31, 5–32, 2; App. *B.C.* 2, 10, 36; Cass. Dio 38, 1, 1–4, 1. Zob. S t e i n, *op.cit.*, s. 25–26; B o n n e f o n d - C o u d r y, *op.cit.*, s. 252, 391–392; L i b e r o, *op.cit.*, s. 39–40.

[69] Wpłynęło na to dążenie do unikania rozgłosu przez współpracujących z nimi polityków.

[70] Zob. o tym: Cic. *ad Att.* 2, 1, 8; 3, 3; Liv. *Per.* 103; Plut. *Caes.* 14, 2–3; *Pomp.* 47, 3; App. *B.C.* 2, 10, 35; 13, 46–49; Cass. Dio 37, 50, 1; 38, 1, 1; 2, 3.

[71] Cic. *Ad Att.* 1, 17, 8–9; 18, 3; 7; 2, 1, 7–8.

[72] O spadku znaczenia Cycerona: Cic. *Ad fam.*, 5, 2, 7; 6, 2; *Ad Att.* 1, 13, 2; 4; 14, 3–4; 6; 17, 8; 19, 6–7; 20, 3; Plut. *Cic.* 28, 1; M. G e l z e r, *Cicero. Ein biographischer Versuch*, Wiesbaden 1969, s. 105–123. Mediację Cycerona umożliwiały jego powiązania z ekwitami: Cic. *Ad Att.* 1, 17, 8–10; 19, 6; 2, 1, 7; *Ad Q. fr.* 1, 1, 1; J. B l e i c k e n, Cicero und die Ritter, *Abhhandlungen der Akademie der Wissenschaften in Göttingen. Phil.-hist. Klasse*, III Folge, Heft 213, Göttingen 1995, s. 14–26, 103–110.

[73] Cic. *Ad Att.* 1, 16, 5; 11; 17, 9; por. Plut. *Caes.* 11, 1; *Crass.* 7, 6, a także Suet. *Jul.* 18, 1; App. *B.C.* 2, 8, 26–27.

[74] Zawarcie sojuszu między ekwitami a triumwirami dobrze poświadcza dopiero ich współpraca w 59 roku.

[75] Cic. *Ad Att.* 1, 16, 5; 8–9; 2, 1, 8; por. Plut. *Cic.* 29, 6; Cass. Dio 37, 46, 3. Jej efektem była nawet uchwała senatu przewidująca ich ściganie (Cic. *Ad Att.* 1, 17, 8; zob. też *Ad Att.* 1, 16, 3; 11; 18, 2–3).

[76] Cic. *Ad Att.* 1, 17, 8; 2, 1, 8.

[77] Nie jest to jednak pewne, gdyż Cyceron (*Ad Att.* 1, 16, 5) pisze, iż sędziów przekupił *Calvus ex Nanneianis*, którym według wielu był Krassus. Omówienie stanowisk badaczy zob.: T. Ł o p o s z k o, Tajne intrygi Marka Krassusa w latach 61–56 przed n.e., w: *Annales Universitatis Mariae Curie-Skłodowska*, Sec. F, t. 28, 1973, s. 128–139; W a r d, *op.cit.*, s. 227–230; T.W. H i l l a r d, Crassus in 61, *Liverpool Classical Monthly* 6, 1981, s. 127–130.

a ekwitami wytworzyła się więc wspólnota interesów – czyli obrona przed oskarżeniami i atakami optymatów. Krassusa wiązała wtedy z ekwitami również druga sprawa – popierał ich dążenia do obniżenia czynszów dzierżawnych za dochody publiczne w Azji i zachęcał by z tym postulatem wystąpili[78].

Na korzyść Rzymian z tej grupy społecznej, lub z nią związanych, Krassus działał także wówczas, kiedy w 61 roku doszło do konfliktu między Cezarem a jego wierzycielami. Doprowadził wówczas do załagodzenia sporu, poręczając dług Cezara na sumę 830 talentów[79]. Posunięcie to bez wątpienia musiało spowodować wzrost zaufania ekwitów – zwłaszcza jeżeli byli w gronie wspomnianych wierzycieli – do Krassusa, jak i poprawę ich stosunków z Cezarem. Być może, iż z wydarzeniem tym wiązały się niektóre posunięcia realizowane przez niego w czasie pobytu w Hiszpanii. Swoim bowiem zarządzeniem uregulował tam podobny spór między miejscowymi dłużnikami a ich wierzycielami. Postanowił, iż mogą oni, z tytułu niespłaconych długów, pobierać rocznie 2/3 dochodu dłużników[80]. Dla wspomnianych wierzycieli, prawdopodobnie rzymskich finansistów lub ich spółek, rozwiązanie to było bardzo korzystne.

W 60 roku pretor Kw. Cecyliusz Metellus Nepos zniósł cła na towary wwożone i wywożone z Italii[81]. Wiadomo, że dla jej mieszkańców, zwłaszcza parających się handlem, mających interesy w prowincjach itp., a więc przede wszystkim ekwitów, były one, tak samo jak ściągający je celnicy, bardzo uciążliwe[82]. Ich likwidację musieli więc ocenić pozytywnie. W tym kontekście istotne jest ustalenie, kto inspirował to posunięcie. Metellus Nepos na pewno nie przeforsował tej ustawy z inicjatywy polityków dominujących w senacie. Wiemy bowiem, że właśnie z jej powodu byli do niego nastawieni negatywnie. Zamierzali nawet z jej nazwy wymazać jego imię[83].

Do pewnego stopnia kwestię tę wyjaśniają informacje znajdujące się w jednym z listów Cycerona. Wielki mówca, oceniając w nim ustawy przeforsowane przez triumwirów w 59 roku, wyraża opinię, że zostały uchwalone ze szkodą dla skarbu publicznego i tylko po to, by mogli uzyskać poparcie Rzymian, zwłaszcza z niższych warstw społecznych. W tym kontekście nadmienia również o ustawie Metellusa Neposa. Sugeruje także, iż była przyjęta przez obywateli z takim samym zadowoleniem, jak pozostałe[84]. Chociaż te informacje nie są precyzyjne, to pozwalają na sugestię, że Metellus Nepos wspomniane cła zniósł z inspiracji triumwirów.

Powyższe rozważania świadczą, że jeszcze przed powstaniem związku trzech, głównie Krassusa, ale także Cezara, łączyły z ekwitami różne interesy finansowe i polityczne. Z tego względu nie chcieli ich sobie zrazić. Ułatwiło im to późniejsze zabiegi o pozyskanie ich poparcia. O tym, że triumwirowie podjęli je jeszcze w 60 roku, zdaje się świadczyć inicjatywa Metellusa Neposa. Pośrednio potwierdzają to również informacje o konflikcie między senatem a ekwitami, z których wynika, iż jego największe natężenie przypadło na połowę tego roku[85].

---

[78] Cic. *Ad Att.* 1, 17, 9.

[79] Rolę Krassusa eksponuje Plutarch (*Caes.* 11, 1; *Crass.* 7, 6). Swetoniusz (*Jul.* 18, 1) wzmiankuje o bezimiennych poręczycielach. Appian (*B.C.* 2, 8, 26–27) sugeruje, iż Cezar sam ułożył się z wierzycielami.

[80] Dzięki temu Cezar miał zyskać duże uznanie (Plut. *Caes.* 12, 1–2).

[81] Cass. Dio 37, 51, 3. Por. Cic. *Ad Q. fr.* 1, 1, 11; *Ad Att.* 2, 16, 1. O tej inicjatywie Metellusa Neposa zob. B r o u g h t o n, *op.cit.*, s. 183.

[82] Eksponuje to Cyceron (*Ad Q. fr.* 1, 1, 11) i Kasjusz Dion (37, 51, 3).

[83] Cass. Dio 37, 51, 3.

[84] Cic. *Ad Att.* 2, 16, 1.

[85] Cic. *Ad Att.* 2, 1, 7–8. O nasilaniu się tego konfliktu w miesiącach poprzednich: Cic. *Ad Att.* 1, 17, 9–10; 18, 3; 18, 7.

Bardziej konkretne dane o dążeniu triumwirów do pozyskania ekwitów odnoszą się do konsulatu Cezara. W 59 roku bowiem podjął on ten zamysł również w imieniu partnerów, a do jego realizacji wykorzystał piastowany urząd. Zamierzając uzyskać wsparcie jak największych rzesz obywateli, starał się zaspokajać wszystkie żądania, nie licząc się z możliwościami skarbu ani z interesem Rzeczypospolitej[86]. Szczególną wagę przywiązywał do pozytywnego załatwienia postulatów ekwitów. Jak wynika z relacji Appiana – głównie dlatego, że posiadali oni w Rzymie wielkie znaczenie i wpływy, zwłaszcza w sferze finansów[87]. Z tych powodów dążył do obniżenia publikanom czynszów dzierżawnych za dochody publiczne w Azji, czego bezskutecznie domagali się od dłuższego czasu[88]. Cel tych zabiegów był oczywisty – nawiązanie współpracy z ekwitami, a następnie wykorzystanie ich w rozgrywce o władzę z optymatami i senatem.

Podobną politykę zastosowano wobec Rzymian z niższych warstw społecznych, określanych w źródłach potocznym terminem *populus* – lud[89]. Próby ich pozyskania są lepiej udokumentowane[90]. W tym przypadku triumwirom również sprzyjał konflikt między ludem a senatem, który wybuchł jeszcze podczas procesu Klodiusza[91]. Według Cycerona, było to starcie obrońców Rzeczypospolitej i senatu oraz jej wrogów, czyli Klodiusza, jego współpracowników i zwolenników[92]. Szukali oni oparcia właśnie u mieszkańców Rzymu z niższych warstw społecznych. Im również Klodiusz miał w znacznym stopniu zawdzięczać wyrok uniewinniający[93]. Po procesie przejawiali oni nadal dużą aktywność, gdyż ich zatarg z arystokracją senatorską nie wygasł. Dlatego w połowie 60 roku Cyceron uważał, że lud jest wykorzystywany do wywoływania napięć wewnętrznych[94].

Wobec takiego rozwoju sytuacji było oczywiste, że triumwirowie będą próbowali pozyskać obywateli z niższych warstw społecznych i wykorzystać ich w walce ze skupioną w senacie arystokracją. Sprzyjały temu powiązania, jakie niektórzy z nich mieli z ludem w przeszłości. Odnieść to należy zwłaszcza do Pompejusza, który po 70 roku był uważany za ostoję i przywódcę żywiołów demokratycznych[95]. Po jego powrocie ze Wschodu, gdy Rzymianie przekonali się, iż nie dąży do władzy drogą wojny domowej, ponownie obdarzyli go wielkim poważaniem[96]. Powitanie zaś, jakie mu zgotowali, było dowodem, że odbudowa

[86] Cyceron postrzegał te posunięcia negatywnie: Cic. *Ad Att.* 2, 16, 1; 17, 1. Podobnie, chociaż łagodniej, oceniał je Swetoniusz (*Jul.* 20, 3).

[87] App. *B.C.* 2, 13, 47.

[88] Cic. *Ad Att.* 1, 17, 9; 18, 7; 2, 1, 8; *Ad Q. fr.* 1, 1, 12; App. *B.C.* 2, 13, 47; Cass. Dio 38, 7, 4.

[89] W i l l, *Der römische Mob..., op.cit.*, s. 26–46; B. K ü h n e r t, Die plebs urbana der späten römischen Republik, *Abhandlungen der Sächsischen Akademie der Wissenschaften zu Leipzig, Phil.-hist. Klasse*, Bd. 76, Heft 3, Berlin 1991. O interpretacji określenia *populus Romanus*: T. Ł o p o s z k o, Dwie koncepcje pojęcia populus Romanus w propagandzie politycznej lat pięćdziesiątych I w. p.n.e., w: *Antiquitas* 9, 1983, s. 137–146.

[90] Wiąże się to z dobrym odzwierciedleniem w źródłach rozgrywek politycznych, do których owi Rzymianie zostali wciągnięci.

[91] Cic. *Ad Att.* 1, 13, 3; 14, 1–2; 5; 16, 1; 5; Plut. *Caes.* 10, 5; *Cic.* 29, 5.

[92] Cic. *Ad Att.* 1, 16, 1; por. 16, 5. Podobnie wydarzenia te ujmuje Plutarch (*Caes.* 10, 5; *Cic.* 29, 5).

[93] Cic. *Ad Att.* 1, 14, 1; 5; 16, 1; Plut. *Caes.* 10, 5; 7; *Cic.* 29, 5. Cyceron, oceniając uniewinnienie Klodiusza, akcentuje ubóstwo i nieuczciwość sędziów, a na tym tle ich przekupienie (Cic. *ad Att.* 1, 16, 3).

[94] Cic. *Ad Att.* 2, 1, 8. Zob. też Cass. Dio 37, 51, 4. O aktywności ludu po procesie Klodiusza: Cic. *Ad Att.* 1, 18, 3–4; 6; 19, 4–5; 2, 1, 5–6.

[95] Eksponuje to Plutarch (*Pomp.* 21–23; 25). Zob. też: Sall. *Cat.* 38–39; Liv. *Per.* 97; 99–100; Vell. Pat. 2, 30, 4; 31, 3; 32, 1; 33, 1; App. *B.C.* 1, 121, 560; Cas. Dio 36, 23, 4–37; 42–43. Okoliczności wykształcenia się tych więzi omawia N. R o g o s z, *Polityczna rola trybunatu ludowego w Rzymie w latach restauracji sullańskiej (78–70 p.n.e.)*, Katowice 1992, s. 84–116.

[96] Vell. Pat. 2, 40, 2–3; Plut. *Pomp.* 43, 1–3; por. Cic. *Ad fam.* 5, 7, 1–2; Cass. Dio 37, 44, 3; 49, 1.

powiązań z ludem jest możliwa i celowa[97]. Doszło do tego już wkrótce, gdyż ze względu na przeciwdziałanie wrogich mu nobilów Pompejusz rozpoczął zabiegi o pozyskanie trybunów ludowych, związanego z nimi Klodiusza i ludu[98]. W efekcie w połowie 61 roku ponownie cieszył się jego poparciem[99]. Dalszą tego konsekwencją była podjęta przez Pompejusza próba przeprowadzenia ustawy agrarnej przy pomocy trybuna ludowego Flawiusza, zakończona jednak niepowodzeniem[100].

Podobne powiązania we wcześniejszych latach miał z Rzymianami z niższych grup społecznych i popularami Cezar. Po wyjeździe Pompejusza na Wschód stał się ich czołowym przywódcą w walce z optymatami[101]. Zyskał wtedy wśród nich dużą popularność i oparcie[102]. Więzi te osłabił nieco jego wyjazd do Hiszpanii. Było jednak oczywiste, iż po powrocie zechce to zaplecze odbudować i wykorzystać. Uczynił to pod koniec 60 roku, nawiązując do wspomnianych zamysłów Pompejusza i lansując projekt reformy agrarnej, którą zamierzał przeprowadzić w następnym roku[103]. W Rzymie było o tym bardzo głośno. Zdaniem Cycerona, inicjatywa ta poważnie wpływała na nastroje i stanowiła dla senatu zagrożenie[104]. W czasie swego konsulatu Cezar forsował ten projekt dalej, traktując go priorytetowo, a wiązało się to z zamiarem pozyskania poparcia ludu w zbliżającej się rozgrywce z dominującymi w senacie nobilami[105]. Zamiarom tym, zwłaszcza w odniesieniu do Rzymian trudniących się handlem, niewątpliwie sprzyjało także wspomniane już zniesienie ceł przez Metellusa Neposa.

Równie liczną, a najprawdopodobniej jeszcze większą grupę obywateli, o których względy triumwirowie nie potrzebowali specjalnie zabiegać, ponieważ ich poparcie mieli w zasadzie zapewnione, byli weterani Pompejusza. Gwarancją ich lojalności i wsparcia polityki Cezara były bowiem powiązania z Pompejuszem i nadzieje na otrzymanie działek ziemi, czyli osobisty interes[106].

---

[97] Vell. Pat. 2, 40, 3; Plut. *Pomp.* 43, 3.

[98] Wspomina o tym Plutarch (*Pomp.* 46, 4–5). Por. T.W. H i l l a r d, P. Clodius Pulcher, 62–58 B.C.: *Pompeii adfinis et sodalis, PBSR* 50, 1982, s. 34–44. Zob. przypis 58.

[99] Cic. *Ad Att.* 1, 16, 11. Więzi te starał się podważyć Cyceron: Cic. *Ad Att.* 2, 1, 6; por. 1, 19, 7; Cass. Dio 37, 50, 1.

[100] Cic. *Ad Att.* 1, 18, 6; 19, 4; 2, 1, 6; O o t e g h e m, *Pompée..., op.cit.*, s. 294–296; S e a g e r, *op.cit.*, s. 79–80.

[101] Vell. Pat. 2, 43; Suet. *Jul.* 9–17; Plut. *Caes.* 5–8; App. *B.C.* 2, 1, 3; Cass. Dio 37, 8, 1–2; 10, 1–2; 26–27; 28, 4; 37, 1–38, 2; 44, 1. Zob.: L. R o s s T a y l o r, Caesar and the Roman Nobility, *TAPA* 73, 1942, s. 11–24; J. M a r t i n, *Die Popularen in der Geschichte des Späten Republik*, Freiburg 1965, s. 30–36, 44–63; Ch. M e i e r, *Enstehung des Begriffs „Demokratie"*, Frankfurt a/M 1970, s. 95–104; L. P e r e l l i, *Il movimento popolare nell'ultimo secolo della repubblica*, Torino 1982, s. 174–177, 193–194. Por. E. F e r e n c z y, Caesar und die Popularen, *Klio* 73, 1991, s. 413–419.

[102] Także dzięki rozdawnictwom, wydawaniu igrzysk, widowisk i przedstawień teatralnych: Suet. *Jul.* 9–11; 16; Plut. *Caes.* 5–6. Zob. też Cass. Dio 37, 8, 1–2; 37, 1–3; D. S ł a p e k, *Gladiatorzy i polityka. Igrzyska w okresie późnej Republiki Rzymskiej*, Wrocław 1995, s. 103–105.

[103] Cic. *Ad Att.* 2, 3, 3. Por. *De prov. cons.* 17, 41. Dążenie Cezara do odnowienia więzi z ludem sugeruje Plutarch (*Pomp.* 47, 1); pośrednio – Appian (*B.C.* 2, 10, 35) i Kasjusz Dion (38, 1, 1).

[104] Cic. *Ad Att.* 2, 3, 3.

[105] Plut. *Caes.* 14, 1; 3; *Pomp.* 47, 3; *Cat. Min.* 32, 1; App. *B.C.* 2, 10, 35; 13, 46; Cass. Dio 38, 1, 1–2; 2, 3. W tym celu wydawał także widowiska i przedstawienia teatralne (App. *B.C.* 2, 13, 49).

[106] Na nadziały ziemi oczekiwali od końca 62 roku. O poparciu weteranów dla triumwirów świadczy obecność zbrojnych podczas przeprowadzania ustaw agrarnych: Plut. *Caes.* 14, 6–7; *Pomp.* 48, 1; *Cat. Min.* 32, 1–2; App. *B.C.* 2, 11, 38–41. Pośrednio, wsparcie Cezara przez Pompejusza: Plut. *Pomp.* 47, 4–5; App. *B.C.* 2, 10, 36. Por. Plut. *Pomp.* 43, 2; Ch. M e i e r, Zur Chronologie und Politik im Caesars erstem Konsulat, *Historia* 10, 1961, s. 79–84.

Przystępując więc na początku 59 roku do walki z rządzącą w Rzymie arystokracją i senatem, triumwirowie, oprócz swoich stałych zwolenników, mogli liczyć na wsparcie ekwitów, rzesz obywateli z niższych warstw społecznych i weteranów Pompejusza. By tę koalicję wzmocnić, ściślej związać ze sobą oraz zwiększyć zaangażowanie i aktywność jej uczestników, Cezar rozpoczął swoje urzędowanie od forsowania projektów ustaw, którymi owi sojusznicy byli szczególnie zainteresowani. W pierwszej kolejności podjął próbę przeprowadzenia ustaw przewidujących nadziały ziemi dla weteranów i tych ubogich Rzymian, którzy mieli co najmniej troje dzieci[107]. Wykorzystując opór senatu jako pretekst, dalsze prace nad pierwszą z nich przeniósł na forum zgromadzenia ludowego[108], gdzie weterani i proletariusze swoją przewagą liczebną mogli przytłoczyć przeciwników. Wyzyskując ich wsparcie, łamiąc prawo i stosując przemoc oraz korzystając z pomocy Pompejusza i Krassusa, doprowadził Cezar do wykluczenia optymatów oraz senatu z aktywnego uczestnictwa w życiu politycznym i odebrał im wpływ na bieg spraw państwa[109]. W rezultacie już bez większych przeszkód mógł przystąpić do uchwalenia projektów agrarnych, umożliwiających nadanie ziemi najuboższym obywatelom i weteranom Pompejusza[110]. W ten sposób sobie i swoim partnerom zapewnił ich wsparcie w dalszych rozgrywkach z przeciwnikami[111]. Jak pokazały późniejsze wydarzenia, w tym kontekście szczególnie cennym „nabytkiem" było około 20 tys. proletariuszy mających wielodzietne rodziny[112].

Następnie Cezar przystąpił do przeprowadzenia ustawy obniżającej publikanom czynsze dzierżawne w Azji[113]. Wówczas postulat ten poparł także Pompejusz[114]. Wykorzystując pomoc jego i Krassusa oraz swoje kompetencje, Cezar doprowadził do zmniejszenia tych opłat o 1/3, czyli więcej niż publikanie oczekiwali[115]. Efektem tego posunięcia było powiązanie ekwitów z triumwirami[116].

---

[107] Suet. *Jul.* 20, 1; 3; Plut. *Caes.* 14, 1; *Pomp.* 47, 3; App. *B.C.* 2, 10, 35. Por. Cic. *Ad Att.* 2, 16, 1; 18, 1; L. Ross Taylor, The Dating of Maior Legislation and Elections in Caesar's First Consulship, *Historia* 17, 1968, s. 173–182.

[108] Cic. *Ad Att.* 2, 15, 1; Plut. *Caes.* 14, 2; 6; App. *B.C.* 2, 10, 36; Cass. Dio 38, 3, 3; Stein, *op.cit.*, s. 25–26; Bonnefond-Coudry, *op.cit.*, s. 252, 391–392; Libero, *op.cit.*, s. 39–40.

[109] Cic. *Ad Att.* 2, 9, 1; 16, 2; Liv. *Per.* 103; Suet. *Jul.* 20, 1; Plut. *Caes.* 14, 6–7; *Pomp.* 47, 4–5; 48, 1–2; *Luc.* 42, 6; *Cat. Min.* 32, 1–2; App. *B.C.* 2, 10, 36; Cass. Dio 38, 2, 1–3, 3; 4, 2–6, 4; Eutrop. 6, 17; *Schol. Bob.* 148, 161 Stangl; Heaton, *op.cit.*, s. 65–67; Brunt, *Social Conflicts...*, *op.cit.*, s. 133, a także Meier, *Historia* 10, 1961, s. 88–98; id., Das Kompromiss-Angebot an Caesar i.J. 59 v. Chr., *MH* 32, 1975, s. 197–208.

[110] Liv. *Per.* 103; Vell. Pat. 2, 44, 4; Suet. *Jul.* 20, 3; Plut. *Caes.* 14, 6; *Pomp.* 48, 2; *Cat. Min.* 32, 3–33, 1; App. *B.C.* 2, 12, 42; Cass. Dio 38, 4, 2; 6, 4; 7, 3. Szerzej o tych projektach: Cass. Dio 38, 1, 2–7; zob. też: Cic. *Ad Att.* 2, 6, 2; 7, 3–4; 16, 2; 18, 2; *Planc.* 14, 35; G. Rotondi, *Leges publicae populi romani*, Hildesheim 1962, s. 387–388; F. de Martino, *Storia della costituzione romana*, vol. 3, Napoli 1973, s. 166–171. Były one znienawidzone przez arystokratów: Cic. *Ad Att.* 2, 19, 4; Brunt, *Social Conflicts...*, *op.cit.*, s. 133–134.

[111] Cic. *Ad Att.* 2, 16, 1; Liv. *Per.* 103; Suet. *Jul.* 20, 1; Plut. *Caes.* 14, 3; 6; *Pomp.* 48, 1–2; *Cat. Min.* 33, 3; App. *B.C.* 2, 10, 36; 12, 45; Cass. Dio 38, 6, 4; 7, 3–4; 8, 1. Optymaci obawiali się tego: Cass. Dio 38, 2, 3. Poparcie ludu nie było trwałe. W lipcu nastroje się zmieniły: Cic. *Ad Att.* 2, 19, 3; 20, 3–4; 21, 1–5; 23, 2; 25, 2; Łoposzko, *Trybunat...*, *op.cit.*, s. 207–212; Słapek, *op.cit.*, s. 93.

[112] Vell. Pat. 2, 44, 4; Suet. *Jul.* 20, 3; Plut. *Pomp.* 47, 3; *Cat. Min.* 33, 1; App. *B.C.* 2, 10, 35; Cass. Dio 38, 7, 3–4.

[113] Cic. *Ad Att.* 2, 16, 2; *Planc.* 14, 35; Val. Max. 2, 10, 7; Suet. *Jul.* 20, 3; App. *B.C.* 2, 13, 48; Cass. Dio 38, 7, 4; *Schol. Bob.* 157, 159 Stangl; Rotondi, *op.cit.*, s. 391; de Martino, *op.cit.*, s. 171–172.

[114] Cic. *Ad Att.* 2, 16, 2.

[115] Podkreśla to Appian (*B.C.* 2, 13, 48). Zob. też: Cic. *Ad Att.* 2, 16, 2; *Planc.* 14, 35; Val. Max. 2, 10, 7; Suet. *Jul.* 20, 3; Cass. Dio 38, 7, 4; *Schol. Bob.* 157, 159 Stangl.

[116] App. *B.C.* 2, 13, 48; Cass. Dio 38, 7, 5. Por. Suet. *Jul.* 20, 3.

Realizacja tych zobowiązań zapewniła Cezarowi i jego partnerom wsparcie nowo pozyskanych sojuszników przy przeprowadzaniu kolejnych ustaw, które wzmocniły pozycję triumwirów oraz pozwoliły im przejąć władzę w Republice[117].

* * *

Wnioski wypływające z przedstawionych rozważań pozwalają stwierdzić, iż przemiany polityczne w Rzymie na przełomie lat sześćdziesiątych i pięćdziesiątych były rezultatem zmiany układu sił, spowodowanej powstaniem zorganizowanej przez triumwirów koalicji antysenackiej. Jej utworzenie oznaczało zjednoczenie wszystkich, dotychczas rozproszonych i skłóconych, przeciwników arystokracji senatorskiej. Z pewnością bardzo ważną rolę, zwłaszcza podczas silnych napięć wewnętrznych w pierwszych miesiącach 59 roku, odgrywali w niej – mimo że nie byli widoczni – ekwici[118], obywatele z niższych warstw społecznych, szczególnie najubożsi, a także weterani. Te właśnie grupy w kluczowych momentach rozgrywek, do których doszło na wiecach i na forum zgromadzenia ludowego, zdecydowanie przyczyniły się do zwycięstwa Cezara i jego partnerów[119], a co za tym idzie – do przejęcia przez nich władzy w Rzymie.

LES GROUPES SOCIAUX ROMAINS ET LES TRANSFORMATIONS POLITIQUES
DANS LA RÉPUBLIQUE AU TOURNANT DES ANNÉES SOIXANTE ET CINQUANTE AV. J.-C.

Résumé

Dans cet article est présentée la participation aux transformations politiques à Rome des groupes sociaux les plus importants au tournant des années soixante et cinquante av. J.-C. Cette problématique a été analysée dans deux aspects.

Dans la première partie de l'étude ont été étudiées les transformations intervenues à Rome dans les années 61–59. Un accent particulier a été mis notamment sur leur caractère essentiel, c'est-à-dire sur la disparition de la coalition organisée en 63 av. J.-C. de l'aristocratie sénatoriale groupée autour du Sénat et des *optimates* qui jouaient en son sein le rôle prépondérant, des chevaliers ainsi que de la plèbe romaine, et la construction d'une nouvelle structure politique, hostile au Sénat et aux politiciens qui le dirigeaient, composée de chevaliers qui à cette époque-là ne leur étaient plus favorables, de Romains appartenant aux couches sociales inférieures et de vétérans de la troisième guerre contre Mithridate VI, la coalition inspirée par César, Pompée et Crassus et organisée autour du Ier Triumvirat qu'ils instaurèrent.

Dans la seconde partie, qui est aussi fondamentale du point de vue de ce sujet, l'auteur présente les prises de position des différents groupes sociaux susmentionnés à l'égard des transformations signalées auparavant, notamment celles qui caractérisaient les rapports entre les auteurs du Triumvirat et les chevaliers, la plèbe et les vétérans. D'autre part, afin de mettre en évidence ces relations, on a présenté les initiatives entreprises par César, Pompée et Crassus visant à s'assurer le soutien de ces groupes.

[117] Cic. *Ad Att.* 2, 9, 1–2; por. Cass. Dio 38, 8, 2. O ustawach wzmacniających ich pozycję: Suet. *Jul.* 22, 1; Plut. *Pomp.* 48, 2–3; Cat. Min. 33, 3–34, 1; Cass. Dio 38, 7, 3–4; 8, 4–5; Broughton, *op.cit.*, s. 187–188; Rotondi, *op.cit.*, s. 391–392; de Martino, *op.cit.*, s. 172–173. Por. Meier, *Historia* 10, 1961, s. 68–88; Ross Taylor, *op.cit.*, s. 182–193.

[118] Przekonują o tym przede wszystkim informacje Appiana (*B.C.* 2, 13, 47–48). Zob. też Cass. Dio 38, 7, 4–5.

[119] O ich roli w walce z przeciwnikami politycznymi triumwirów: Liv. *Per.* 103; Suet. *Jul.* 20, 1; Plut. *Caes.* 14, 2–3; *Pomp.* 47, 2–5; 48, 1–2; *Cat. Min.* 32, 1–34, 1; App. *B.C.* 2, 10, 35–12, 42; Cass. Dio 38, 1–8.

Enfin, l'auteur de cet article se penche sur la question de la participation et du rôle des citoyens appartenant à ces groupes sociaux dans le cadre des démarches politiques effectuées entre les membres du Triumvirat et l'aristocratie regroupés au Sénat dans les premiers mois de l'an 59 et s'achevant par une transformation totale des relations politiques et des rapports de force au sein de la République.

ELECTRUM * Vol. 4
Kraków 2000

Sławomir Sprawski

Dynasteia i *basileis*
Arystokracja tessalska w okresie archaicznym i klasycznym

Tessalia, jak mało która kraina starożytnej Grecji, była kojarzona z arystokracją. Jej bogactwo i zamiłowanie do zbytku i przepychu, stało się dla Greków przysłowiowe. Celem artykułu jest próba charakterystyki arystokracji tessalskiej jako grupy rządzącej krajem, ze szczególnym uwzględnieniem takich kwestii, jak: system rządów nazywany *dynasteią*; znaczenie tytułu *basileus* używanego w stosunku do niektórych przedstawicieli tej grupy oraz podstawy ekonomiczne i społeczne ich dominacji w Tessalii.

1. *Dynasteia*

Niezwykle cennym źródłem do poznania sytemu rządów panującego w Tessalii jest krótka wzmianka u Tukidydesa odnosząca się do wydarzeń z lat dwudziestych V w. p.n.e. W roku 424 wódz Spartański Brazydas, prowadząc oddział złożony z tysiąca siedmiuset ludzi, zmierzał drogą lądową na Chalkidykę. Trasa jego przemarszu wiodła przez Tessalię. Jak nas zapewnia Tukidydes, przejście z wojskiem przez ten kraj nie było łatwe bez przewodnika i bez zgody jego mieszkańców. Zdając sobie z tego sprawę, Brazydas, kiedy dotarł do Heraklei Trachis, wysłał posłów do swoich przyjaciół w Farsalos z prośbą, by pomogli mu przejść bezpiecznie przez ich kraj. Sytuacja nie była łatwa, ponieważ Tessalowie byli związani z Ateńczykami starym traktatem, który zobowiązywał ich do udzielenia pomocy. Na jego mocy w roku 431 kontyngent tessalski został wysłany do Attyki[1]. Ponadto Spartanie byli bezpośrednio zaangażowani w konflikt z Tessalami w związku z założeniem przez nich kolonii w Heraklei Trachis. Powstała ona bowiem na terenach, które tradycyjnie znajdowały się pod kontrolą Tessalów. Spartańskiej kolonii obawiali się również Ateńczycy, spodziewając się, że będą podejmowane z niej ataki na znajdującą się w ich rękach Eubeę. Tessalowie prowadzili ustawiczne działania przeciwko Heraklei, co musiało zbliżać ich z Ateńczykami i jednoznacznie wrogo nastawiać do Spartan[2]. Świadomy tego Brazydas postanowił więc nie

[1] Tukidydes, II.22.
[2] Tukidydes., III.93.

zwracać się oficjalnie do władz Tessalii, tylko wysłać gońców do swoich przyjaciół. Nie czekając na odpowiedź, wkroczył do uzależnionej od Tessalów Achaji Ftiockiej, docierając do miasta Melitea. Z pewnością miał dobre rozeznanie w sytuacji panującej w Tessalii i spodziewał się, że uda mu się uzyskać pomoc w pokojowym przejściu. W przeciwnym razie trudno sobie wyobrazić, żeby ryzykował wkroczenie ze stosunkowo niewielkim oddziałem na rozległe równiny wprost w ręce licznej i słynnej ze swych umiejętności jazdy tessalskiej. W Melitei dotarli do Brazydasa tessalscy przyjaciele: Panajros, Doros, Hippolochidas, Torylaos i proksenos chalkidyjski Strofakos. Byli też inni, wśród których najważniejszym był Nikonidas z Larissy, przyjaciel króla macedońskiego Perdykkasa. Nie wiemy, kim byli ci ludzie i czy pełnili jakieś oficjalne urzędy państwowe. Z dalszej narracji Tukidydesa możemy wywnioskować, że z pewnością należeli do elity rządzącej krajem. Historyk wyjaśnia, że większość Tessalów (πλῆθος τῶν Θεσσαλῶν) była przyjaźnie nastawiona do Ateńczyków i gdyby w Tessalii nie panowała *dynasteia,* ale *isonomia*, równość praw, nigdy by do takiej sytuacji nie doszło. Oponenci przejścia Brazydasa byli równie szybcy, jak jego przyjaciele, i próbowali go powstrzymać, gromadząc się nad rzeką Enipeus. Kiedy przebywał jeszcze w Melitei, wysłali do niego posłów, komunikując mu, że jego przemarsz bez zgody wszystkich (ἄνευ τοῦ πάντων κοινοῦ) jest bezprawiem. Brazydas próbował tłumaczyć im, że nie jest w stanie wojny z Tessalami i że pragnie przejść przez ich kraj jako przyjaciel, zwracając się nawet z oficjalną prośbą o zezwolenie na przejście. Jednakże po odejściu posłów, za radą swoich przewodników czym prędzej kontynuował swój marsz, aby jak najszybciej dotrzeć do granic i uniknąć konfrontacji.

Przemarsz Brazydasa był więc, według Tukidydesa, możliwy dzięki pomocy jego przyjaciół i dzięki panującej w Tessalii *dynastei.* Autor przeciwstawia ją *isonomii*, a postawę przyjaciół Brazydasa – woli większości Tessalów. Zanim spróbujemy rozstrzygnąć tę kwestię, warto zauważyć, że podobna sytuacja w dziejach Tessalii została opisana przez Herodota w okresie wojen perskich.

Otóż kiedy Kserkses zbliżał się do granic Tessalii, po jego stronie opowiedzieli się synowie Aleuasa, nazwani przez Herodota tessalskimi królami (Θεσσαλίης βασιλέες). Trzej bracia – Thoraks, Eurypylos i Trasydejos najpierw – zdaniem Herodota – wysłali posłów do króla, zachęcając go do agresji (VII.6.2), a później, jako pierwsi wśród Hellenów, mieli mu się poddać (II.130.3). Reszta Tessalów miała być innego zdania i, niezadowolona z machinacji Aleuadów, wysłała posłów do sprzymierzonych Greków z propozycją powstrzymania wspólnymi siłami Kserksesa w wąwozie Tempe, prowadzącym od północy z Macedonii do Tessalii (VII.172.1). Hellenowie wysłali do Tempe swoją armię, ale z dość niejasnych przyczyn zdecydowali się wycofać z tamtych pozycji[3]. Niezależnie od jednoznacznie negatywnego nastawienia Herodota do Aleuadów, musimy przyznać, że sytuacje przedstawione przez Herodota i Tukidydesa są podobne. W obu przypadkach grupa wpływowych osób niezgodnie z wolą większości wiąże się obcym państwem. W obu też przypadkach, mimo prób organizowania oporu, udało im się przeforsować swoje stanowisko. Zarówno Kserkses, jak i Brazydas przeszli przez Tessalię bez przeszkód. Po klęsce Persów, Grecy postanowili ukarać medyzujące państwa i w tym celu wysłany został do Tessalii król spartański Leutychides. Dzięki przekupstwu Aleuadom udało się uniknąć represji, ale Leutychides miał obalić *dynasteię* Aristomedesa i Agelaosa[4]. Nie wiemy niestety, kim byli ci ludzie; niektórzy przypu-

[3] Szerzej na ten temat: H.D. Westlake, The Medism of Thessaly, *JHS* 56, 1936, s. 12–24, N. Robertson, The Thessalian Expedition of 480 B.C., *JHS* 96, 1976, s.100–120.

[4] Herodot, VI.72; Pauzaniasz, III. 7.9.

szczają, że rządzili w Feraj, mieście położonym blisko portu w Pagazaj, gdzie miała wylądować armia spartańska. Akcja Leutychidesa była skierowana więc zarówno przeciwko Aleuadom, jak i *dynastei* Aristomedesa i Agelaosa. Prawdopodobnie w nich widziano głównych winowajców współpracy Tessalów w Persami[5]. Podobna sytuacja miała miejsce w przypadku Teb, gdzie Spartanie zażądali wydania osób sprzyjających Persom. Tukidydes przytacza odnośnie do tego wydarzenia wypowiedź Tebańczyków, którzy wiele lat później tłumaczyli się ze swej postawy w czasie najazdu Kserksesa. Ich zdaniem, Teby nie miały wtedy ani ustroju demokratycznego, ani oligarchicznej isonomii (ὀλιγαρχία ἰσόνομος), ale panowały w nich wtedy podobne do tyranii rządy wąskiej grupy osób – *dynasteia* (δυναστεία ὀλίγων ἀνδρῶν). Sprawujący *dynasteię* byli więc całkowicie odpowiedzialni za politykę państwa[6]. Tukidydes, charakteryzując ten system rządów, przeciwstawia go zarówno demokracji, jak i oligarchicznej isonomii. Jeśli porównamy ten fragment z wypowiedzią historyka na temat Tessalii w czasie przemarszu Brazydasa, możemy wyciągnąć wnioski co do rozumienia przez niego pojęć isonomia i dynasteia, które są w obu przypadkach przeciwstawione sobie. Isonomia nie jest tu synonimem demokracji, na co mógłby wskazywać fakt, że domaga się jej większość (πλῆθος τῶν Θεσσαλῶν). Można ją raczej rozumieć jako cechę ustroju, który wprawdzie gwarantuje możliwość uczestnictwa w sprawowaniu władzy na zasadzie równości, ale niekoniecznie dla wszystkich obywateli. Dlatego jest możliwa oligarchiczna isonomia, gdzie równość jest zagwarantowana tylko dla nielicznych. *Dynasteia* natomiast jawi się w tym kontekście jako system skrajnie oligarchiczny, w którym równość została zakwestionowana przez jeszcze węższą grupę. Podobny sens ma przeciwstawianie isonomii tyranii, jak to ma miejsce w znanej pieśni biesiadnej ku czci Harmodiosa i Aristogejtona. Ich czyn, czyli tyranobójstwo miało przywrócić isonomię w Atenach. Owa isonomia, jak wiemy, polegała przecież nie na wprowadzeniu demokracji, ale na swobodnej rywalizacji o władzę pomiędzy arystokracją. W tym kontekście obie sytuacje przedstawione przez Tukidydesa są analogiczne. Tebańczycy tłumaczą się, że nie mogą odpowiadać za współpracę z Persami, ponieważ winna jest tylko wąska grupa dynastów, która pozbawiła innych obywateli wpływu na politykę państwa. Tessalowie natomiast nie są winni złamania sojuszu z Ateńczykami, ponieważ zgodę na przemarsz Brazydasa wydała wąska grupa dynastów, nielicząca się ze zdaniem innych. Zarówno w Tebach, jak i w Tessalii grupą, która czuje się z powodów rządów *dynastei* upośledzoną, nie jest raczej ogół obywateli, ale ci spośród najwyższych warstw społeczeństwa, którzy uważali się za równych dynastom[7].

Mechanizm powstawania, tak rozumianej *dynastei* może ilustrować przykład ustanowienia takich reżimów w miastach Beocji w IV wieku. Interesujących nas informacji dostarcza charakterystyka rządów powstałych w Beocji po zajęciu przez Spartan Kadmei w 382 roku, przedstawiana przez Ksenofonta. Pierwszym z nich był reżim Leontiadesa i jego zwolenników, którzy sprowadzili Spartan do Teb i przy ich poparciu doprowadzili do skazania Ismeniasa, czołowego polityka tebańskiego ostatnich lat. Obaj politycy wcześniej rywalizowali ze sobą, przewodząc – jak pisze Ksenofont – grupom swoich hetairów. *Dynasteię* tebańską utwo-

---

[5] Plutarch, *Tem.*, XX.1; K.J. Beloch, *Griechische Geschichte*, Bd. II.1, Berlin – Leipzig, s. 62.

[6] Herodot, IX.86; Tukidydes, III. 62. R.J. Buck, *Boiotia and Boiotian League, 432–371 B.C.*, Edmonton 1994, s. 3–4.

[7] W. Lengauer, *Pojęcie równości w greckich koncepcjach politycznych. Od Homera do końca V wieku p.n.e.*, Warszawa 1988, s. 118–122; S. Hornblower, *A Commentary on Thucydides*, Vol. I : Books I–III, Oxford 1997, s. 455–457. Zobacz też: J. Martin, *Dynasteia.* Eine Begriffs-, Verfassungs- und Sozialgeschichtliche Skizze, w: R. Koselleck (ed.), *Historische Semantik und Begriffsgeschichte.* Stuttgart, s. 228–231.

rzyła więc jedna z dwóch grup rywalizujących o władzę w łonie elity politycznej miasta. W przypadku innych reżimów powstających w kontrolowanej przez Spartan Beocji, które również nazywa *dynasteiami*, podkreśla, że nie miały szerszego poparcia i mogły się utrzymać tylko dzięki obcej pomocy[8]. Ksenofont nie stroni od nazwania ich tyranami, którzy „chcieli własny gród oddać w niewolę lacedemońską – aby sami byli w nim tyranami" (V.4.1), i zarzuca im wysługiwanie się Spartanom „jeszcze bardziej, niż im to nakazywano" (V.2.36). W tym wypadku, owe *dynasteie* przypominają słynne dekarchie ustanawiane przez Lysandra. W podobny sposób charakteryzował rządy tych grup Plutarch, nazywając ludzi sprawujących władzę tyranami, którzy pozbawili Tebańczyków tradycyjnego ustroju i utrzymywali się przy władzy dzięki poparciu Spartan[9].

Arystoteles dokonał teoretycznej charakterystyki *dynastei* jako formy rządów. W *Polityce* kilkakrotnie wspomina o *dynastei*, charakteryzując ją jako skrajny przykład oligarchii. *Dynasteia* jest wynaturzeniem systemu oligarchicznego, będąc w jego klasyfikacji odpowiednikiem skrajnej demokracji i tyranii (IV.5.1. 1292a; VI.4.2. 1320b). Powstaje w sytuacji nadmiernego wzbogacenia się wąskiej grupy obywateli i idącego za nim wzrostu jej znaczenia. Prowadzi to do sytuacji, w której osoby należące do tej wąskiej grupy nie tylko się wzajemnie obdarzają urzędami, ale również starają się zapewnić sobie ich przechodzenie z ojca na syna. Z czasem urzędnicy czują się zupełnie nieskrępowani istniejącymi prawami: „nie prawa wówczas, ale ludzie są wszechwładnymi panami" (IV.5.8. 1293a; IV.5.1. 1292a ; V.2.4. 1302b; V.2.8. 1303a). Aby nie dopuścić do powstania *dynastei*, Arystoteles radzi utrzymywać krótki okres urzędowania, a także ustalenie cenzusu majątkowego, aby dopuszczał do sprawowania najwyższych urzędów odpowiednio dużą grupę obywateli (V.7.4 –7. 1308a). Do powstania *dynastei* może też, jego zdaniem, dojść w czasie wojny, kiedy oligarchowie z nieufności do ludu posługują się wojskiem najemnym. Człowiek, któremu powierzono dowództwo, może sięgnąć po tyranię, a jeśli jest ich kilku, mogą ustanowić *dynasteię* (V.5.7. 1306a). W tym wypadku *dynasteia* jest właściwie uznana za kolektywną tyranię. Z kontekstu można domniemywać, że owi dowódcy sięgający po tyranię lub *dynasteię* powinni się wywodzić spośród rządzących wcześniej oligarchów. Arystoteles niestety nie wiąże jednoznacznie *dynastei* z Tessalią ani z żadnym innym państwem. Dwukrotnie przywołuje przykład ustroju Larissy. W pierwszym wspomina o oligarchach uprawiających demagogię, którzy nazwani są przez niego *politofylakes* – strażnikami obywateli. Mieli oni schlebiać ludowi i w zamian za to byli wybierani na urzędy. W innym miejscu podaje przykłady upadku oligarchii: otóż w czasie trwania pokoju oligarchowie i lud, obdarzając się wzajemna nieufnością, mogli powierzyć straż wojsku i archontowi rozjemcy (archontos medios), który z kolei stawał się panem jednych i drugich. Tak się miało zdarzyć w Larissie z Simosem za panowania Aleuadów (V.5.9. 1306a)[10]. Fragment ten jest niestety dość niejasny, gdyż trudno rozstrzygnąć, czy Simos został tyranem z poparciem Aleuadów czy przeciwko nim. Wydaje się, że w przypad-

[8] Ksenofont, *Hell.*, V.2.25; V.2.36; V.4.46. W. Klinger (Ksenofont, *Historia grecka*, Wrocław 1958, s. 165) błędnie przetłumaczył zdanie: ἐν πάσαις γάρ ταῖς πόλεσι δυναστεῖαι καθειστήκσαν, ὥσπερ ἐν Θήβαις, jako: „we wszystkich bowiem tych grodach powstawały rządy umiarkowane, jak poprzednio w Tebach". W żadnym wypadku słowa *dynasteia* nie można przetłumaczyć jako rządy umiarkowane. Z kontekstu wypowiedzi również w wynika, że po przewrocie w Tebach, obalającym władzę wąskiej grupy popleczników Sparty, wprowadzono system demokratyczny i miasto wzmacniało się przez napływ zwolenników demokracji z innych miast Beocji. W tych miastach powstawały bowiem rządy przypominające te, które panowały w Tebach przed zamachem stanu.

[9] Plutrach, *Pelopidas*, VI. Por. Buck, *op.cit.*, s. 69–71.

[10] Por.: Polyainos, IV.2.11; Demostenes, XVIII.48; *Scholia ad. Dem.* I.22 i II.14.

ku obu miast Arystoteles charakteryzuje ich ustrój jako oligarchiczny[11]. Arystoteles wspomina ustrój Farsalos, gdzie niewielu rządzi rzeszą (ἐκεῖνοι ὀλίγοι ὄντες πολλῶν κύριοί εἰσιν), co oznacza jakąś formę oligarchii (V.5.7. 1306a).

Sytuacji w Farsalos w połowie lat siedemdziesiątych IV wieku poświęcił krótką wzmiankę Ksenofont. Wynika z niej, że w okresie ostrego konfliktu w mieście, zwalczające się strony oddały władzę w ręce Polydamasa, który z tego tytułu zajął miejscowy akropol i przejął kontrolę nad finansami państwa. Jego zadaniem było zbieranie wszelkich należnych państwu dochodów i opłacanie ze zgromadzonych środków wszelkich wydatków przewidzianych prawem na cele religijne, a także administrowanie państwem i utrzymane akropolu. Polydamas miał wprawdzie dużą swobodę w podejmowaniu bieżących decyzji, ale musiał przedstawiać coroczne sprawozdania ze swoich wydatków, z tym że obowiązywała tu zasada, iż mógł zabrać dla siebie wszelkie nadwyżki, ale i pokryć z własnych środków wszelkie niedobory (*Hell.* VI.1.2–3). Jak wyraźnie z tego wynika, Polydamas był człowiekiem bardzo zamożnym i z pewnością już wcześniej należał do elity rządzącej miastem. Ksenofont w żaden sposób nie sugeruje, że konflikt w mieście toczył się pomiędzy arystokracją a warstwami uboższymi, można więc przypuszczać, że był to spór o władzę wewnątrz tradycyjnej elity władzy. Wydaje się, że w przypadku Farsalos mamy do czynienia z sytuacją, w której skłócona o dostęp do urzędów arystokracja zdecydowała się przekazać władzę jednemu, cieszącemu się autorytetem człowiekowi. *Dynasteia* została więc zastąpiona władzą jednostki, co wydaje się sytuacją analogiczną do wspomnianego powyżej ustanowienia w Larissie archonta rozjemcy (archontos medios).

Samo słowo *dynasteia* i pokrewne wyrażenia pojawiają się też kilkakrotnie u Diodora na określenie pozycji w Tessalii niektórych postaci, takich jak Medius z Larissy (XIV. 82.5), oraz słynnych Ferajczyków: Jazona (XV.57.2), jego brata Polydorosa (XV.60.5; 61.2), Aleksandra (XV.61.3; XV.80.1) i Peitholaosa (XVI.52.9). Diodor jednak nader chętnie stosuje je wymiennie ze słowem tyrania i jemu pokrewnych. Dzieje się tak dlatego, że używa słów *dynasteuein, dynasteia* nie w sensie skrajnej oligarchii, jak Tukidydes, Ksenofont czy Arystoteles, ale w szerszym znaczeniu: sprawowania władzy, dominacji. W takim znaczeniu słowa te pojawiają się również u autorów późniejszych od Arystotelesa, jak np. Polibiusz czy Kasjusz Dion[12].

Analiza powyższych źródeł może nas przekonać, że *dynasteią* można nazwać system rządów w państwie tessalskim, tak jak to przedstawia Tukidydes. Wiemy jednak, że Tesalia to również zachowujące swoją odrębność *poleis*, takie jak Larissa, Farsalos czy Feraj. Każde z nich musiało mieć swój system rządów i wydaje się, że był on także oparty na *dynastei*[13].

[11] Według Harpokrationa (s.v. Simos), Simos był Aleudą. Por. T. Martin, The Chronology of the Fourth-Century B.C. Facing-Head Silver Coinage of Larissa, *ANSMN*, 28, 1983, s.13–16.

[12] E. Lévy, La tyrannie et son vocabulaire chez Polybe, *Ktema* 21, 1996, s. 52–54; M.-L. Freyburger-Galland, *Dynasteia* chez Dion Cassius, *Ktema* 21, 1996, s. 23–27. Szerzej na ten temat pisze Martin, *op.cit.*, s. 228–241.

[13] Jeśli *dynasteia* była najbardziej charakterystyczną formą sprawowania władzy w Tessalii, najprostszym sposobem opisania warstwy rządzącej wydaje się poznanie ludzi piastujących najwyższe godności w *koinon*. W tym miejscu sytuacja znacznie się komplikuje ze względu na dużą rozbieżność między informacjami pochodzącymi ze źródeł literackich i epigraficznych. Najciekawszym źródłem epigraficznym jest dla nas tekst przymierza zawartego pomiędzy Atenami i Tessalami w roku 361/60 (IG, II^2, 116; M.N. Tod, *GHI*, II n. 147). Wśród osób zaprzysięgających warunki porozumienia wymienieni są tam najwyżsi urzędnicy *koinon*. Pierwszym z nich i niewątpliwie najważniejszym jest *archon*, którym w tym czasie był Agelaos. Dalej już bez podawania imion wymienieni są polemarchowie i hipparchowie. Na liście znaleźli się też hieromnemonowie, będący najprawdopodobniej reprezentantami Tessalów w radzie Amfiktionii Delfickiej. Tekst wspomina również ogólnie o innych sprawujących urzędy w imieniu *koinon*.

Dynasteia jest to raczej pejoratywne określenie skrajnej oligarchii, pod której rządami dawne urzędy nadal zachowują swoje znaczenie, ale sprawujący je urzędnicy nadużywają swej władzy i nie liczą się ze zdaniem ogółu. Jest bliska monarchii, co jednak nie oznacza, że władza musi należeć do członków jednej rodziny. *Dynasteia* powstaje wtedy, kiedy wąska grupa rodzin, wyróżniając się bogactwem, doprowadza do sytuacji, w której faktycznie sama decyduje o obsadzie urzędów i kiedy dopuszcza do nich ludzi wyłącznie ze swego grona, czyniąc je niemal dziedzicznymi[14].

2. *Basileis*

Wszelkie rozważania na temat ustroju politycznego Tessalii muszą się odwołać do sprawy królów tessalskich. W źródłach literackich odnajdujemy szereg wzmianek odnoszących się do osób, którym autorzy przydają tytuł *basileus*. W fundamentalnej pracy na temat królów greckich P. Carlier przedstawił listę osób obdarzonych tym tytułem[15]:

Aleuas. Według Plutarcha miał zostać wybrany królem Tessalów w niezwykłej procedurze ciągnienia losów przez Pytię w Delfach (ὁ Ἀλεύας ὑπὸ τοῦ ϑεοῦ βασολεὺς ...ἀποδειϑεὶς) Plutarch, *Moralia*, 492 = *De frat. Amore*, 21). Prawdopodobnie również ten sam człowiek został nazwany królem w scholiach do *Menona* Platona, (Ἀλεύας ὁ βασλεύς *scholia in Plat., Men.*, I.70)

Kineas Koniaios (Gonnos?[16]). Według Herodota (V.63), Tessalowie podjęli wspólną decyzję i wysłali w 512 roku swojego króla (τὸν βασιλέα σφέτερον) z pomocą Pizystratydom.

Antiochos syn Echekratidasa z Farsalos we fragmentach Ajschinesa Sokratyka (fr. 10 Krauss) pojawia się jako królujący wszystkim Tessalom (βασιλεύοντι πάντων Θετταλῶν), prawdopodobnie pod koniec VI wieku p.n.e.

Synowie Aleuasa w *X odzie pytyjskiej* Pindara (w. 1–5 i 62–71) ku czci zwycięstwa Hippoklesa w roku 498. Poeta wychwala szczęśliwą Tessalię, w której – tak jak w Lacedemonie – króluje ród Heraklesa (γένος Ἡρακλέος βασιλεύει), czyli synowie Aleuasa. Synów Aleuasa, a konkretnie Thorkasa, Eurypylosa i Thrasydaiosa, królami Tessalów nazywa też Herodot (VII.6): Θεσσαλίης βασιλῆες.

Echekratydas, którego syn Orestes z pomocą Ateńczyków usiłował powrócić z wygnania do Tessalii, jest nazywany przez Tukidydesa (I. 111) królem Tessalów (ὁ Ἐχεκρατίδου ὑιὸς τοῦ Θεσσαλῶν βασιλέως).

Przedstawiona lista obdarzonych tytułem królewskim w znacznym stopniu zaważyła na rekonstrukcji ustroju Tessalii. Zestawiono bowiem te informacje ze znanym przekazem Ksenofonta, mówiącym o wyborze Jazona z Feraj na tagosa Tessalów w IV w. p.n.e. Objęcie tej funkcji dało Jazonowi naczelne dowództwo nad armią całej Tessalii i możliwość ściągania daniny od ludów zależnych. Uznano więc, że tytuł *tagos* jest tessalskim odpowiednikiem słowa *basileus*. W konsekwencji powstała idea tessalskiej monarchii – *tagei*. W klasycznych dzisiaj pracach E. Meyera i K.J. Belocha możemy odnaleźć listy władców Tessalii, które otwierają wodzowie i *basileis* tessalscy z epoki archaicznej, a kończy Jazon z Feraj, jego następcy oraz Filip i Aleksander. W jednym szeregu umieszczono tam postaci, które w źródłach

---

[14] A r y s t o t e l e s, *Polityka*, IV.5.1. 1292a; IV.5.8. 1293a; V.2.4. 1302a; V.5.7–9 1306a.

[15] P. C a r l i e r, *La royauté en Grece avant Alexandre*, Strasburg 1984, s. 412–417.

[16] B. H e l l y, *Gonnoi*, vol. I, 1973, s. 74–75.

noszą bardzo różniące się od siebie tytuły: *basileus*, *archon*, *tagos*. Taka rekonstrukcja zmusza nas do szukania odpowiedzi na pytanie o relacje między władzą *basileusa-tagosa* a analizowaną przez nas powyżej *dynasteią*. Nie można tego dokonać bez odwołania się do dyskusji na temat kształtu i charakteru państwa tessalskiego.

Zgodnie z tradycją Tessalowie byli stosunkowo późnymi przybyszami, którzy opanowali rozległe równiny Tessalii i zdominowali jej dotychczasowych mieszkańców. Zdobywcy część ludności zmusili do emigracji, natomiast pozostałych zamienili w zależną od siebie ludność Penestów. Z czasem udało się Tessalom narzucić swoją zwierzchność ludom zamieszkującym sąsiednie tereny: Perrajbom, Magnetom, Achajom Ftiockim. Część badaczy przychyliła się do poglądu, że stosunki panujące w Tessalii przypominały feudalne. Zdobywcy podzielili kraj między głowy największych rodów czy też klanów, które na wzór feudalny czerpały zyski z przyznanych im obszarów. Z tego tytułu rody były zobowiązane wystawić kontyngenty jazdy i piechoty. Właśnie kontrola nad takimi domenami i korzystanie z darmowej pracy Penestów miały zapewniać arystokracji ogromne bogactwo i dominację polityczną w kraju. Na czele państwa mieli stać królowie (*basileis*). Z czasem pozycja króla osłabła na tyle, że stał się on monarchą elekcyjnym, wybieranym do dowodzenia armią i sprawowania zwierzchności nad uzależnionymi od Tessalów plemionami. Skutkom rywalizacji między arystokracją i osłabieniu władzy królewskiej próbowano przeciwdziałać, przeprowadzając reformę militarną. Według Arystotelesa, niejaki Aleuas miał podzielić kraj na 128 *kleroi*, z których każdy miał obowiązek wystawienia 40 jeźdźców i 80 hoplitów. Tekst mówi wyłącznie o podziale kraju na jednostki mobilizacyjne, jednak nazwa *kleros*, używana w niektórych państwach greckich na określenie działów ziemi nadawanych obywatelowi, sugeruje, że tu również mamy do czynienia z podobną sytuacją. Stosunkowo najwięcej wiemy o *kleroi* w Sparcie. Tam jednak *kleros* miał zapewnić utrzymanie tylko jednej spartańskiej rodzinie oraz pracującym dla niej helotom. W konsekwencji wystawiany z niego kontyngent ograniczał się do obywatela, ewentualnie jego syna, oraz kilku towarzyszących im helotów (wg Herodota pod Platejami każdemu Spartiacie towarzyszyło sześciu helotów). Spartańskie *kleroi* musiały więc być wielokrotnie mniejsze od tessalskich. Na tej podstawie wysunięto przypuszczenia o wyjątkowym charakterze państwa tessalskiego.

Odbicie tych poglądów znajdujemy w pracy J.A.O. Larsena. Uważa on, że w Tessalii w konsekwencji podboju doszło do wykształcenia się feudalnego królestwa, na którego czele stał król, noszący tytuł *tagos*. Od początku władza królewska nie była dziedziczna, ale pochodziła z wyboru. Tagosami byli przedstawiciele wielkich rodów z różnych miast Tessalii. Królestwo miało charakter feudalny, to znaczy *tagos* miał poparcie kilku najbogatszych rodzin kontrolujących ogromne posiadłości ziemskie, na których pracowali Peneści. Wielka arystokracja miała decydujący głos na zgromadzeniu, które wybierało *tagosa* i brało udział w kształtowaniu polityki zagranicznej (np. wysłanie pomocy zbrojnej Pizystratydom)[17].

Nieco inaczej postrzegała ten ustrój M. Sordi. Wprowadzenie urzędu *tagosa* i ostateczne uformowanie Związku nastąpiło, jej zdaniem, stosunkowo późno, bo dopiero po roku 510 w efekcie reform Aleuasa Rudego. Stopniowo ten elekcyjny i nadzwyczajny urząd naczelnego wodza przerodził się w urząd zbliżający się swym charakterem do dziedzicznej tyranii[18].

---

[17] J.A.O. Larsen, A New Interpretation of the Thessalian Confederacy, *CPh* 55, 1960, s. 238–239; id., *Greek Federal States*, Oxford 1966, s. 14–16.

[18] M. Sordi, *La lega tessala fino ad Alessandro Magno*, Roma 1958, s. 65–72. Nieco zrewidowane poglądy przedstawiła w artykule: I tagoi tessali come suprema magistratura militare del koinon tessalico, *Topoi* 7, 1997, s. 177–182, będącym dyskusją z książką B. Helly, *L'État thessalien. Aleuas le Roux, les tétrades et les tagoi*, Paris 1995 (= id., *L'État thessalien*).

Marta Sordi tytuł *basileus* zarezerwowała jedynie dla przywódcy państwa, porównując jego pozycję do pozycji *startegos autokratos*, jaką posiadał Dionizjusz z Syrakuz, i *basilei* królów spartańskich. W ten sposób starała się dowieść, że tessalska *basileia* również mogła być sprawowana kolegialnie, co tłumaczy używanie tytułu *basileus* przez więcej niż jedną osobę jednocześnie. Natomiast za elitę władzy w Tessalii włoska uczona uznała arystokrację, uważającą się za potomków Heraklesa[19].

W przedstawianych poglądach na państwo tessalskie istnieje zgoda co do istnienia królestwa w Tessalii, natomiast różnice polegają na odmiennym postrzeganiu czasu wprowadzenia monarchii. Inaczej też zapatrywano się na kwestię, czy *tagoi* byli powoływani wyłącznie w chwilach zagrożenia, czy też istniała ciągłość władzy przerywana jedynie krótkimi okresami *atagii*, interregnum, do czasu wyboru nowego tagosa. Powyższe rekonstrukcje ustroju Tessalii budzią sprzeciw części badaczy. N. Robertson odrzucił możliwość utożsamiania tytułu *tagos* i *basileus*, wskazując, że ten ostatni przydawany jest tylko niektórym przedstawicielom wielkich rodzin, dynastom. Stąd postulował, aby wyrażenia *basileus Thessalon* nie tłumaczyć jako *król Tessalów* czy *Tessalii*, ale jako *król w Tessalii*, *król tessalski*. Aleuadzi byli dziedzicznymi władcami Larissy, podobnie jak przedstawiciele innych rodów władający rozległymi domenami w Tessalii, i z tego względu noszą tytuł *basileus*. *Tagos* był natomiast urzędnikiem wybieranym na określony czas i raczej nie mógł być nazywany *basileusem*. N. Robertson zaatakował konsensus, jaki zrodził się wokół *tagosa* i *basileis* tessalskich, uznając go za oparty na założeniach znajdujących bardzo słabe potwierdzenie w źródłach. Wysunął jednocześnie sugestie, że powstanie urzędu tagosa było konstytucyjną próbą zrównoważenia wpływów wielkich feudałów[20].

Wiele zmian w rekonstrukcji ustroju Tessalii może przynieść akceptacja tezy podważającej tradycyjne rozumienie pojęcia *basileus*. Robert Drews w opublikowanej w roku 1983 książce pod tytułem *Basileus, The Evidence for Kingship in Geometric Greece* poddał analizie przekazy odnoszące się do tradycji o królach rządzących państwami greckimi we wczesnym okresie ich rozwoju. W wyniku tych badań doszedł do przekonania, że państwa greckie nie były wówczas rządzone przez królów. W dużej mierze tradycja o pierwszych władcach była wymysłem późniejszych twórców genealogii. Według R. Drewsa, słowo *basileus* pojawiające się w najstarszych poematach, u Homera i Hezjoda, należy tłumaczyć nie, jak się to przyjęło w językach europejskich, jako król, ale jako wysoko urodzony lider, który w swojej społeczności jest otoczony przez innych liderów[21]. *Basileis*, występujący u Homera, to raczej książęta niż królowie. Charakterystyczne jest częste używanie tego słowa w liczbie mnogiej w odniesieniu do współcześnie żyjących osób. Nie chodzi więc tutaj o tytuł monarchy. Jeśli poeta chce nazwać kogoś rzeczywistym władcą, najwyższym zwierzchnikiem, np. Agamemnona czy Zeusa, używa archaicznego słowa *anaks*. *Basileis* tworzą więc wąską grupę wysoko

---

[19] M. Sordi, *La lega tessala...*, s. 338; *ead.*, Larissa e la dinastia Alevade, *Aevum* 70, 1996, s. 34–35. Por. Beloch, *op.cit.*, I.2, s. 197–210; E. Meyer, *Theopomps Hellenica*, Halle 1909, s. 249. T. Martin (*Sovereignty and Coinage in Classical Greece*, Princeton 1985, s. 74–88) ostrożnie poddaje w wątpliwość możliwość rozstrzygnięcia, czy Tessalowie używali tytułów *tagos* i *basileus* wymiennie.

[20] N. Robertson (*op.cit.*, s.102–108) uważa, że *tagos* był początkowo lokalnym urzędnikiem w Farsalos. Usunięcie syna Echekratydesa (Tukid., 1.111) było efektem działania władz federalnych w Farsalos przeciwko temu dynaście.

[21] R. Drews, *Basileus. The Evidence for Kingship in Geometric Greece*, New Haven – London 1983. W konkluzjach (s. 129–131) stwierdza: *The word basileus was indeed very common in the epics of Homer and Hesiod. In this poetry, however, the word does not mean „kind"; instead, it denotes a highborn leader who is regularly flanked by other highborn leader.*

urodzonych arystokratów wywodzących się od herosów. Przyjęcie takiego rozumienia tytułu *basileus* doprowadziło niektórych do wysunięcia postulatu całkowitego zarzucenia używania terminów król i królestwo w odniesieniu do wczesnych okresów w historii Grecji. Według K. Raaflauba, już w epoce Homera i Hezjoda, jeśli nawet istniała kiedykolwiek jakaś możliwość ustanowienia monarchii, to dawno należała już do przeszłości. W rzeczywistości bowiem królów w takim rozumieniu tego słowa nigdy w Grecji nie było. *Basileus* był lokalnym przywódcą, jednak wyłącznie jako *primus inter pares* wśród podobnych mu arystokratów. *Basileis* jako grupa nigdy też nie wytworzyła sztywnych barier klasowych i w swej sytuacji politycznej i społecznej nie oddaliła się zbytnio od innych wolnych członków swoich wspólnot[22].

3. Rodziny arystokratyczne

Wszystko wskazuje na to, że *basileis* w Tessalii byli przedstawicielami najlepszych arystokratycznych rodzin, którzy dzięki majątkowi i zdobytemu prestiżowi zdominowali życie polityczne w państwie. Stanowili oni podstawę rządów oligarchicznych, mających tendencję do przeradzania się w *dynasteię*. Na pierwszym miejscu należy wśród nich wymienić: Aleuadów z Larissy, Skopadów z Krannon i Echekratydów z Farsalos[23]. To członkowie tych rodzin postrzegani byli jako tessalscy królowie i *tagoi*. Ich pozycję unieśmiertelniła poezja Symonidesa i Teokryta, w której zostali przedstawieni jako posiadacze licznych stad bydła i owiec, którymi zajmowała się spora grupa opłacanych parobków[24].

Wspomniane rody pojawiają się w każdym opracowaniu dziejów Tessalii jako „śmietanka" tamtejszej arystokracji, a ich przedstawiciele są – jak już mogliśmy się przekonać wcześniej – protagonistami sceny politycznej. Na sposób ich postrzegania w dużym stopniu wpływała teoria E. Meyera, uważającego *genos*, czyli ród, za podstawową formę organizacji arystokracji. Miała to być wspólnota oparta na poczuciu pochodzenia od jednego przodka, podtrzymująca tradycje wspólnego kultu i miejsca pochówku oraz wspólnej własności. W przypadku Tessalii taką jednostką terytorialną kontrolowaną przez ród miał być, wspomniany już wyżej, *kleros*[25]. Na podstawie drobiazgowych badań uczeni stworzyli genealogie tych rodzin. Jednak tworzono je, stosując głównie proste kryteria tożsamości imion, jak w przypadku Echekratydów, albo przez uznanie, że każda wybitna postać z Larissy musi należeć do rodu Aleuadów. Sytuacja uległa jeszcze większemu zagmatwaniu wraz z próbami ustalenia wzajemnego pokrewieństwa między rodami. Na przykład: wiedząc, że Skopas z Krannon jest synem Kreonta i Echekratei, postawiono tezę, iż wspominani przez Teokryta Skopadzi i Kre-

[22] K.A. Raaflaub, Homer to Solon: The Rise of the Polis. The Written Sources, w: M.H. Hansen (ed.), *The Ancient Greek City-State*, The Royal Danish Academy of Sciences and Letters, Historisk-filosofiske Meddelelser 67, Copenhagen 1993, s. 79 . Zob. też: B. Qviller, The Dynamics of the Homeric Society, *SO* 56, 1981, s. 109–140; W. Donlan, The Pre-State Community in Greece, *SO* 64, 1989, s. 21–26; H. van Vees, *Status Warriors. War, violence and society in Homer and history*, Amsterdam 1992, s. 274–298. Przeciwnego stanowiska broni P. Carlier, Les basileis homériques sont-ils des rois?, *Ktema* 21, 1996, s. 5–22.

[23] Mówiąc o rodach, mamy na myśli bogate i wpływowe rodziny arystokratyczne, zgodnie z interpretacją przedstawioną przez F. Bourriota. Zob. przypis 25.

[24] Teokryt, *Sielanki*, XVI, 34–39.

[25] W. Lengauer (Genos, Polis i Demokracja, *Przegląd Historyczny* 70, 1979, s. 221), gdzie relacjonuje dyskusje w historiografii nad greckim *genos*, przedstawiając m.in. tezy podstawowych dla tej dyskusji prac D. Roussela (*Tribu et cité*, Paris 1976) i F. Bourriota (*Recherches sur la nature du génos. Étude d'histoire sociale athénienne – périodes archaique et classique*, t. I–II, Lille – Paris 1976).

ontydzi to jedna rodzina. Imię matki Skopasa – Echekrateia, może wskazywać, zdaniem niektórych, na jej pochodzenie z rodu Echekratydów, co dowodzi, że te dwie wielkie rodziny byłyby ze sobą spowinowacone. Inny badacz zauważył, że Pauzaniasz wspomina o pierwszych wotach złożonych w świątyni w Delfach przez niejakiego Echekratidesa z Larissy. Na tej podstawie wysunął przypuszczenie, że skoro Larissa jest miastem Aleuadów, to Echekratides jest Aleuadą. Według innych, Echekratydzi to rodzina panująca w Farsalos, rywalizująca z Aleuadami. Nic więc dziwnego, że układane przez różnych uczonych drzewa genealogiczne różnią się od siebie w wielu szczegółach[26]. W źródłach znajdujemy wyraźne potwierdzenie rozróżniania dwóch rodów – Skopadów i Aleuadów. W scholiach do cytowanego poematu Teokryta czytamy: οἱ δὲ Σκοπάδαι Κραννώνιοι τὸ γένος. W tym przypadku możemy więc wskazać, że byli oni traktowani jako *genos* związany z Karnnon. Podobnie w przypadku Aleuadów słyszymy o związkach z Larissą i opisywaniu ich jako *genos* wywodzący się od króla Aleuasa: Ἀλευάδαι οἱ ἐν Λαρίσῃ τῆς Θετταλίας εὐγενέστατοι ἀπὸ Ἀλεύου βασιλέως τὸ γένος ἔχοντες. W przypadku Echekratydów dowiadujemy się jedynie o czterech postaciach noszących to imię. Wiemy jednak, że niektórzy z nich posiadają tytuł *basileus* oraz że według późnego świadectwa Owidiusza Echekratidas był piętnastym potomkiem Heraklesa[27]. Echekratydzi są z pewnością arystokratami, ale czy byli samodzielnym *genos*, czy też należeli do innych, tego z całą pewnością nie możemy rozstrzygnąć. Podobną trudność napotykamy w przypadku Skopadów, którzy mogli być spokrewnieni z Aleuadami, o czym wspomina Owidiusz, określając ich jako: *sanguis Aleuae*. Nie wiadomo, do jakiego Aleuasa odnosi się Owidiusz – może do wspólnego przodka obu rodzin, herosa, mitycznego potomka Heraklesa, o czym poniżej, albo do postaci historycznej[28].

W ciągu V wieku zachodzą zamiany wśród rodzin arystokratycznych. Prawdopodobnie tracą na znaczeniu albo wymierają rodziny Skopadów i Echekratydów, ponieważ więcej już o nich nie słyszymy. Kluczową rolę w życiu Larissy i całego państwa odgrywać będą przez cały IV wiek Aleuadzi. Z użycia wychodzi tytuł *basileis*, nadawany wcześniej członkom tej rodziny. Do znaczenia dochodzą nowe rodziny, jak np. Daochidzi czy Menonidzi, a w Feraj w IV wieku – rodzina Jazona. Upowszechnienie się w literaturze sądu, że Lykofron i Jazon z Feraj byli tyranami reprezentującymi antyarystokratyczny ruch zamożnych mieszczan, spowodowało wykluczenie tej rodziny z rozważań o arystokracji tessalskiej. Bez wątpienia rodzina ta, dysponująca ogromnym bogactwem, przynajmniej przez kilkadziesiąt lat kontrolowała władzę w mieście i nie ma najmniejszych powodów, by nie zaliczać jej do arystokracji. Pozycja jej była na tyle silna, że pomimo ciężkich walk toczonych przeciwko Aleksandrowi z Feraj, Filip Macedoński zdecydował się wziąć za żonę kobietę z rodu Jazona – Nikesipolis.

W pracy poświęconej arystokracji greckiej M.T.W. Arnheim używa terminu arystokracja w odniesieniu do formy rządów polegającej na zdominowaniu państwa przez warstwę społeczną, której pozycja opiera się na prawach dziedzicznych. Przynajmniej w okresie archaicznym dziejów Grecji władza arystokracji miała charakter ekonomiczny, społeczny i polityczny, ponieważ opierała się ona zarówno na kontroli ośrodków władzy, jak i na bogactwie i szacunku otaczającym jej przedstawicieli. Z czasem coraz większego znaczenia nabierało bogactwo, jednak dobre urodzenie nigdy nie przestało być podstawowym kryterium oceny

[26] M e y e r, *op.cit.*, s. 246; H.D. W e s t l a k e, *Thessaly in the Fourth Century B.C.*, London 1935, s. 30 nn.; J.S. M o r r i s o n, Meno of Pharsalus, Polycrates and Ismenias, *CQ* 36, 1942, s. 61. G.L. H u x l e y, Simonides and his World, *Proceedings of the Royal Irish Academy*, vol. 78, C, Nr 9, Dublin 1978, s. 235–237.

[27] *Scholia ad Theocrit...*, XVI, 34–35; *Suda*, s.v. Aleuadai.

[28] O w i d i u s z, *Contra Ibis*, v. 511; H e l l y, *L'État thessalien...*, s. 118.

wartości w myśleniu politycznym Greków[29]. Pomimo że arystokracja grecka starała się usilnie wyróżniać swoim stylem życia, wyznawanymi wartościami i umacnianiem więzi łączących ją z podobnymi grupami w innych państwach, to jednak relatywnie pozostawała ona dość blisko swoich współobywateli. Dlatego w praktyce nie łatwo jest określić, kto w konkretnym państwie greckim wchodził w jej skład. W przypadku Tessalii, zdaniem H. Westlake'a, arystokrację charakteryzowała wiekowa tradycja; niezwykłe bogactwo i posiadanie Penestów. M. Sordi dodała do tej listy jeszcze jeden ważny element – pochodzenie od Heraklesa[30].

Aleuadzi są charakteryzowani przez Diodora jako ci, którzy wyróżniali się wśród Tessalów i Larissejczyków swoim pochodzeniem (XV.61.3: τῶν Λαρισσαίων τινές, οἱ δι' εὐγένειαν Ἀλευάδαι προσαγορευόμενοι; XVI.14.2: οἱ δ' Ἀλευάδαι καλούμενοι παρά τοῖς Θετταλοῖς, δι' εὐγένειαν δέ ἀξίομα ἔχοντες). Niestety Diodor nie wspomina o tym, na jakich przodków powoływali się Aleuadzi.

Tessalowie uważali siebie za późniejszych przybyszy, toteż żadna z wielkich rodzin nie wywodzi swego pochodzenia od mitycznych władców, znanych z eposów Homera. Z czasem pojawił się kult Ajakidów, Achillesa i Neoptolemosa, który mógł nabrać nawet znaczenia politycznego. Najważniejszą postacią genealogii Tessalów pozostał jednak, podobnie jak w wielu państwach doryckich, Herakles[31]. Szczególny wyraz znalazło to w pieśni Pindara ku czci młodego Hippoklesa, zwycięzcy w biegu chłopców na igrzyskach pytyjskich. Chłopiec był synem Thoraksa, najstarszego z trzech synów Aleuasa:

„Błogosławiony Lakedajmon ! Szczęśliwa Tessalia !
W obu panuje ród od jednego idący praojca –
Przedniego w walce Heraklesa[32]".

Na podstawie tego fragmentu trudno jest jednoznacznie rozstrzygnąć, czy mówiąc o panowaniu rodu Heraklesa (γένος Ἡρακλέος βασιλεύει), Pindar miał na myśli całą arystokrację tessalską, czy tylko Aleuadów. Ci ostatni są dwukrotnie wspominani przez poetę jako ci, którzy zamówili pieśń ku czci Hippoklesa, oraz w krótkiej pochwale ich władzy, zamykającej poemat. Aleuadzi bez wątpienia podkreślali swoje pochodzenie i uważali się za potomków Heraklesa. W scholiach do mowy Olintyjskiej Demostenesa jest wspomniany niejaki Aleuas, który miał narzucić swoją tyranię Tessalii i został usunięty dopiero przez Filipa II Macedonskiego. Autor scholiów nazywa go potomkiem Heraklesa: Ἀλεύας ἀπογονός τις τοῦ Ἡρακλέος Θετταλὸς. Inni autorzy podkreślali też, że właśnie pochodzenie było szczególnym elementem wyróżniającym Aleuadów. Obok Heraklesa drugim protoplastą rodu był mityczny Aleuas. U Eliana zachowała się opowieść z poematu *Dardanika* poety Hegemona, opowiadająca o miłości węża do pasterza pasącego swe woły na zboczach góry Ossa. Chłopiec jest określony jako τοῦ Θετταλοῦ, co można rozumieć jako Tessalczyk albo syn Tessa-

---

29 M.T.W. Arnheim, *Aristocracy in Greek Society*, London 1977, s. 9–12.

30 Westalake, *op.cit.*, s. 47.

31 Na temat politycznego znaczenia kultu Ajakidów zob.: M. Sordi, Aspetti della propaganda tessala a Delfi, w: *La Thessalie, Actes de la Table-Ronde 21–24 Juillet 1975 – Lyon*, Lyon 1979, s. 157–164. Odmienny pogląd co do roli kultu Ajakidów w Tessalii zajął J. Defradas (*Les Thémes de la propagande Delphique*, Paris 1954, s. 146) i J. Fontenrose (*The cult and Myth of Pyrros at Delphi*, Berkeley 1960, s. 206–207). Według J. Fontenrose, Tessalowie przyjęli kult Achilesa i identyfikowali się z tradycją Myrmidonów. Jednym z przejawów tego zjawiska miało być umieszczanie wizerunku Achillesa na monetach. Fakt, że św. Achilles jest do dzisiejszego dnia patronem Larissy, również ma podkreślać znaczenie jego kultu w starożytności.

32 Pindar, *Pyt.* X. 1.1–1.3, tłum. M. Brożek.

losa. Taka interpretacja wiąże naszego bohatera z Tessalosem – potomkiem Heraklesa, i dopełnia heroiczny rodowód Aleuadów[33]. Jeśli myślimy o Aleuadach jako rodzie królewskim, panującym w Tessalii, wtedy taka interpretacja słów Pindara wydaje się dość oczywista. Jednak musimy pamiętać, że nie posiadali oni monopolu ani na władzę, ani na heroiczne pochodzenie. Pochodzeniem od Heraklesa szczycili się również Echekratydzi. Owidiusz w poemacie *Przeciw Ibisowi* wspomina, że Echakratides był piętnastym potomkiem Heraklesa. Warto przypomnieć, że i członków tego rodu określano w źródłach jako *basileis*. Heraklidą był też Eurylochos – wódz tessalski w na wpół legendarnej wojnie świętej przeciwko Krisie[34].

M. Sordi podkreśla, że wywodzenie rodowodu od Heraklesa było wspólną cechą największych rodów tessalskich. W jej przekonaniu właśnie rody „Heraklidów" były elitą rządzącą niepodzielnie krajem do połowy V wieku. Heraklidzi mieli się wywodzić od przywódców Tessalów, którzy podbili niegdyś ten kraj. Strabon przytacza jedną z takich legend. Otóż potomkowie synów Tessalosa, który był z kolei synem Heraklesa, najechali kraj z Efyry w Tesprotii i nazwali go na cześć swojego wspólnego przodka Tessalią[35]. Zwycięscy wodzowie podzielili zdobytą ziemię między siebie i swoich ludzi. W wyniku podboju doszło więc do wykształcenia się w Tessalii kilku wyraźnych grup społecznych. Pierwszą z nich byli Heraklidzi – rządząca państwem arystokracja posiadająca rozległe majątki ziemskie, na których pracowali Peneści. Drugą grupę stanowiła średnio zamożna warstwa *hippeis*. Ich pozycja była stosunkowo wysoka, czego dowodem jest pojawienie się *hippeis* w grupie urzędników potwierdzających zawarcie przymierza Tessalii z Atenami w roku 361/0, ale ich wpływ na rządy w państwie był ograniczony przez Heraklidów. Następną była grupa hoplitów – co najmniej dwukrotnie liczniejsza od *hippeis*, jak można przypuszczać na podstawie kontyngentów wystawianych prze *kleroi*, praktycznie pozbawiona wpływu na politykę. Te trzy grupy tworzyły warstwę wolnych obywateli. Poza nimi znajdowali się zależni Peneści. Heraklidzi byli więc prawdziwą i jedyną arystokracją Tessalii i przez większość czasu elitą rządzącą. Wśród Heraklidów wyróżniały się rody Skopadów, Echekratydów i Aleuadów, które rywalizowały o prymat w kraju i wyniesienie swego przedstawiciela do godności *basileusa – tagosa*. Z rywalizacji zwycięsko wyszli Aleuadzi, narzucając w końcu VI wieku swą władzę całemu krajowi i przekształcając funkcję basileusa z czasowej, powoływanej na okres zagrożenia i wojny, we władzę permanentną, dziedziczną i sprawowaną kolegialnie. Rywalizując ze sprzeciwiającymi się ich władzy innymi grupami społecznymi, Aleuadzi dążyli do umocnienia swojej pozycji, zacieśniając związki z Heraklidami. Z czasem też Aleuadzi, absorbując inne rodziny arystokratyczne, doprowadzili do utożsamienia całej arystokracji z Heraklidami w Larissie. Proces ten można prześledzić, zdaniem M. Sordi, porównując ze sobą sposób, w jaki opisuje ich Herodot i Diodor. Dla Herodota Aleuadzi w początkach V w. p.n.e. byli tessalskimi królami (VII.6: οἱ δὲ Ἀλευάδαι οὖτι ἦσαν Θεσσαλίης βασιλῆες). Natomiast dla Diodora, opisującego wydarzenia z lat sześćdziesiątych IV w. p.n.e., Aleuadzi byli Larissejczykami albo Tessalami, cieszącymi się poważaniem ze względu na swoje pochodzenie (XV.61.3: τῶν Λαρισσαίων τινές, οἱ δι ʼεὐγένειαν Ἀλευέδαι προσαγορευόμενοι;

[33] *Scholia ad Olynth., I*; E l i a n, *Nat. Anim.*, 8.11. Sposób odczytania tego zdania: „Aleuas, syn Tessalosa", zapronował B. H e l l y (*L'État thessalien*, s. 118–119) wbrew tradycyjnej interpretacji np. M. Sordi (*La lega tessala...*, s. 4).

[34] O w i d i u s z, *Contra Ibis*, v. 293; *Presbeutikos*, 17, zob. S o r d i, *La lega tessala....*, s. 320–321.

[35] Strabo, IX.5.23. Przekonanie, że wszystkie rodziny arystokratyczne Tessalii pochodziły od Heraklesa, podzielali też inni badacze, np. L. W h i b l e y, *Greek Oligarchies. Their Character and Oragnistaion*, New York 1971, s. 117.

XVI.14.2 – οἱ δ' Ἀλευάδαι καλούμενοι παρὰ τοῖς Θετταλοῖς, δι' εὐγένειαν δὲ ἀξίωμα ἔχοντες)[36].

Cytowane fragmenty mogą jednak nasuwać wątpliwości, czy w ogóle Aleuadzi mogą być traktowani jako rodzina. Użycie przez Pindara określenia *genos Herakleos* w odniesieniu do rodziny Aleuadów jest dość nietypowe. Badania F. Bourriota dowodzą, że słowo *genos* jest używane w takim znaczeniu dopiero w IV wieku p.n.e. Stąd nasuwają się wątpliwości, czy Pindar w tym miejscu odnosi się do rodziny Thoraksa, czy też do całej arystokracji Tessalii. Możliwe jest również, że Aleuadzi nie są rodziną opartą na pokrewieństwie, ale większą jednostką organizacji społeczeństwa[37]. Badania B. Helly nad społeczeństwem Tessalii pokazują, że podstawową jednostką społeczną w Tessalii był *oikos*, czyli mała rodzina, posiadająca własne gospodarstwo rolne. Rodziny wchodziły w skład większej wspólnoty – *genos*, powstałej w oparciu o więzy wspólnego, chociaż często fikcyjnego, pochodzenia oraz zamieszkiwania tego samego obszaru. Ważną rolę odgrywały też małe wspólnoty lokalne, występujące w źródłach pod nazwami *anchisteia* (ἀνχιστεία, najbliżsi sąsiedzi) i *agyiatai* (ἀγυιᾶται, mieszkający przy jednej drodze). Na czele tej ostatniej grupy sąsiedzkiej miało stać dwóch archontów. Tessalskie *poleis* dzieliły się na *fyle* i chociaż B. Helly nie daje odpowiedzi na pytanie, ile ich było, to jednak zakłada, że są one związane z podziałem terytorialnym. Dowodzi też istnienia mniejszych jednostek organizacyjnych. Otóż w inskrypcjach odnajduje on grupę nazwaną *syngeneia* (συγγένεια), w której skład wchodzą cztery *genea*. Na przykład inskrypcja z Metropolis wspomina *syngeneię* Basiadai, składającą się z czterech nienazwanych *genea*. W inskrypcji z Krannon w skład jednej *syngeneii* wchodzą członkowie czterech *gene*: 84 Menadridai, 43 Aoidai, 33 Olympiadai i 8 Simaidai. Jej organizacja, zdaniem B. Helly, nie jest przypadkowa i suma wszystkich indywidualnych osób wynosi 168, co daje liczbę podzielną przez 4, 8 i 12 – liczby kluczowe dla organizacji całej Tessalii.

Obserwacje B. Helly zmuszają nas do zwrócenia uwagi na niedostrzegane wcześniej elementy organizacji społeczeństwa tessalskiego. W interesującej nas kwestii wydaje się, że pomimo pewnych wątpliwości, które mogą wynikać z wieloznaczności słowa *genos*, możemy traktować Aleuadów, Skopadów i Echekratydów jako rodziny arystokratyczne, powołujące się na swoje pochodzenie od Heraklesa[38]. Trudno jednoznacznie rozstrzygnąć, czy dotyczyło to tylko tych wymienionych rodzin, czy też całej arystokracji tessalskiej. Z pewnością można jednak wskazać, że w Tessalii zachodził ciekawy proces rozciągania pochodzenia od Heraklesa na coraz szersze grupy jej mieszkańców. Jego przejawem będzie uznanie Tessalosa, protoplasty Tessalów, za potomka Heraklesa. Ostatnim zaś jego etapem będzie powstanie tradycji, że także zależni od Tessalów Peneści wywodzą się od Heraklesa. W scholiach do Arystofanesa znajdujemy wyjaśnienia, kim byli Peneści. Zaznaczono w nich, że ich protoplasta Penestes był potomkiem Tessalosa, syna Heraklesa. Ze względu na charakter źródła, jakim są scholia, trudno jednoznacznie wskazać, kiedy się taka tradycja narodziła[39].

---

[36] S o r d i, *La lega tessala...*, s. 320–322. Roszczenia macedońskiego domu panującego do pochodzenia od Heraklesa musiały być przez Greków powszechnie uznawane od momentu, kiedy udało się Aleksandrowi I przekonać do tego sędziów igrzysk w Olimpii i uzyskać dopuszczenie do rywalizacji. Zob.: Herodot, V.22, VIII.138.2; Tukidydes, II.99.3; Pauzaniasz, II.38.1.

[37] B o u r i o t t, *op.cit.*, s. 338 nn., 377 nn.; R o u s s e l, *op.cit.*, s. 51–53; L e n g a u e r, *Genos...*, s. 223–224. Zob. też W. L a c e y, *The Family in Classical Greece*, London 1968, s. 25–27.

[38] H e l l y, *L'État thessalien...*, s. 316–324. Na temat znaczenia terminu *genos* zob. L e n g a u e r, *Genos...*, s. 228.

[39] J. D u c a t, *Les Pénestes de Thessalie*, Paris 1994, s. 17–19.

4. Bogactwo Skopadów

Wyznacznikiem przynależności do arystokracji tessalskiej, obok pochodzenia, miało być bogactwo. Heraklidzi mieli posiadać rozległe majątki ziemskie i korzystać z pracy Penestów. Według M. Sordi, nawet jeśli ktoś nie został w źródłach nazwany Heraklidą, ale spełniał inny z wymienionych warunków, to z całą pewnością należy go uznanć za arystokratę. W tym sensie na pewno można zaliczyć do tej grupy Menona z Farsalos, który w V wieku posłał Ateńczykom w czasie kampanii przeciwko Persom pod Eion (w roku 477/6 p.n.e. 12 talentów srebra i 300 kawalerzystów spośród „swoich własnych" Penestów[40]. Wiele też słyszymy o bogactwie rodziny Jazona z Feraj. W anegdocie, przytaczanej przez Polyainosa, Jazon zabrał podstępnie z domu swego brata Merionesa 20 talentów srebra. Z domu drugiego brata Polydora miał równie podstępnie zagarnąć sumę 10 talentów złota. Sam Jazon z własnych pieniędzy był w stanie utrzymać sześć tysięcy najemników. Bogactwo tessalskich rodzin, opiewane przez Teokryta, swój szczególny wyraz znalazło w zachowanej tradycji na temat Skopasa. Kritias miał pisać, że pragnie: „Bogactwa Skopadów, wielkoduszności Kimona, zwycięstw Arkesylasa lacedemońskiej krwi". Pauzaniasz zachował również anegdotę o Skopasie, który na prośbę jednego ze swych przyjaciół, aby mu dał coś z rzeczy zbędnych, miał odpowiedzieć, że właśnie dzięki posiadaniu rzeczy zbędnych i nieużytecznych czuje się szczęśliwy i bogaty[41]. W atmosferę dworskiego życia w domu Skopasa wprowadza popularna w starożytności opowieść o jego tragicznej śmierci. W domu Skopasa miała się odbywać pewnego dnia uczta, w czasie której poeta Symonides recytował swój poemat na cześć gospodarza. W jej trakcie zawalił się strop budynku, w którym odbywał się bankiet, grzebiąc wszystkich jego uczestników. Poeta miał przeżyć dzięki temu, że wywołany, na swoje szczęście, w odpowiednim momencie opuścił biesiadników[42]. Platon w *Menonie* wspomina, że Tessalowie słynęli z bogactwa i umiejętności konnej jazdy. Również Izokrates mówi o Tessalach jako o ludziach, którzy odziedziczyli największe bogactwo oraz najlepszą i najrozleglejszą ziemię[43].

Próbę zrewidowania tradycyjnego poglądu na źródła bogactwa i znaczenia arystokracji tessalskiej podjął Bruno Helly. W swojej rekonstrukcji kształtu państwa tessalskiego w okresie archaicznym i klasycznym zaproponował zupełnie odmienny obraz tego społeczeństwa. Punktem wyjścia rekonstrukcji organizacji społecznej Tessalii jest u niego założenie, że całe terytorium było podzielone na działki ziemskie wielkości 50 pletra, które stanowiły podstawę utrzymania rodzin wolnych obywateli. Były one wydzielane w liczbie 128 działek z większej jednostki terytorialnej – dużego *kleros*, który z kolei był jednostką mobilizacyjną. Właśnie te duże *kleroi* były zobowiązane do wystawienia 80 ciężkozbrojnych i 40 kawalerzystów. Każde miasto Tessalii było początkowo podzielone na 8 dużych *kleroi*. W tej rekonstrukcji miasta stanowią integralną część systemu organizacyjnego państwa. Tessalia była bowiem podzielona na cztery regiony – *tetrady*, z których każda składała się z czterech *poleis*. Tak miała wyglądać organizacja kraju po reformach Aleuasa. Była ona wynikiem nie ewolucyjnego

---

[40] Demostenes, XXIII.199; S o r d i, *La lega tessala...*, s. 320–321.

[41] Plutarch, *Kimon*, 10; *Katon Starszy*, 18.

[42] K a l l i m a c h o s, *Aetia*, III fgt. 64 (Pfeiffer); C y c e r o, *De Orat.*, II, 86,352; K w i n t y l i a n, *Inst. Orat.*, XI.2,11. Autorzy różnią się co do miejsca tej katastrofy, umieszczając dom Skopasa w Farsalos albo Karnnon. J. S l a t e r (*Phoenix*, 26,1972, s. 237–239) poddaje w wątpliwość prawdziwość tej historii, wskazując, że mamy tu do czynienia raczej z toposem. Szerzej na temat pobytu Symonidesa w Tessalii: H u x l e y, *op.cit.*, s. 235–239.

[43] P l a t o n, *Menon*, 70a; I z o k r a t e s, VIII.117.

rozwoju, lecz całkowicie sztucznego zabiegu podziału kraju w oparciu o model matematyczny. Swym charakterem reforma miała przypominać współczesną reformę Kleistenesa w Atenach. Zdaniem B. Helly'ego, podobną strukturę podziału możemy odnaleźć w Achai, na północy Peloponezu[44].

Podobnie jak w innych państwach greckich, także i w Tessalii *basileis* i cała arystokracja wyróżnia się bogactwem, możliwością zdobycia lepszego uzbrojenia, umiejętnościami walki i dowodzenia. Dzięki temu w naturalny sposób zajmują oni szczyt hierarchii społecznej, skupiając w swoich rękach najwyższe godności. Silna pozycja *basileis*, lokalnych przywódców sięgających po tyrańską władzę w postaci *dynastei*, stopniowo napotyka opór i wraz z demokratyzacją życia w ciągu V wieku stopniowo jest ograniczana. *Basileis* są zastępowani lokalnymi elekcyjnymi urzędnikami, identyfikowanymi przez B. Helly'ego z tagosami, którzy w epoce późniejszej rzeczywiście stali się w wielu miastach Tessalii najwyższymi urzędnikami[45].

Jeśli przyjmiemy założenie, że cała ziemia należąca do Tessalów została podzielona na równe *kleroi*, oznacza to, że nie można dłużej mówić o istnieniu wielkich majątków ziemskich arystokracji. Obraz wielkich włości przedstawiony przez Teokryta można interpretować wyłącznie jako konwencję literacką, podobnie jak użycie w stosunku do Aleuasa archaizującego określenia *ankas*. Treść dekretu z Frasalos z III w. p.n.e. o nadaniu ziemi nowym obywatelom zdaje się sugerować, że Peneści nigdy nie byli ludnością półniewolną, skazaną na darmową pracę dla Tessalów. Przeciwnie, byli ludźmi wolnym, zaciąganymi nawet do służby zbrojnej w armii tessalskiej w formacjach lekkozbrojnych[46].

B. Helly, pomniejszając znaczenie posiadania majątków ziemskich, wskazuje na inne przypuszczalne źródła znaczenia *basileis* w społeczeństwie. Uchyla się jednak od udzielenia odpowiedzi na pytanie, gdzie ich szukać, poza ogólnikowym stwierdzeniem: rodzina, dziedziczność i bogactwo. W innym miejscu sugeruje, że odpowiedzi należy szukać w organizacji lokalnych społeczności i autorytecie otaczającym rodziny *basileis*. Trudno jednak w warunkach greckich oddzielić ich szlachectwo od bogactwa, a bogactw od posiadania ziemi. Bez wątpienia brak wyjaśnienia miejsca arystokracji w tym systemie jest jednym z najsłabszych punktów rekonstrukcji B. Helly'ego[47]. Wydaje się, że przy obecnym stanie wiedzy

[44] H e l l y. *L'État thessalien...*, s. 279–328. Dodatkowe argumenty, wspierające tezę o stosowaniu w państwach greckich arytmetycznego modelu podziału, przedstawił autor w obszernym artykule Arithmétique et histoire. L'organisation militaire et politique des Ioniens en Achaïe à l'époque archaïque, *Topoi* 7, 1997, p. 207–262. W tym samym numerze opublikowanych zostało kilka artykułów podejmujących dyskusję z niektórymi ustaleniami B. Helly'ego.

[45] *IG*. IX.2., 241; H e l l y, *L'État thessalien...*, s. 127–130 i 315–328.

[46] *IG*, IX 2, 234. Nowa edycja: J.C. D e c o u r t, Décret de Pharsale pour une politographie, *ZPE* 81, 1990, s. 163–184; H e l l y, *L'État thessalien...*, s. 302–311. Ten bardzo atrakcyjny pogląd ma, w naszym przekonaniu, dużą dozę prawdopodobieństwa. Jeśli przyjmiemy, że rzeczywiście Tessalia była podzielona na niewielkie kilkuhektarowe działki uprawiane przez rodzinę obywateli, to dochody z nich mogły zapewnić jej jedynie utrzymanie na skromnym poziomie. Każda dodatkowa osoba w gospodarstwie ułatwiała pracę, ale oznaczało to również konieczność zapewnienia jej środków do życia. Wątpliwe więc jest, by na szerszą skalę możliwe było wykorzystywanie Penestów jako stałych pracowników, utrzymujących się wraz ze swoimi rodzinami z tych samych małych działek. Szerzej na ten temat w moim artykule: Miejsce Penestów w życiu politycznym i ekonomicznym Tessalii, w: D. Q u i r i n i - P o p ł a w s k a (ed.), *Niewolnictwo i niewolnicy w Europie od starożytności po czasy nowożytne,* Kraków 1998, s. 23–39. Warto też zwrócić uwagę na fakt, że Peneści stanowili raczej mniejszość wśród mieszkańców Tessalii. J.-N. C o r v i s i e r (*Aux origines du miracle grec. Peuplement et population en Grèce du Nord,* Paris 1991, s. 252–255) zakłada, że cała ludność Tessalii liczyła od 245 do 275 tysięcy osób, natomiast liczbę samych Penestów i niewolników można szacować na 45 do 95 tysięcy. Badacz ten zalicza jednak Penestów do ludności niewolnej.

[47] H e l l y, *op.cit.*, s. 208–209.

można pozostać przy założeniu, że w Tessalii, obok indywidualnych *kleroi*, wyznaczonych zgodnie z proponowanym przez niego podziałem, mogły istnieć większe majątki należące do arystokracji tessalskiej. Częściowo mogły się one znajdować na obrzeżach ziemi obywatelskiej, częściowo na terytoriach tzw. periojków, czyli ludów zamieszkujących ziemię wokół Tessalii. Wreszcie mogła następować stopniowa kumulacja *kleroi*, podobnie jak w Sparcie w IV wieku[48].

Arystokraci stojący na czele lokalnych wspólnot mogli też przejąć kontrolę nad eksportem zboża. Pierwszą wzmiankę o sprzedaży zboża przez Tessalię znajdujemy u Ksenofonta. Podaje on informację o zakupie zboża w Tessalii przez Tebańczyków w roku 377. Dwa wysłane w tym celu okręty zostały załadowane w porcie w Pagasaj. W innym miejscu Jazon z Feraj, opisując potencjał ekonomiczny Tessalii, stwierdził, że kraj ten stale wywozi nadmiar zboża do innych krajów. Z późniejszych czasów znamy przykłady eksportu tessalskiego zboża na Kos, do Aten i Rzymu. Zachowana inskrypcja wspomina o wysyłce zboża do Rzymu w połowie II w. p.n.e. Z obliczeń wynika, że wysłano wtedy około 24 000 kwintali pszenicy, co stanowiło mniej więcej 6,5 procent rocznego zapotrzebowania ćwierćmilionowego miasta. Roczne zbiory Tessalii obliczono na około 730 000 kwintali, co daje przybliżone wyobrażenie o potencjale ekonomicznym tego kraju i możliwościach ciągnięcia zysków z handlu zbożem. Niestety nic więcej na ten temat nie wiemy. Trzeba też wziąć pod uwagę, że zdarzały się w Tessalii i lata nieurodzaju, kiedy zboże trzeba było sprowadzać, co dla osób zajmujących się handlem mogło być źródłem dodatkowych dochodów[49].

Kontrola handlu mogła przynosić jeszcze inne zyski. Demostenes wspomina, że Filip Macedoński, kiedy został już panem Tessalii, czerpał dochody z ceł portowych i rynkowych z portów w Pagasaj i Magnezji. Zniecierpliwieni jego postępowaniem Tessalowie zdecydowali się odebrać mu to źródło dochodów i przeznaczyć na potrzeby państwa. Bardzo wątpliwe jest, aby opłaty takie były wprowadzone dopiero przez Filipa; zapewne zbierano je już wcześniej. Przy panującej w Tessalii *dynastei* z dużym prawdopodobieństwem możemy założyć, że mogły one zasilać również prywatne skarbce osób piastujących wysokie urzędy. Były to kwoty niemałe, skoro Demostenes stwierdza, że ich utrata będzie poważnym problemem dla Filipa[50].

Arystokracja mogła również czerpać dochody z hodowli, prowadzonej na dużą skalę na pastwiskach umiejscowionych na terenach nieobjętych uprawą. Szczególną rolę w Tessalii musiała zajmować hodowla koni. W Atenach, dla arystokratycznej warstwy *hippeis* – posiadanie koni, służba w formacjach jazdy była wyróżnikiem statusu. W Tessalii formacje jazdy były tak liczne, że trudno sobie wyobrazić, aby wszyscy je tworzący byli arystokratami. Z drugiej strony, jeśli rację ma B. Helly, mówiąc o podziale kraju na drobne i jednakowe działki, trudno zrozumieć, w jaki sposób zorganizowany był system mobilizacyjny armii, skoro od jednych wymagano posiadania uzbrojenia hoplity, a od innych oczekiwano stawienia się z koniem. Arystoteles potwierdza, że utrzymanie koni było możliwe tylko w krajach, gdzie istniały ku temu warunki – i tylko przez ludzi posiadających wielkie majątki. W przypadku Sparty wiemy, że konie hodowali najbogatsi i że dostarczali je dopiero w czasie kam-

[48] S o r d i (*La lega tessala*..., s. 320) uważa, że majątki Heraklidów były wyłączone z podziału dokonanego przez Aleuasa. J. D u c a t (Bruno Helly et les Pénestes, *Topoi*, 7, 1997, s. 184–185) nie widzi przeszkód, aby lokalizować wielkie majątki na obrzeżach ziemi, która była podzielona na działki dla obywateli.

[49] K s e n o f o n t, *Hell.*, V.4.56; VI.1.11; P. G a r n s e y, T. G a l l a n t, Thessaly and the Grain Supply of Rome during the Second Century B.C., *JRS* 74, 1984, s. 30–44. Zob. też A. S e g r e, Grano di Tessaglia a Coo, *Rivista di Filologia* 12, 1934, s. 169–193.

[50] D e m o s t e n e s, *I mowa olintyjska*, 22.

panii wojennej wyznaczonym wojownikom. Z tego jednak powodu, jak pisze Ksenofont, jazda spartańska była słaba. Również w Atenach hodowlą koni zajmowała się bardzo wąska grupa rodzin. W źródłach możemy zaobserwować wyraźne rozróżnienie pomiędzy ludźmi zobowiązanymi do hodowli koni – *hippotrofoi* (ἱπποτρόφοι) i służącymi w kawalerii – *hippeis* (ἱππεῖς)[51]. W obu tych krajach jazda nie odgrywała jednak tak wielkiej roli w siłach zbrojnych, jak w Tessalii. Formacje jazdy tessalskiej, walczące w zwartym szyku, wykonujące skomplikowane manewry, były znakomicie wyszkolone i tak liczne, że musiał tu obowiązywać zupełnie inny system hodowli i tresury koni. Można sobie wyobrazić, że zajmowały się tym wyspecjalizowane stadniny utrzymywane ze środków publicznych albo korzystające z prawa użytkowania ziemi publicznej. Obowiązek hodowli koni musiał ciążyć na lokalnych wspólnotach. Musiała to być większa jednostka zdolna dostarczać wierzchowców w liczbie umożliwiającej prowadzenie ćwiczeń.

Podstawową formacją był oddział liczący 80 jeźdźców, ustawionych w czworobok w kształcie rombu. Jak pamiętamy, Aleuas Rudy miał nałożyć obowiązek wystawienia 40 jeźdźców z każdego dużego *kleros*, a więc przynajmniej dwa *kleroi* mogły wspólnie zajmować się prowadzeniem hodowli i szkoleniem koni. Bardziej prawdopodobne wydaje się, że jednostką właściwą dla tego obciążenia była *polis*. Tukidydes potwierdza, że to miasta wystawiały oddziały i ich dowódców. Jeśli w jego skład wchodziło 8 dużych *kleroi*, to miało ono obowiązek wystawienia regimentu w liczbie 320 jeźdźców. W późniejszej greckiej nomenklaturze wojskowej był to oddział dowodzony przez hipparchę; w inskrypcjach miast tessalskich tytuł ten pojawia się w epoce hellenistycznej[52]. Wielkość oddziału wysłanego przez Menona Ateńczykom pod Eion wydaje się odpowiadać jednemu regimentowi. Można więc założyć, że Menon, arystokrata z Farsalos, był człowiekiem odpowiadającym za przygotowanie i trening koni dla regimentu jazdy wystawianego przez to miasto. Dynaści mogli się zajmować prowadzeniem takich stadnin, co było traktowane jako ich obowiązek wobec *polis*. Niewykluczone jednak, że wcześniej udało im się uzyskać prawo do korzystania z ziemi publicznej, z przeznaczeniem na pastwiska dla koni. Oprócz niewątpliwych zobowiązań, stwarzało im to również możliwość czerpania dodatkowych dochodów, chociażby przez wykorzystywanie tej ziemi do zaspokajania całkowicie prywatnych potrzeb. W stadninach, podobnie jak w całej gospodarce hodowlanej, zatrudniano Penestów. Prowadzenie stadnin i przygotowanie koni do walki w zwartym szyku stosowanym przez Tessalów wymagało dużej wiedzy i umiejętności, zdobywanych przez pokolenia. Wydaje się zrozumiałe, że zajmowała się tym arystokracja, która z tego słynęła. Wszak pierwsze odnotowane zwycięstwo w wyścigach zaprzęgów na igrzyskach w Olimpii przypadło właśnie Tessalom. Nie ma wątpliwości, że zaprzęg musiał należeć do tessalskiego arystokraty[53]. Jeśli Peneści pracowali w stadninach arystokratów, to można zrozumieć, dlaczego Menon mógł wysłać Ateńczykom oddział kawalerii złożony z 300 Penestów. Ci bowiem, wykorzystywani na stałe do pracy z końmi, byli widocznie na tyle wyszkoleni, by poradzić sobie na wojnie. Zapewne w sytuacji mobilizacji armii tessalskiej konie należało dostarczyć wyznaczonym obywatelom; gdy chodziło jednak o prywatne przedsięwzięcie, Menon mógł wykorzystać pozostających na jego służbie Penestów.

---

[51] Ksenofont, *Hell.*, VI.4.11; Arystoteles, *Polit.*, VI.4.3. 1321a. Por. G.R. Bough, *The Horsemen of Athens*, Princeton 1988, s.20–34.

[52] Tukidydes, II. 22.3; Helly, *L'État thessalien...*, s. 203–211, 272–277.

[53] Pauzaniasz, V.8.8; Polydamas, administrując finansami Farsalos, miał prawo zabierać dla siebie nadwyżki: Ksenofont, *Hell.*, VI.1.3.

5. *Ksenia* i *filia*

W krótkiej charakterystyce Polydamasa, rządzącego miastem Farsalos w latach siedemdziesiątych IV w. p.n.e., Ksenofont przedstawia go jako człowieka: gościnnego i hojnego na sposób tessalski (φιλόξενός τε καὶ μεγαλοπρεπὴς τὸν Θετταλικὸν τρόπον). O tessalskiej skłonności do przepychu w sposobie życia i ubierania się, o wiele większej niż u innych Greków, wspominają Kritias i Theopompos. Przytaczają też wiele dowodów na zamiłowanie do wystawnych i obfitych uczt czy wprost – obżarstwa[54]. Tego rodzaju opinie zrodziły się nie bez związku z przeświadczeniem o zamożności Tessalów.

Wystawności życia Polydamasa miała towarzyszyć gościnność. Również Teokryt, w cytowanym wyżej poemacie, przypisuje ją wychwalanym przez siebie Kreontydom (φιλοξείνοι Κρεῶνδαι). Gościnność tessalskiej arystokracji przejawiała się z pewnością także w gotowości do zapraszania do siebie poetów, takich jak: Pindar, Symonides czy Bakchylides. W końcu V wieku szczególnie chętnie byli zapraszani filozofowie. Sofista Gorgiasz zyskał szczególną sławę i popularność oraz niezły majątek, rozbudzając zamiłowanie do filozofii wśród Aleuadów. Platon w *Menonie* nie bez ironii stwierdza, że jak kiedyś słynęli oni z bogactw i jazdy konnej, tak teraz słyną z wiedzy. Moda na otaczanie się filozofami skłoniła Eurylochosa z Larissy i Skopasa z Karnnon do podjęcia starań o przyjazd Sokratesa, ale ten odmówił[55]. Z gościnnością wiąże się, jak się wydaje, jeden z najważniejszych elementów określających pozycję arystokracji w Tessalii, mianowicie sieć personalnych powiązań opartych na zrytualizowanych formach przyjaźni – *filii* i *ksenii*.

Arystokraci odgrywali w lokalnych społecznościach rolę opiekunów i dobroczyńców, wspomagając swoich współobywateli w trudnych momentach, organizując wypas bydła, dostarczając koni na wyprawy wojenne, sprowadzając zboże w okresach nieurodzaju. Dzięki swoim rozległym kontaktom zewnętrznym ich możliwości działania były nieporównywalnie większe od przeciętnego obywatela, co mogli wykorzystywać dla umacniania swojej pozycji w lokalnych społecznościach. W społeczeństwie greckim dość często spotykamy się ze zjawiskiem patronatu, kiedy to człowiek zamożniejszy i posiadający większe wpływy polityczne roztaczał opiekę nad uboższymi współobywatelami. Tego typu związki były jednak skrzętnie skrywane pod płaszczem przyjaźni (*filia*). Arystoteles wyjaśnia, że może istnieć przyjaźń pomiędzy osobami nierównymi sobie, z której każda ze stron może czerpać korzyści. Nie ma tu mowy o proporcjonalności w świadczonej pomocy, ale dlatego – zdaniem Arystotelesa – w takich sytuacjach można mówić o przyjaźni. Przyjaźń żąda tego, co leży w czyjeś mocy, a nie tego, co jest proporcjonalne do otrzymanej wcześniej pomocy. Ludzie zamożni oczekują po takiej przyjaźni zupełnie innych korzyści niż biedniejsi. Nagrodą dla nich będą objawy czci. Kto bowiem doznał od kogoś pomocy materialnej lub moralnej, powinien się odwdzięczyć czcią. Wiązanie się przyjaźnią z mniej zamożnymi obywatelami łagodzi w przypadku tych ostatnich poczucie nierówności[56].

Pewne wyobrażenie o tym, jaką rolę odgrywali zamożni w lokalnych wspólnotach, może dać opis stosunku ateńskiego arystokraty Kimona do członków swojego demu:

---

[54] Ksenofont, VI.1.2–3; Athenajos, X.418; XII.527a; XIV.662. Obaj autorzy mogą powtarzać obiegowe opinie o Tessalach. Por. M. Attyah Flower, *Theopompus of Chios, History and Rethoric in the Fourth Century BC*, Oxford 1994, s. 67–70 i 196–197.

[55] Diogenes Laertios, II.25.

[56] Arystoteles, *Etyka Nikomachejska*, VIII.14 1163a 25–1163b 27.

„Kimon bowiem, mając niemal królewski majątek, podejmował się wspaniałych świadczeń dla państwa, a ponadto utrzymywał wielu obywateli ze swojego demu. Każdy Lakiada, kiedy chciał, mógł codziennie przyjść do Kimona i otrzymać skromną pomoc. I jeszcze wszystkie jego posiadłości wiejskie były nieogrodzone, ażeby każdy, kto chce, mógł jesienią korzystać ze zbiorów"[57].

Nie posiadamy, niestety, tak jednoznacznych przekazów z samej Tessalii. W pewnym stopniu o takich relacjach może mówić wspomniana wyżej anegdota o przyjacielu Skopasa, proszącym go o podarunek. Wydaje się, że w tym duchu można interpretować wzmiankę o tessalskiej gościnności i hojności, za które Ksenofont chwali Polydamasa z Farsalos.

Pełniąc rolę patronów, arystokraci oczekiwali lojalności i szacunku, przejawiających się na przykład w zgodzie na pełnienie przez nich urzędów. To z kolei pomogło im w sprzyjających okolicznościach na tyle zmonopolizować dostęp do urzędów, że można mówić o wprowadzeniu *dynastei*. Czasami mogło dochodzić do napięć i rodzenia się poczucia niezadowolenia, które mogły się nasilać, tak jak w okresie wojny peloponeskiej, ale nie przeradzały się w poważniejszy konflikt. Stabilizacji wewnętrznej sprzyjały warunki naturalne, stwarzające możliwość zbierania obfitych plonów. Wszystko to sprawiło, że w Tessalii panował wyjątkowy, jak na warunki greckie, dobrobyt, podkreślany w źródłach antycznych. Drugim elementem było utrzymanie zasady posiadania działek – *kleroi* przez obywateli, które dawały proporcjonalnie dużej części społeczeństwa stabilność ekonomiczną. Z pewnością w Sparcie była to jedna z przyczyn wieloletniej stabilności, która skończyła się w IV wieku wraz ze zgodą na kumulację *kleroi* w rękach najbogatszych i utratą bogatej w ziemię Messenii. Tessalowie mieli wystarczającą ilość własnej ziemi, ale również jakieś korzyści osiągali z kontroli nad okolicznymi plemionami. Strabon wspomina o Larissejczykach posiadających ziemie na terytorium Perrajbów. Trzecim elementem sprzyjającym stabilizacji był, naszym zdaniem, system polityczny. Istnienie państwa tessalskiego, w którym dość dużą samodzielność polityczną posiadały miasta, istnienie tetrad wraz ze swoimi urzędnikami stwarzało stosunkowo dużo stanowisk politycznych do obsadzenia. Tkwiąc mocno w środowiskach lokalnych, arystokracja – *basileis* mogła koncentrować ambicje na rywalizacji o najwyższe urzędy w państwie, ustępując nieco pola w zabiegach o urzędy lokalne osobom spoza swego grona. Chociaż niewiele mogło się zdarzyć wbrew ich woli, to jednak ich uwaga koncentrowała się wokół najwyższych godności.

Ważnym elementem zachowania spójności wewnętrznej było utrzymywanie pewnej fikcji równości. Tessalom pomagał w tym zapewne fakt istnienia zależnych Penestów i wspomnianych periojków nazywanych poddanymi (*hypekooi*). Nawet człowiek biedny i niezadowolony z braku wpływów na rządy musiał czuć dumę z faktu, że należy do grona obywateli. Pewną wskazówką co do zabiegów wokół utrzymania poczucia równości może być święto *Peloria*, uznane przez Batona z Sinopy za najważniejsze święto tessalskie. W czasie uroczystych zgromadzeń zwoływanych dla złożenia ofiary *Zeusowi Pelorios* organizowano wielkie uczty. Mogli wziąć w nich udział wszyscy obcy. W tym czasie uwalniano więźniów, służba cieszyła się wolnością słowa a panowie usługiwali jej do stołu. Święto, grecki odpowiednik *Saturnaliów*, polegające na odwróceniu ról społecznych, było, zdaniem komentatorów, skierowane do niewolników, a wcześniej być może do Penestów. Mniej istotna jest tutaj geneza owego święta, chodzi nam bowiem o wymowę i funkcję, jaką mogło ono pełnić w harmonizowaniu stosunków wewnętrznych w Tessalii[58].

---

[57] A r y s t o t e l e s, *Ustrój polityczny Aten*, XXVII, 4 (tł. L. Piotrowicz).

[58] A t h e n a j o s, XIV, 639d–640a; D u c a t, *Les Pénestes...*, s. 22–24. Analizowany problem wzajemnych relacji między zamożniejszymi i biedniejszymi członkami lokalnych wspólnot jest przedmiotem rozważań w pracy T.W. G a l l a n t a (*Risk and Survival in Ancient Greece. Reconstructing the Rural Domestic Economy*, Stanford 1991, s. 143–169); na nich ten fragment naszego artykułu został w znacznym stopniu oparty.

Uzupełnieniem więzi łączących arystokratów z lokalnym społecznościami była *ksenia*, czyli związki gościnności z wpływowymi postaciami spoza granic Tessalii. *Ksenia*, dobrze poświadczona już u Homera, należała u Greków i innych ludów przede wszystkim do obyczajowości arystokracji. Nieodłącznym elementem jej zawarcia i odnowienia była wymiana często bardzo kosztownych podarunków. Podobnie jak w przypadku *filii*, były to związki dziedziczne i zobowiązujące do udzielania wszelkiego rodzaju wsparcia. Taka pomoc mogła mieć charakter całkowicie prywatny i polegać na wsparciu finansowym czy opiece nad dziećmi zmarłego partnera; bardzo często przybierała też charakter ściśle polityczny. Osoby przedkładające więzi *ksenii* nad lojalność wobec własnego państwa starały się kształtować decyzje władz tak, aby były zgodne z interesami rytualnego przyjaciela. W dziejach Tessalii nieustannie spotykamy się z działalnością dynastów, którzy szukają korzyści w związkach gościnności. Charakterystycznym tego przejawem jest szukanie pomocy poza granicami kraju w sytuacji konfliktów wewnętrznych. Dziedziczna przyjaźń łączyła Aleuadów z rodem królów Persji. Zawarta przy okazji najazdu Kserksesa, miała pomóc Aleuadom w utrzymaniu ich dominującej pozycji w kraju. Opierając się na tych samych więziach, Aristippos zwrócił się do Cyrusa Młodszego o wsparcie go w walkach z przeciwnikami politycznymi. W przytaczanym na wstępie epizodzie przemarszu Brazydasa przez Tessalię dostrzegamy działanie jego tessalskich przyjaciół. Podobne więzi łączyły dynastów z władcami Macedonii. Perdikkas mógł zablokować przemarsz innej armii spartańskiej, zwracając się o pomoc do swego przyjaciela Nikonidasa z Larissy i innych czołowych postaci sceny politycznej. Dużą rolę odegrała *ksenia* w polityce Jazona z Feraj. *Ksenia* była też podstawą nadania godności proksenosa. Tak więc zarówno Jazon, jak i Polydamas z Farsalos byli proksenosami spartańskimi, próbując wykorzystać to dla własnych celów. Wreszcie – Filip II mógł zostać archontem Tessalii dzięki wsparciu Aleuadów[59].

Podsumowując, możemy stwierdzić, że warstwę rządzącą w Tessalii aż do czasu dominacji macedońskiej stanowiła wąska grupa dziedzicznej arystokracji. Jej trzonem były rodziny, których członkowie obdarzani byli co najmniej do połowy V w. p.n.e. tytułem *basileis*. Grupa ta wykształciła się z przywódców lokalnych społeczności, którzy dzięki otaczającemu ich szacunkowi zdobyli sobie wpływ na całe państwo tessalskie. Dysponując większym majątkiem i korzystając z różnych przywilejów, utrzymywali rządy oligarchiczne, ze stałą tendencją do przeradzania się w specyficzną formę rządów – *dynasteię*, w której wąska grupa sama decydowała o obsadzie najwyższych urzędów w państwie i w poszczególnych miastach.

DYNASTEIA ET *BASILEIS*

L'ARISTOCRATIE DE THESSALIE À L'ÉPOQUE ARCHAÏQUE ET CLASSIQUE

Résumé

En comparaison avec d'autres États grecs, la Thessalie fait figure d'un pays où l'aristocratie occupait constamment le rôle prédominant. La supériorité de cet groupe social se traduisait par l'émergence en

[59] Na temat *ksenii* zob. G. Herman, *Ritualised Friendship and the Greek City*, Cambridge 1987. Szerzej o różnych formach przyjaźni w nieco innym ujęciu D. Konstan, *Friendship in the Classical World*, Cambridge 1997, s. 53–92.

Thessalie d'une forme extrême d'oligarchie, à savoir la *dynasteia.* D'après les informations fournies par Thucydide, Xénophon et Aristote, nous pourrions définir cette forme d'exercice du pouvoir comme gouvernement d'un groupe restreint de familles aristocratiques qui se distinguaient par une abondante richesse et qui décidaient elles mêmes de l'attribution des fonctions principales en n'y laissant accéder que des personnes appartenant au même milieu et en ne tenant pas compte de l'opinion de la majorité des citoyens. Un tel système de gouvernement caractérisait la Thessalie au moins à partir de la moitié du Vème siècle avant J.-C. La question relative au système de gouvernement antérieur fait inéviatablement appel à l'existence de la monarchie dans les États grecs et à l'importance de la notion de *basileus* qui avait été attribuée à plusieurs chefs thessaliens depuis le VIème jusqu'à la moitié du Vème siècle av. J.-C.

L'auteur serait plutôt proche de la prise de position qui nierait l'existence d'une monarchie quelconque en Thessalie dans le passé et la notion *basileis* se rapporterait à un groupe restreint de représenants des familles composant la *dynasteia.* Pendant cette première période il faudrait compter parmi eux les Aleuades, les Scopadai et les Échécratidai. Contrairement aux théories anciennes, nous devrions y voir non pas des grandes familles, structures qui auraient été une sorte de réminiscence des temps antérieurs, mais plutôt des familles restreintes. Certains doutes subsistent cependant quant à l'emploi du terme *genos* (Souda, s.v. *Aleuadai*) en ce qui concerne les Aleuades. Divers témoignages indiquent l'existence de liens très forts de parenté et d'alliance entre les représenants de ces familles, ce qui probablement constituait l'une des conséquences de la participation commune à l'exercice de la dynasteia. Tout au long du Vème siècle, l'importance de ces grandes familles diminue et en leur sein entrent de nouvelles familles, comme notamment celles des Ménonidai de Pharsale et des Daochides de Pharsale dont les représenants appartiendront à l'élite politique au siècle suivant. Probablement ce fut à ce groupe-là qu'appartenait aussi la famille de Jason de Phères.

L'aristocratie thessalienne, comme ce fut le cas dans d'autres États grecs, soulignait ses nobles origines. Parmi leurs ancêtres, les Aleuades indiquaient Aleuas, Héraclès et peut-être un Thessalos (*Schol.* ad *Demosth. Olynth.* 1). Héraclès devait aussi avoir pour descendants les Echécratidai (Ovide *Ibis*, 293–294) et Eurylochos, chef thessalien lors de ce que l'on appela la Ière Guerre Sacrée (Polyen, VI.13). Il serait difficile d'établir sans équivoque que depuis les temps les plus anciens toute l'aristocratie thessalienne se considérait comme étant les descendants d'Héraclès. Sans aucun doute nous pouvons observer une évolution particulièrement intéressante des conceptions d'après lesquelles les origines remontant à Héraclès étaient étendues à des groupes d'habitants de Thessalie de plus en plus importants, ce qui était aussi lié à l'apparition de la tradition concernant Thessalos, descendant d'Héraclès et ancêtre commun. A la suite de ce processus, Pénestes, le prédecesseur des Pénestes qui dépendaient des Thessaliens, fut reconnu comme descendant de Thessalos, fils d'Héraclès. Cependant, cette tradition ne se trouve confirmée que dans les *scholia* aux oeuvres d'Aristophane et il est difficile de fixer la date exacte de ses origines (*Schol. ad Aristoph. Vespae* 1274).

En se basant sur la tradition, la richesse proverbiale de l'aristocratie thessalienne était fondée sur le contrôle des grandes propriétés foncières (*kleroi*), terres cultivées par les Pénestes asservis. L'auteur estime que l'exploitation des terres en Thessalie n'était pas contrôlée par les clans aristocratiques mais que ces terres avaient été divisées en petits lots exploités par les citoyens. Les Pénestes, quant à eux, représentaient une population jouissant d'une liberté individuelle et vivaient essentiellement de travail contre rémunération. Ainsi, la richesse de l'aristocratie pouvait provenir du fait de posséder les terres en dehors des *kleroi* des citoyens et aussi des terrains appartenant aux périèques thessaliens. L'aristocratie pouvait aussi contrôler le commerce de blé et tirer des profits grâce aux droits de douane perçus dans les ports et aux taxes sur le marché. Une autre source importante de revenus pouvait provenir de l'élevage à grande échelle de bétail, ceci sur les terrains non cultivés.

Ce furent eux, probablement, qui s'occupaient de l'élevage et de l'entrainement des chevaux nécessaires à l'imposante cavalerie dont était célèbre la Thessalie. Les aristocrates pouvaient, de même que les riches habitants de Sparte, fournir des chevaux aux corps d'armée qui devaient être formés par les villes (*poleis*). Ce n'est certainement pas par hasard qu'il existe une similitude entre les 300 cavaliers fournis par Ménon (Démosthène 23.11) et le nombre de 320 cavaliers, nombre que, d'après l'indication donnée par Aristote (fr. 498 Rose) et ceci conformément au modèle proposé par B. Helly (*L'État thessaliene. Aleuas le Roux. Les tétrades et les tagoi*, Lyon 1995) devaient procurer la polis à l'armée fédérale. Ménon, aristocrate de Pharsale pouvait prendre sur lui l'obligation de livrez des chevaux au régiment de cavalerie que devait fournir cette ville. Les aristocrates pouvaient s'occuper de l'entretien de tels élevages ce qui était considéré comme leur devoir envers la cité. Il n'est pas exclu cependant qu'ils obtinrent plus tôt le droit d'exploiter les terres publiques en les destinant à l'élevage des chevaux. Outre les obligations incontestables qui leur incombaient, cela permettait aux aristocrates de tirer oks profits supplémentaires en exploitant ces terres à des fins personnelles, de même que cela fut le cas de Polydamas de Pharsale qui profitait des excédents du trésor d'état (Xénophon *Hell.* 6, 1, 2–3).

En attachant une grande importance à leur position, les aristocrates jouaient au sein de leurs collectivités locales le rôle de tuteurs et de bienfaiteurs, en aidant leurs co-citoyens dans les moments difficiles. Ils créaient d'autre part un réseau de relations avec les personnes vivant en dehors de la Thessalie en faisant appel à la coutume consistant à créer des liens de *xenia.*

En résumant, nous pouvons constater que la classe exercant le pouvoir en Thessalie jusqu'à l'époque de la domination macédoine, se composait d'un groupe restreint d'aristocratie héréditaire. Son noyau était formé de familles dont les membres, possédaient, et ceci au moins à partir de la moitié du Vème siècle av. J.-C., le titre de *basileus.* Ce groupe forma les dirigeants des collectivités locales qui, grâce à l'estime dont ils jouissaient dans leur milieu, exercèrent une importante influence sur la totalité de l'État thessalien. En disposant d'imposantes richesses et en jouissant de différents privilèges ils maintenaient un pouvoir oligarchique tout en gardant un penchant pour la transformation du système de gouvernement en *dynsateia*, forme qui permettait à un groupe restreint de décider de manière autonome de l'attribution des plus hautes fonctions d'État et dans les différentes cités.

ELECTRUM * Vol. 4
Kraków 2000

Józef Wolski

SERVITIA, ICH FUNKCJA I ZNACZENIE W SPOŁECZEŃSTWIE IRAŃSKIM OKRESU ARSACYDÓW

W moim przekonaniu, Gdańszczanin Ph. Clüver (Cluverius), wprowadzając do nauki nazwę *historia antiqua*, historia starożytna, oddał temu wycinkowi procesu historycznego złą przysługę. Nazwa ta nabrała wkrótce znaczenia czegoś gorszego, pośledniejszego, a kłopoty związane z wyznaczeniem jej końca to ujemne wyobrażenie jeszcze pogłębiły. Przypomnę, że dość powszechnie jeszcze za czasów mej młodości przyjmowana data, rok 476, z biegiem czasu została zakwestionowana, co z kolei stało się źródłem kłopotów. Nie było bowiem w nauce zgody co do tego, jakie wydarzenia należy uznać za wyznaczniki dzielące proces historyczny. Sprawa w istocie nie jest prosta, a wydaje się, że przy jej rozwiązaniu nie zastosowano wszystkich możliwych kryteriów. Ale najpierw wróćmy do terminu *historia antiqua*. Dyskusja toczy się nie tylko na temat jej końca. Nikt z krytyków starożytności nie może zaprzeczyć, że zależność chłopa od pana sięga właśnie tej *historia antiqua*, a kolonat rzymski, pomijając wcześniejsze formy, jest jej pierwszą formą. Również absolutyzm (*princeps legibus absolutus*) sięga starożytności i obie te formy, istniejące przez tysiąclecia, dopiero w wiekach XIX i XX doczekały się końca. Ten króciutki wstęp historyczny wydaje mi się celowy, by stopniowo stworzyć podejście do problemu zaznaczonego w tytule: *servitia*, ludność zależna, służebna.

Kiedy na polach bitew pod Sempach (1386), Crécy (1401), Agincourt (1415), Granson i Murten (1476) świetne feudalne rycerstwo austriackie, burgundzkie i francuskie padło w proch pod ciosami piechoty szwajcarskiej i łuczników angielskich[1], jeszcze przed wynalezieniem i zastosowaniem broni palnej, nikt chyba nie zdawał sobie sprawy z tego, że zbliża się kres pewnej formacji militarnej. Ale nie tylko. Zbliżał się również kres pewnej formacji społecznej związanej z feudalizmem, która opierała swą pozycję na wielkiej własności ziemskiej i uprawiającej tę ziemię ludności zależnej. Ten proces miał trwać kilka wieków i dopie-

[1] Por. wyczerpujące opracowanie całokształtu tego problemu przez M. M i e l c z a r k a, *Cataphracti and Clibanarii. Studies on the Heavy Armoured Cavalry of the Ancient World*, Łódź 1993. Na temat stosunku Rzymian do ciężkiej jazdy i wykorzystania przez nich tej formacji zob. E. D ą b r o w a, Niektóre oddziały specjalne armii rzymskiej (I–III w. n.e.), w: E. D ą b r o w a (red.), *Pod znakami Aresa i Marsa. Materiały z konferencji naukowej „Wojna i wojskowość w starożytności", Kraków 24–26 września 1993*, Kraków 1994, s. 101. Jednakże w średniowieczu i w Polsce nowożytnej husaria była główną bronią wojska szlacheckiego.

ro zniknięcie na naszych oczach feudalnych dynastii Habsburgów, Hohenzollernów i Romanowów przypieczętowało ostatecznie jego zamknięcie.

Przystępując do omówienia roli pewnej formacji, trzeba ją ująć w jej różnych aspektach. Często bowiem rola pewnej warstwy łączyła w sobie funkcję społeczną z funkcją militarną, gospodarczą, ale też polityczną i rozdzielanie ich albo niedostrzeganie tej złożoności nie pozwala na osiągnięcie pełnego efektu historycznego. Ciężka jazda pancerna, określana w starożytności różnymi nazwami, zwłaszcza w cesarstwie rzymskim, przechodząc różne etapy rozwojowe, sięga, jak wiele zjawisk historycznych, starożytności. Oczywiście jest to problem rozległy, podejmowany przez wielu badaczy. Jednakże rzadko tylko sięgano do okresów odleglejszych, koncentrując się na okresie rozwiniętego feudalizmu w średniowieczu europejskim. Obfitość źródeł zachęcała do podjęcia badań na tym polu. Ale choćby w celach porównawczych wydaje się słuszne zajęcie się dziedziną w badaniach mało uprawianą, a jeśli tak, to budzącą kontrowersje, a mianowicie wiążącą się ze stosunkami społecznymi w starożytnym Iranie, którego struktury społecznej dotąd w pełni nie wyjaśniono. Rewizja wyobrażeń na temat struktur Iranu w starożytności, jaką przeprowadziłem w toku minionego pięćdziesięciolecia, pozwoliła na poczynienie pewnych obserwacji, na wysnucie pewnych wniosków ogólniejszej natury, odnoszących się nie tylko do kształtu społeczeństwa irańskiego, ale również do innych dziedzin dziejów Iranu, mało dotąd poznanych[2].

Na wstępie należy stwierdzić, że nauka w małym tylko stopniu dysponuje do tego problemu źródłami irańskimi, a tylko nielicznymi informacjami autorów greckich i łacińskich[3]. Stwarza to znaczną trudność, z której w dotychczasowych badaniach nie zdawano sobie sprawy. Należałoby rozpocząć od właściwej interpretacji przytoczonych w źródłach terminów, jak również ogólniejszych refleksji. Zasób bowiem leksykalny, jakim dysponował język grecki i łaciński, nie zawsze odpowiadał treściom irańskim. Nie zdawano sobie sprawy z tego, a może – wychodząc z założeń przesadnego europocentryzmu – nie przywiązywano wagi do faktu, że na Wschodzie, w tym wypadku w Iranie, panował odmienny, wykształcony w ciągu tysiącleci układ stosunków społecznych i politycznych, wyrażony innymi terminami aniżeli tymi, do jakich przywykli ludzie kręgu śródziemnomorskiego. Toteż, zanim będzie można przystąpić do przedstawienia zagadnienia uwidocznionego w tytule, należy choć krótko określić sytuację społeczeństwa irańskiego, a może ściślej – sytuację panującą w dobie Partów na odcinku społecznym, gdyż kwestia ta była i jest przyczyną licznych kontrowersji.

Pożywką dla nich było panujące w minionym okresie, nie tylko w Polsce, przesadne wyobrażenie o roli niewolnictwa w Iranie. Podstawę do tego poglądu dały informacje Plutarcha (*Cras.* 21) o składzie społecznym armii partyjskiej, która pod Carrhae w 53 roku przed Chr. zadała druzgococą klęskę Rzymianom, niwecząc legendę o niezwyciężonych legionach. Według Plutarcha, armia ta składała się z *douloi*, *pelatai* i *oiketai*[4]. Poważna część badaczy uznała, że terminy te oznaczają niewolników – i w związku z powyższym, że armia partyjska składała się z niewolników[5]. Przypomnę, że armia owa składała się, jeśli nie wyłącznie, to

[2] Por. do tego zagadnienia uwagi J. Wolskiego, Le classi inferiori della popolazione nel regno dei Parti, w: I. Bieżuńska-Małowist (red.), *Storia sociale ed economica dell'età classica negli studi polacchi contemporanei*, Milano 1975, s. 55–61; id., Les relations de Justin et de Plutarque sur les esclaves et la population dépendante dans l'empire parthe, *Iranica Antiqua* 18, 1983, s. 145–157. Zob. też J. Wolski, *L'empire des Arsacides*, Louvain 1993, s. 97–121, gdzie problem ten został jeszcze raz omówiony w całości.

[3] Por. J. Wolski, Points de vue sur les sources gréco-latines de l'époque parthe, w: *Prologomena to the Sources on the History of Pre-islamique Central Asia*, Budapest 1979, s. 17–25.

[4] Plutarch, *Cras.* 21.

[5] Por. A. Perikhanian, K voprosu o zemlevladeni i rabovladeni v Iranie parfianskogo vremeni, *VDI* 1952, No 4, s. 13–27.

w przeważającej mierze, z ciężkiej konnicy pancernej i lekkiej, zbrojnej w łuki. Wiadomo powszechnie, że w Grecji, ale przede wszystkim w Rzymie, w schyłkowym okresie Republiki, posługiwano się wyjątkowo niewolnikami, ale tylko w piechocie i marynarce. Trudno jednak przypuścić, by w rycerskim społeczeństwie irańskim, którego cały styl życia nastawiony był na tę formę kulturalną, wojsko składało się wyłącznie z niewolników. By dojść do rozeznania w tej kwestii, która z samej istoty wydawała się mało prawdopodobna, wróciłem do okresu poprzedzającego panowanie Arsacydów w Iranie, tj. do okresu Seleucydów, by już tu szukać źródeł tak zaskakującej sytuacji.

Otóż jest rzeczą dziwną, że z okresu panowania Seleucydów w Iranie zachowały się tylko dwa dokumenty wyzwolenia niewolników: jeden z okresu panowania Antiocha I Sotera (28–261 przed Chr.), drugi z okresu panowania Seleukosa IV (z roku 174 przed Chr.)[6]. Jest to liczba zaskakująco mała, a nic nie wskazuje na to, by za Arsacydów coś się na tym odcinku zmieniło. Zdumiewający jest ponadto fakt, sam w sobie mało ważny, ale w ramach poruszanej problematyki interesujący, a mianowicie to, że cesarz August posłał w darze królowi Fraatesowi IV niewolnicę Muzę, którą ten później poślubił[7]. Na ogół w podarunku posyła się rzeczy rzadkie; na przykład jeden z władców partyjskich posłał w darze cesarzowi chińskiemu z dynastii Han lwa i strusia, a więc zwierzęta, których w Chinach nie było[8]. Obserwacje powyższe skłoniły mnie do dokładniejszego zajęcia się przytoczoną powyżej relacją Plutarcha, dotyczącą bitwy pod Carhhae. Nie samą bitwą, jej przebiegiem, ale składem społecznym, rozwarstwieniem społeczeństwa partyjskiego. W źródłach istnieją dotąd w pełni niewykorzystane dane, lub też niewłaściwie interpretowane, co stworzyło mylne wyobrażenie o strukturze społeczeństwa w Partii. Okazało się mianowicie, że badacze zajmujący się armią partyjską popełnili poważny błąd metodyczny, ograniczając się li tylko do relacji Plutarcha, a nie sięgając do innych przekazów, które mogłyby być pomocne przy rozwiązaniu tego problemu. A takie występują w źródłach. I oto najważniejsza i, w moim przekonaniu, decydująca w tej kwestii relacja Justyna, epitomatora *Historiae Philippicae* Pompejusza Trogusa: „Hoc enim discrimen inter liberos et servos est, quod servi pedibus liberi non nisi equis incedunt"[9]. Relacja ta niedwuznacznie wyklucza hipotezę o niewolniczej armii partyjskiej, pogląd zresztą sam w sobie mało prawdopodobny, ale propagowany ze względów nie zawsze naukowych.

Powracając do relacji Plutarcha i wymienionych w niej terminów *douloi*, *pelatai* i *oiketai*, wypada stwierdzić, że nie zawsze były one używane w świecie grecko-rzymskim dla oddania grup przynależnych do warstwy niewolniczej, np. *pelatai* u Arystotelesa służą do określenia chłopów zadłużonych z okresu Solona, a pozostałe, zwłaszcza w materiale inskrypcyjnym w *koine*, służą do oddania różnych stanów zależności, niekoniecznie niewolników[10]. Zadać więc sobie należy pytanie, z jakich kategorii społecznych składała się armia partyjska i czy w źródłach nie ma na ten temat informacji. Moim zdaniem, odpowiedź na to pytanie znajduje się u cytowanego powyżej Justyna. Oto podaje on: „Exercitum non ut aliae

[6] Odnośnie do pierwszego dokumentu zob. L. Robert, Une inscription hellénistique d'Iran, *Hellenica* 11/12, Paris 1960, s. 85–91; odnośnie do drugiego P. Bernard, Appendice I, w: S. Veuve (red.), *Fouilles d'Ai Khanoum*, vol. II, Paris 1987, s. 112.

[7] Szczegółowy opis wydarzeń związanych z działalnością Muzy podaje N.C. Debevoise, *A Political History of Parthia*, Chicago 1938, s. 143, 147 nn.

[8] Debevoise, *op.cit.*, s. 214, przypis 14.

[9] Justyn, XLI, 3, 4.

[10] Szczegółową analizę tej kwestii przeprowadził Wolski, Le classi inferiori..., *op.cit.* (przypis 2), s. 55.

nationes liberorum sed servitiorum habent"[11]. A więc nie *servorum*, ale *servitiorum*. Przeciwstawienie tych dwóch kategorii społecznych prowadzi do lepszego zrozumienia przekazu tegoż Justyna, że armia partyjska w czasie wojny z M. Antoniuszem składała się z 400 *liberi*, na ogólną liczbę wynoszącą pięćdziesiąt tysięcy żołnierzy[12]. Można z dużym prawdopodobieństwem przypuścić, że na tę masę składały się w pierwszym rzędzie owe *servitia*.

I tutaj należy przytoczyć zdanie tego samego Justyna, który mówiąc o *servitia*, dodaje: *quorum vulgus nulla manumittendi potestate permissa in dies crescit*[13]. Oczywiście historyk rzymski pobłądził – on lub jego źródło – w państwie partyjskim nie istniała instytucja wyzwalania, a zresztą *servitia*, a nie *servi*, nie podlegali działaniu tej instytucji. I teraz, kiedy zadamy sobie pytanie, kto to są owe *servitia*, to słuszną wydaje się rzeczą sięgnąć ponownie do Plutarcha i bitwy pod Carrhae. Wniosek, jaki się narzuca, to utożsamienie owych *servitia* z kategoriami przytoczonymi przez Plutarcha, a to *douloi*, *pelatai* i *oiketai*. Są to greckie odpowiedniki irańskich kategorii: *bandak*, *ansahrik*, oznaczających ludność zależną[14]. W języku pehlevi istnieje więcej tych terminów, czemu się dziwić nie należy, mając na uwadze wielką ilość i zapewne rozmaitość rozwarstwienia[15]. I tutaj znowu wypadnie nam zwrócić się do Justyna. Podaje on mianowicie, mówiąc o *servitia*: „hos pari ac liberos suos cura et equitare et sagittare magna industria docent"[16]. A więc *liberi* mieli nad *servitia* pełną władzę, skoro nimi dysponowali, ćwicząc i przygotowując ich na wypadek wojny do rzemiosła wojennego.

Streszczając przytoczoną powyżej analizę, dochodzi się do wniosku, że owi *liberi* reprezentowali szlachtę, arystokrację irańską, od której zależni byli chłopi, wykorzystywani również w rzemiośle wojennym. Niezwykle cenna jest informacja Justyna, że członkowie owych *servitia* ćwiczeni byli z wielką usilnością (*magna industria*), na równi z możnymi Partami, w jeździe konnej i strzelaniu z łuku, podobnie jak ich właśni synowie. Wkraczamy tutaj w dziedzinę wojskowości, wiążącą się jak najściślej z ustrojem społecznym i politycznym. Monarchia Arsacydów, jak poprzednio Achemenidów, a po nich Sasanidów, była państwem despotycznym, jednakże jej struktura społeczna mieściła w sobie wiele elementów feudalnych[17]. Trzeba tu jednak podkreślić, że nie był to feudalizm w późniejszym stylu europejskim. Wielkie rody w toku procesu, który dziś trudno odtworzyć, uzależniły od siebie masę ludności, której narzuciły obowiązek służby wojskowej. Jednakże sztuka wojenna Partów nie była łatwa. Walczyć pieszo, a walczyć konno – to są dwa różne sposoby walki. Bo choć zapewne jeźdźcy korzystali z czegoś, co można by nazwać siodłem, choć była to tylko derka, to jednak nie używali strzemion. Łucznik pieszy miał ułatwione zadanie, bo czuł pod nogami twardy grunt, a jeździec musiał nie tylko powodować koniem, ale – i to przede wszystkim – strzelać z łuku. Łuk partyjski, przejęty od ludów stepowych środkowej Azji, był większy od używanych, i to rzadko, wśród ludów śródziemnomorskich. Stwarzało to dla łucznika dodatkowe obciążenie, ale za to łuk ten miał większą siłę przebicia. Dlatego zrozumiała jest infor-

---

[11] Justyn, XLI, 2, 5.

[12] Justyn, XLI, 2, 6.

[13] Justyn, XLI, 2, 5.

[14] W języku pehlevi terminy te dotyczą najczęściej różnych kategorii ludności zależnej. Por. A. Perikhanian, Iranian Society and Law, w: *The Cambridge History of Iran*, vol. III, 2, Cambridge 1986, s. 635.

[15] Por. uwagi Wolskiego, *L'empire d'Arsacides...*, *op.cit.*, s. 104 nn., na temat tego zagadnienia.

[16] Justyn, XLI, 2, 5.

[17] Zagadnienie feudalizmu w Iranie Arsacydów budzi wiele kontrowersji, dotąd w pełni niewyjaśnionych. Por. na ten temat uwagi K. Schippmann, *Grundzüge der parthischen Geschichte*, Darmstadt 1980, s. 117, przypis 30, który także przytacza opinie J. Wolskiego w tej kwestii.

macja Justyna, że ludność zależna ćwiczona była zrówno w umiejętności jeździeckiej, jak i umiejętności strzelania z łuku. To długotrwałe ćwiczenie dawało Partom tę perfekcyjną sprawność, która zapewniała im przewagę nad armią rzymską i była źródłem ich sukcesów. Jednakże nie tylko ten rodzaj broni, tj. konni łucznicy, składali się na armię partyjską. Obok nich w źródłach wymieniani są owi *liberi*, których niewielka liczba – w wojsku partyjskim walczącym z M. Antoniuszem miało ich być tylko czterystu – świadczyła, że była to arystokracja, bogaci właściciele ziemscy. I to oni chyba tworzyli ową pancerną jazdę, której rolę w walce przedstawił Plutarch, opisując bitwę pod Carrhae. Tylko zresztą bogaci mogli sobie pozwolić na kupno zbroi, podobnie jak w średniowieczu – kosztownej.

W literaturze zwraca się uwagę na znaczenie tej pancernej jazdy, np. N.C. Debevoise wyznacza jej istotną rolę w bitwie. Być może jednak, jak na to zwrócił uwagę E. Dąbrowa, ta ciężkozbrojna jazda obciążona była, jak każda tego typu jazda, pewnymi niedostatkami, które jej przydatność ograniczały[18]. Należy jednak pamiętać o tym, że owa ciężka jazda nie walczyła sama; wspierała ją i uzupełniała lekka jazda, bez której jej atak byłby ograniczony. Jak jednak słusznie zwrócił uwagę wybitny znawca przedmiotu J.A. Gierowski, najsłynniejsze szarże polskiej jazdy pancernej w XVII wieku, pod Chocimiem i Wiedniem, były dziełem połączonych rodzajów broni: jazdy, piechoty i artylerii. Tak też mogło być w wypadku taktyki Partów, którzy szybko zorientowali się, że ciężka jazda bez współdziałania lekkiej nie mogłaby spełnić swego zadania. Wbrew jednak pesymistycznej ocenie jej roli i przydatności, istniała ona i odgrywała wielką rolę przez ponad tysiąc lat, skoro dopiero na polach bitew XIV i XV wieku przyszło jej ulec. Reprezentowała ona bowiem nie tylko pewien rodzaj broni, ale także, o czym nie można zapominać, pewną warstwę społeczną, i dopóki warstwa ta istniała i odgrywała poważną rolę polityczną w państwie, to i rola pancernej jazdy nie mogła zniknąć, chociaż jej znaczenie czysto militarne mogło ulec osłabieniu, podobnie jak owej lekkozbrojnej jazdy łuczników reprezentującej pewną grupę społeczną. Istnienie tych dwóch kategorii wojskowych było odbiciem panujących na Wschodzie struktur społecznych: szlachty, *liberi*, obojętnie zresztą jak ją nazwiemy, występującej jako jazda pancerna i reprezentującej właścicieli ziemskich, oraz *servitia*, warstwy ludności zależnej od szlachty, działającej jako lekkozbrojna konnica, konni łucznicy. Być może, jak sądzi E. Dąbrowa, owa jazda pancerna była mało przydatna, a jeźdźcy, zbytnio obciążeni zbroją, po upadku z konia z trudem odzyskiwali sprawność, jednak przecież to mieć należy na uwadze, że istniała ponad tysiąc lat, a społecznie dokumentowała swoją pozycję w państwie, zaznaczając ją nie tylko na polu militarnym, ale i politycznym. A tych dwóch aspektów nie można oddzielić.

W czasach nowożytnych ta ciężka kawaleria szlachecka traciła swą rację bytu, także na odcinku politycznym. Oczywiście proces ten był długotrwały; tzw. ustrój feudalny trwał w różnych swych układach aż do XX wieku, o czym wspomniałem na początku. I tu postawić sobie należy pytanie zasadniczej natury. Czy te struktury społeczne, które obserwujemy w Iranie, stwarzają dostateczną podstawę do określenia ich mianem feudalizmu. Zanim można było sformułować owo pytanie, należało ustalić pewne fakty historyczne. Z jakimi połączone to było trudnościami, starałem się powyżej przedstawić. Toteż zarzut, jaki postawił mi Klaus Schippmann, że nie zdefiniowałem wyraźnie feudalizmu irańskiego, nie jest w pełni uzasadniony[19]. Trzeba było najpierw ustalić wiele faktów – a nikt tego przede mną nie zrobił, przeprowadzić analizę stosunków społecznych panujących w państwie partyjskim, by dojść

[18] D ą b r o w a, *op.cit.*, s. 101.

[19] Por. S c h i p p m a n n, *op.cit.*, s. 86 nn., który jednak opiera się na moich pracach sprzed 1980 roku, nie wyczerpujących tego zagadnienia.

do sformułowania ostatecznych konkluzji. A bez niej właściwa rola tego państwa, tak jak później Sasanidów na Wschodzie, nie dałaby się odtworzyć. Bez wydobycia potęgi wielkich rodów: Suren, Karen i innych, które uzależniły od siebie masę ludności, pozbawionej w ten sposób bezpośredniego kontaktu z monarchią, nie byłoby możliwe zrozumienie sukcesów Partii w wojnach z Seleucydami i Rzymem.

To była jedna strona medalu. Wprawdzie szlachta ta stanowiła o sile militarnej państwa Arsacydów, ale uzależniając od siebie masę ludności, tworzyła własną potęgę, nie zawsze wykorzystywaną dla dobra państwa. Przez cały czas trwania monarchii partyjskiej toczyła się z różnym nasileniem walka pomiędzy monarchami, często okrzyczanymi jako tyrani, a ową arystokracją, często ulegającą podszeptom Rzymu. Jak te stosunki w ciągu wieków układały się w szczegółach, o tym ze źródeł grecko-łacińskich dowiadujemy się sporadycznie. Wniosek ostateczny, jaki można wysnuć z analizy źródeł, prowadzi do stwierdzenia, że w Iranie w dobie Partów panował feudalizm. Nie był on jednak rozwinięty na kształt panującego w średniowiecznej Europie. Trzeba się przecież liczyć z faktem, że na Wschodzie dominował system despotyczny, który stał na przeszkodzie pełnemu rozwojowi feudalizmu[20]. I z tego czynnika trzeba sobie zdawać sprawę, kiedy będziemy chcieli zastosować termin *historia antiqua* do okresu, który zrodził i wykształcił struktury istniejące do czasów nowożytnych.

SERVITIA, LEUR RÔLE ET FONCTION DANS LA SOCIÉTÉ IRANIENNE À L'ÉPOQUE DES ARSACIDES

Résumé

Nos connaissances relatives à la structure de la société iranienne à l'époque des Arsacides sont très limitées et ne sont fondées essentiellement que sur un nombre restreint d'indications conservées dans les oeuvres d'auteurs gréco-romains. La faible connaissance des réalités du monde iranien que possédaient ces auteurs ainsi que les difficultés consistant à trouver des termes latins et grecs appropriés qui permettraient d'expliquer le contenu et le caractère spécifique de cette structure sociale, pose de sérieux problèmes quant à la reconstitution de sa forme. L'un des éléments de cette structure étaient les *servitia* et la détermination du caractère de ce groupe est important afin d'établir la composition sociale de l'armée parthe; selon l'opinion généralement adoptée par de nombreux chercheurs, cette armée se composait de soldats qui étaient des esclaves. La critique de cette thèse est essentiellement basée sur le témoignage de Justin (41, 2, 5; 3, 4). L'analyse qu'il présente permet de constater indubitablement que l'armée parthe dont le noyau était composé d'une catégorie de la population appelée *servitia*, recrutait non pas des esclaves mais une population asservie. Grâce aux démarches des notables, cette catégorie était parfaitement formée pour servir dans les formations de cavalerie légère et d'archers. Ceci était indispensable afin de garantir l'efficacité des actions entreprises par la cavalerie lourde, formation créée par l'aristocratie. Les relations établies entre l'aristocratie et les *servitia* nous amènent à conclure que l'Iran des Arsacides se caractérisait par le règne de la féodalité.

[20] Na konieczność uwzględnienia tego czynnika zwrócił również uwagę A. Invernizzi (*Mesopotamia* 29, 1994, s. 339–342) w recenzji mojej książki *L'empire des Arsacides...*, *op.cit.* (przypis 2).

ELECTRUM * Vol. 4
Kraków 2000

Marek Żyromski

Kilka uwag o kwestii ruchliwości społecznej w starożytnym Rzymie

Zagadnienia ruchliwości społecznej mają bezsprzecznie kluczowe znaczenie dla właściwego zrozumienia problematyki struktury społecznej (zwłaszcza w aspekcie dynamicznym) w wypadku każdego systemu społecznego, zarówno istniejącego obecnie, jak i funkcjonującego w bliższej czy też dalszej przeszłości. Tym bardziej więc musi budzić zdziwienie fakt bardzo niewielkiego zainteresowania ze strony historyków starożytnego Rzymu kwestiami ruchliwości społecznej. Już ponad trzydzieści lat minęło od opublikowania jedynego artykułu (według wiedzy autora) w całości poświęconego temu problemowi[1]. Historycy często prezentują jedynie ogólne uwagi, nieoparte na rzetelnych badaniach szczegółowych, wskazujące na otwarty czy też zamknięty charakter danego systemu społecznego. Powszechnie więc aprobują opinię o stosunkowo dużym poziome ruchliwości społecznej w starożytnym Rzymie w okresie pryncypatu[2].

> „Epoka, rozpoczynająca się wraz z ostatnim stuleciem republiki, a kończąca się na trzecim wieku naszej ery, była zasadniczo okresem intensywnej ruchliwości społecznej. Prądy wertykalne szły od samej podstawy rzymskiej piramidy społecznej (niewolnicy), dochodząc do jej szczytu (do najwyższych pozycji, nie wyłączając samego cesarza)”[3].

Niewątpliwie to właśnie poziom ruchliwości społecznej stanowi jeden z najważniejszych wskaźników wyraźnie odróżniających system społeczny czasów pryncypatu zarówno od wcześniejszego okresu rzymskiej republiki, jak i późniejszej epoki dominatu. Rzymska oligarchia dominująca w życiu społecznym schyłku republiki rzymskiej opisywana jest niekiedy nawet jako kasta społeczna[4]. Opinia ta wydaje się jednak nadmiernie przesadzona, bowiem również system społeczny okresu republiki rzymskiej daleki był od układu kastowego. Awans społeczny przedstawicieli warstw niższych do pozycji rzymskiej *nobilitas* spowodowany był zwłaszcza przez czynniki natury demograficznej, a szczególnie stanowił on wynik

---

[1] K. Hopkins, Elite mobility in the Roman Empire, *Past and Present* 32, 1965, s. 12–26.

[2] V. Pareto, *The Mind and Society*, t. IV, New York 1935, s. 1850; F. Kolb, Zur Statussymbolik im antiken Rom, *Chiron* 7, 1977, s. 250.

[3] P.A. Sorokin, *Social and Cultural Mobility*, Glencoe 1959, s. 148.

[4] L. Homo, *Roman Political Institutions from City to State*, London 1929, s. 134.

nasilającego się procesu wymierania starych rodów patrycjuszowskich[5]. W związku z tym już pod koniec okresu republiki nastąpiło wyraźne zmniejszenie trudności awansu społecznego[6]. Charakterystyczne, iż rodziny, którym udało się dojść w hierarchii prestiżu społecznego aż do stanu senatorskiego (*ordo senatorius*), z reguły pozostawały przez okres kilku pokoleń na szczycie rzymskiego społeczeństwa. Niezwykle rzadkie były bowiem przypadki degradacji społecznej. Zdecydowanie częściej mamy natomiast do czynienia z wymarciem danego rodu.

W okresie pryncypatu proces awansu społecznego uległ dalszemu przyśpieszeniu; obok przyczyn natury demograficznej, coraz większa była też liczba stanowisk do obsadzenia w administracji systematycznie rozszerzającego się Imperium Romanum. W okresie cesarstwa podstawę do utrzymania przez rodzinę wysokiej pozycji społecznej stanowiła przede wszystkim lojalna służba w armii i administracji państwa. Wysokie urzędy otrzymywały z reguły osoby blisko powiązane z panującą dynastią[7]. Niemniej już potomkowie senatorów, którzy doszli do szczytu rzymskiej drabiny społecznej dzięki lojalnej służbie dla władcy, bardzo często zadowalali się jedynie dziedziczeniem bogactwa i pozycji społecznej[8]. Jednak przedstawiciele stanu senatorskiego, stopniowo rezygnując z aktywnej służby publicznej (jako typowa *leisure class*), przestali być jednocześnie użyteczni dla cesarzy. Było to niewątpliwie jednym z powodów stopniowego odsuwania senatorów od władzy w połowie III wieku. Coraz to większą rolę zaczęła natomiast odgrywać armia, która stała się podstawowym kanałem ruchliwości społecznej[9].

Zdecydowana większość badaczy obserwuje w okresie dominatu znaczne obniżenie intensywności pionowej ruchliwości społecznej.

> „W przeciwieństwie do tego okresu [pryncypatu], czasy od trzeciego wieku naszej ery aż do upadku cesarstwa rzymskiego na Zachodzie są określone przez wielki spadek ruchliwości społecznej. Zasadą stało się dziedziczenie pozycji społecznej oraz przypisywanie «na zawsze» do pozycji rodziców. Społeczeństwo przesuwało się w stronę ścisłego systemu kastowego[10]".

Nie brak jednak i całkowicie odmiennych opinii, których przykładem może być stwierdzenie Keitha Hopkinsa:

> „(...) centralizacja administracji oraz polityczna unifikacja imperium doprowadziły do bezprecedensowego wzrostu ruchliwości społecznej w czwartym wieku[11]".

Jak widać, brak jest nawet zgodności odnośnie do ogólnych trendów ruchliwości społecznej w czasach dominatu.

Zagadnienia ruchliwości społecznej zasługują więc, jak się wydaje, na podjęcie o wiele bardziej dokładnych badań – niewątpliwie o charakterze historyczno-socjologicznym[12]. Stąd też zadaniem niniejszego szkicu jest jedynie zaprezentowanie niektórych hipotez i możliwości prowadzenia dalszych badań w tym zakresie.

---

[5] H o m o, *op.cit.*, s. 35.

[6] S o r o k i n, *op.cit.*, s. 148.

[7] R. S y m e, *The Roman Revolution*, Oxford 1939, s. 369.

[8] K. H o p k i n s, *Conquerors and Slaves. Sociological Studies in Roman History*, t. I, Cambridge 1978, s. 183.

[9] G. A l f ö l d y, *Römische Sozialgeschichte*, Wiesbaden 1975, s. 134.

[10] S o r o k i n, *op.cit.*, s. 149.

[11] H o p k i n s, *op.cit.* (przypis 1), s. 13.

[12] M. Ż y r o m s k i, Możliwości badań porównawczych nad ruchliwością społeczną, *Ruch Prawniczy, Ekonomiczny i Socjologiczny* 1986, z. 4, s. 265–274.

Socjologiczna koncepcja ruchliwości społecznej została stworzona przez badacza amerykańskiego rosyjskiego pochodzenia, Pitrima Sorokina. Zdefiniował on ruchliwość społeczną jako „fenomen przemieszczania się jednostek w obrębie przestrzeni społecznej"[13]. Sorokin wyróżnił jednocześnie dwa podstawowe rodzaje ruchliwości społecznej: 1) horyzontalna – przemieszczanie jednostek z jednej grupy do drugiej, usytuowanej na tym samym poziomie; 2) wertykalna – przejście jednostki z jednej warstwy społecznej do drugiej, powiązane ze zmianą jej statusu społecznego.

Wertykalna (czyli inaczej pionowa) ruchliwość społeczna może występować albo w postaci awansu społecznego, albo przeciwnie – jako degradacja społeczna. Oczywiście te trendy społeczne muszą zostać odniesione do całego systemu stratyfikacji społecznej danego społeczeństwa, tworząc ruchliwość ekonomiczną, polityczną, zawodową itd. Jednocześnie mamy do czynienia z sytuacją, kiedy albo poszczególne jednostki wchodzą do wyższej warstwy społecznej, albo cała grupa (której stanowią część) zmienia swe miejsce w przestrzeni społecznej. Sorokin wprowadził również dwa wskaźniki opisujące pionową ruchliwość społeczną: 1) intensywność pionowej ruchliwości społecznej (inaczej: dystans społeczny) – liczba warstw, które przeszła dana jednostka w danym okresie; 2) powszechność pionowej ruchliwości społecznej – liczba osób, które zmieniły swoją pozycję społeczną w danym okresie. Powszechność ta może być ujmowana albo absolutnie, albo względnie, poprzez wskazanie na proporcję osób zmieniających swą pozycję społeczną w stosunku do całości populacji. Dzięki połączeniu danych o intensywności i powszechności uzyskuje się sumaryczny indeks pionowej ruchliwości społecznej.

Cyrkulacja w społeczeństwie (a więc zarówno awans, jak i degradacja społeczna) odbywa się poprzez szereg tak zwanych kanałów, takich jak: armia, kościół, szkoła oraz organizacje polityczne, ekonomiczne czy zawodowe. Oczywiście występowanie i znaczenie owych kanałów ruchliwości społecznej zależy od struktury danego społeczeństwa. Kanały te pełnią równocześnie funkcję sita, doprowadzając tylko nieliczne, najbardziej odpowiednie jednostki do wyższych warstw społecznych. W strukturze społecznej starożytnego Rzymu zawsze bardzo istotnym kanałem ruchliwości społecznej była armia. Tylko „pomiędzy latami 49 a 29 p.n.e. około pół miliona italskich mężczyzn służyło w armiach"[14]. Podobnie znaczącym kanałem ruchliwości społecznej była (i oczywiście nadal jest) instytucja rodziny, która przede wszystkim określa pozycję społeczną swych członków. Przynależność do rodziny często ułatwia również dalszy awans społeczny. Przykładowo: „trybuni wojskowi z reguły służyli w armiach dowodzonych przez swych bliskich krewnych"[15]. Wprawdzie każde społeczeństwo szczególnie chętnie ekscytuje się karierami osób wywodzących się z tak zwanych nizin społecznych (*self-made men*), ale jednak zdecydowana większość osób zmienia swą pozycję społeczną stopniowo – bez nagłych wzlotów czy upadków. Z przypadkami wysoce intensywnej ruchliwości społecznej mamy natomiast bardzo często do czynienia w okresach politycznego wrzenia, wojen czy rewolucji.

> „Rewolucje stanowią przypadki grupowej ruchliwości pionowej, podczas których zorganizowana grupa zastępuje inną grupę na szczycie piramidy społecznej"[16].

---

[13] S o r o k i n, *op.cit.*, s. 3.

[14] H o p k i n s, *op.cit.* (przypis 8), s. 67.

[15] R. S y m e, *Tacitus*, t. I, Oxford 1958, s. 34.

[16] St. A n d r e s k i, *Elements of Comparative Sociology*, London 1964, s. 239.

Istotne jest wreszcie odróżnienie indywidualnej kariery danej osoby (ruchliwość wewnątrzpokoleniowa) od awansu dokonującego się w ciągu kilku pokoleń (ruchliwość międzypokoleniowa). Najczęściej bada się jednak tylko przedstawicieli dwóch kolejnych pokoleń tej samej rodziny.

Nawet w czasach pryncypatu, kiedy to rzymska cywilizacja osiągnęła (jak się wydaje) najwyższy poziom ruchliwości społecznej, istotny awans społeczny dokonywał się najczęściej w ciągu dwóch czy też nawet trzech pokoleń.

„We wczesnym cesarstwie nie istniały kasty. Przesiębiorczy mężczyzna mógł łatwo, poprzez zwiększenie swojego majątku, przejść od pozycji chłopa do pozycji posiadacza ziemskiego, i jako taki, wejść do grupy arystokracji municypalnej, otrzymać rzymskie obywatelstwo, zostać ekwitą, a w końcu członkiem arystokracji senatorskiej. Taki awans mógł się dokonać w ciągu dwóch lub trzech pokoleń"[17].

Również i inni badacze wskazują na większe znaczenie ruchliwości międzypokoleniowej niż wewnątrzpokoleniowej w systemie społecznym starożytnego Rzymu[18].

Na obecnym etapie badań nad ruchliwością społeczną uwzględniono jedynie materiał empiryczny zawarty w mojej rozprawie doktorskiej[19]. Został w niej przeanalizowany ponad trzystuosobowy zbiór najwyższych przedstawicieli rzymskiego zarządu prowincjonalnego (namiestnicy prowincji i dowódcy legionów) działających na terenie prowincji dolnodunajskich (Dacja, obie Mezje, obie Pannonie) w okresie pryncypatu. Wszystkie te osoby należały *ex officio* do najwyższej klasy społeczeństwa rzymskiego. Zresztą badając rzymski system społeczny (podobnie jak w wypadku wszelkich innych społeczeństw ery preindustrialnej), musimy praktycznie ograniczyć się jedynie do analizy przedstawicieli najwyższych warstw społeczeństwa rzymskiego. Analizie porównawczej o charakterze historyczno-socjologicznej poddają się właściwie jedynie przedstawiciele *ordo senatorius*[20]. Do naszych czasów dochowały się bowiem informacje o ponad połowie senatorów prawdopodobnie żyjących w czasach pryncypatu (około 4500 spośród około 8000)[21]. Warto zbadać przede wszystkim znaczenie pochodzenia senatorów rzymskich (zarówno w aspekcie geograficznym, jak i społecznym) dla ich przyszłej kariery i ewentualnego dalszego awansu społecznego. Zagadnienie to najczęściej ukazuje się jedynie w postaci dychotomicznego podziału na senatorów o italskim i prowincjonalnym pochodzeniu[22]. Niektórzy senatorzy osiągali szeregi *ordo senatorius*, rozpoczynając swój awans nawet od samej podstawy rzymskiej drabiny społecznej; takim typowym *self-made man* był P. Helvius Pertinax, efemeryczny cesarz 193 roku. W jego przypadku zbiegły się takie czynniki ruchliwości społecznej, jak wybitne predyspozycje wojskowe oraz patronat senatorski. Jednak czy taka kariera była wyjątkiem, czy może regu-

[17] M. Rostovtzeff, *Social and Economic History of Roman Empire*, Oxford 1957, s. 525.

[18] Pareto, *op.cit.*, s. 1840; M.P. Charlesworth, *The Roman Empire*, Oxford 1951, s. 19; Sorokin, *op.cit.*, s. 162.

[19] M. Żyromski, *Elita w prowincjach dolnodunajskich cesarstwa rzymskiego w okresie pryncypatu*, t. I–II, Poznań 1987. Została opublikowana skrócona wersja tej dysertacji; zob. M. Żyromski, *The Elite in the Lower Danube Provinces of the Roman Empire*, Mosina 1995.

[20] M. Żyromski, Prosopographie und Geschichte: das Problem der Vertbarkeit des Quellenmaterials unter besonderer Berücksichtigung der Senatoren der Provinz Moesia Inferior im Prinzipat, w: L. Mrozewicz, K. Ilski (red.), *Prosopographica*, Poznań 1993, s. 133–140.

[21] W. Eck, Sozialstruktur des römischen Senatorenstandes der hohen Kaiserzeit und statistische Methode, *Chiron* 3, 1973, s. 383–385.

[22] M. Hammond, Composition of the Senate, A.D. 68 – 235, *JRS* 47, 1957, s. 74–81.

łą? W wypadku elity prowincji dolnodunajskich aż prawie co piąta osoba rozpoczęła swą urzędniczą karierę (*cursus honorum*) w stanie ekwickim[23].

Przystępując do skrótowej z konieczności prezentacji zagadnień ruchliwości społecznej (i to tylko w aspekcie wertykalnym) w odniesieniu do elity senatorskiej działającej w prowincjach dolnodunajskich, należy pamiętać o specyfice wskazanego zespołu prowincji. Prowincje położone nad dolnym Dunajem stanowiły w okresie pryncypatu nie tylko rejon nadgraniczny, ale i obszar szczególnie narażony na najazdy plemion barbarzyńskich. Można więc założyć, iż senatorzy pełniący funkcje kierownicze w tych prowincjach powinni posiadać specjalne predyspozycje (szczególnie militarne) do służby nad dolnym Dunajem – bez względu na swe pochodzenie społeczne czy tak zwane koneksje. Niemniej nawet nad dolnym Dunajem przypadki osób, którym w przeciągu zaledwie jednego pokolenia udało się dostać na szczyt rzymskiego społeczeństwa, były bardzo rzadkie. P. Helvius Pertinax awansował do stanu senatorskiego dzięki wykazanym predyspozycjom wojskowym, a także dzięki pomocy patrona swego ojca. Podobnie jak Pertinax, jako prosty żołnierz rozpoczął swój *cursus honorum*, pochodzący z Pannonii, Aelius Triccianus. W jego przypadku decydujące było, jak się wydaje, pozostawanie w bliskości „kręgów kierowniczych"; działał on jako odźwierny przy namiestniku Pannonii oraz prefekt legionu *II Parthica*, stacjonującego w pobliżu stolicy. Wywodzący się z Tracji Traianus Mucianus jako *evocatus* spełniał z kolei różnorodne osobiste polecenia cesarza. Niewątpliwie z najniższego pułapu startował jednak Marcius Claudius Agrippa, który urodził się jako niewolnik; awans na namiestnika Dolnej Pannonii zawdzięczał on udziałowi w zamordowaniu cesarza Karakallii, co zostało docenione przez Makryna, następcę na tronie.

Charakterystyczne, iż osoby awansujące do *ordo senatorius* zaledwie w ciągu jednego pokolenia pojawiają się najliczniej na przełomie drugiego i trzeciego wieku, kiedy to podstawowy kanał mobilności stanowiła armia. Decydujące było jednak uzyskanie poparcia jakiejś wpływowej osobistości, a najlepiej samego cesarza. Zwraca uwagę, że *self-made men* można określić jako przypadki „efemerycznej ruchliwości", gdyż z reguły nie potrafili oni utrwalić osiągniętej wysokiej pozycji społecznej w następnych pokoleniach. Na marginesie trzeba jednak stwierdzić, iż nie zawsze pozostawanie w bezpośredniej bliskości swych przełożonych decydowało o dalszej karierze danej osoby, co przekonywająco wykazał R.L. Dise jr:

> „Służba jako *beneficiarius*, jak się wydaje, pozostawała jedynie tymczasowym przydziałem, a rekrutacji dokonywano przypuszczalnie *ad hoc*; w razie potrzeby żołnierze byli oddelegowani ze swych jednostek dla towarzyszenia namiestnikom lub innym urzędnikom i prawdopodobnie powracali do swych macierzystych jednostek wraz z końcem swej służby lub na życzenie namiestnika. (...) Jedynym znanym przykładem kariery kontynuowanej po służbie jako *beneficiarius* namiestnika to M. Carantius Macrinus, który służył jako *beneficiarius* namiestnika Galii Lugdunensis, T. Tettieniusa Serenus (78–83), a następnie działał jako *cornicularius* u następcy Serenusa (C. Cornelius Gallicanus) w latach 83–87; potem uzyskał stanowisko *evocatus* w roku 87, a zakończył swą karierę w roku 90 wraz z awansem na centuriona w swej macierzystej jednostce – *cohors I urbana*, stacjonującej w Lugdunum"[24].

M. Carantius Macrinus zmarł za rządów cesarza Nerwy i został pochowany w Genewie (*CIL* XII 2602).

Częściej można było wejść do rzymskiej elity społecznej w drugim pokoleniu. M. Valerius Maximianus, jeden z najwybitniejszych dowódców okresu wojen markomańskich (aż

[23] M. Żyromski, *The Elite in the Lower Danube Provinces of the Roman Empire*, Mosina 1995, s. 61.
[24] R.L. Dise jr., Trajan, the Antonines, and the governor's staff, *ZPE* 116, 1997, s. 277.

trzykrotnie uzyskał *dona militaria*), to syn przedstawiciela arystokracji municypalnej z Pannonii. Podobnego pochodzenia (tylko że z Dacji) był T. Flavius Longinus Q. Marcius Turbo, adoptowany przez Q. Marcius Turbo, prefekta pretorianów. W kilku przypadkach ojcami członków elity dolnodunajskiej byli wyzwoleńcy (T. Aelius Aurelius Epianus, Flavius Marcianus, M. Antonius Hiberus).

Znaczna część dolnodunajskiej elity (prawie co piąta osoba) rozpoczęła swój *curus honorum* jako ekwici. Wprawdzie w ich przypadku awans społeczny nie był już tak wyraźny jak u analizowanej poprzednio grupy *self-made men*, to jednak uzyskanie rangi senatorskiej zawsze stanowiło przełom w życiu Rzymianina – z reguły specjalnie uwidaczniany w inskrypcjach (*adlectus in amplissimum ordinem*). Wielu ekwitów zawdzięczało swój awans wojnom domowym (zwłaszcza w 69 roku), kiedy to opowiedzenie się po „właściwej" (czytaj: zwycięskiej) stronie liczyło się dużo bardziej niż pochodzenie społeczne czy koneksje rodzinne. Pochodzący z Kordoby C. Dillius Aponianus w 69 roku dowodził legionem *III Gallica*, który poprowadził do Italii, wspierając sprawę Wespazjana; ten po zwycięstwie odwdzięczył mu się konsulatem. Wojna domowa z 69 roku wpłynęła również na kariery takich późniejszych przedstawicieli elity dolnodunajskiej, jak: M. Antonius Primus, M. Cornelius Nigrinus Curiatus Maternus, D. Plotius Grypus, C. Salvius Liberalis Nonius Bassus. Podobne znaczenie dla kwestii ruchliwości społecznej w okresie pryncypatu (choć już w znacznie mniejszym zakresie) miała wojna domowa w 193 roku. Właśnie wtedy został wprowadzony do stanu senatorskiego wybitny wojskowy Ti. Claudius Claudianus, pełniący później kolejno aż cztery funkcje kierownicze nad dolnym Dunajem. Szereg senatorów rozpoczynających *curus honorum* jako ekwici zawdzięczało niewątpliwie awans swym zdolnościom i predyspozycjom wojskowym. Do ich liczby należą: M. Arruntius Claudianus (*adlectus inter aedilicios*), Ti. Claudius Candidus (*adlectus inter tribunicios item praetorios*, po 182 roku), D. Clodius Albinus, M. Macrinius Avitus Catonius Vindes (*adlectus inter praetorios* około 170 roku), C. Pescennius Niger Iustus (*adlectus inter praetorios* około 180 roku), M. Statius Priscus Licinius Italicus. Charakterystyczne, iż większość z wymienionych postaci uzyskała promocję do stanu senatorskiego w najbardziej prestiżowy sposób (*adlectus inter praetorios*).

Wielu przedstawicieli dolnodunajskiej elity to synowie ekwitów; niewątpliwie na specjalną uwagę zasługują synowie wybitnych przedstawicieli *ordo equester* – prokuratorów, a zwłaszcza prefektów. W końcu niejednokrotnie pozycja społeczna tych urzędników, a szczególnie zakres ich realnej władzy (*praefecti praetorio, praefecti Aegypti*), była wyższa od pozycji całego szeregu urzędów senatorskich. T. Haterius Nepos Atinas Probus Publicius Maternus, namiestnik Pannonii Górnej w pierwszej połowie II wieku, to syn T. Hateriusa Neposa, prefekta Egiptu. Manius Laberius Maximus (*cos. II ord., a.* 103), namiestnik Mezji Dolnej z początku II wieku, to również syn namiestnika Egiptu. Jego ojciec, L. Laberius Maximus, który był też prefektem gwardii pretoriańskiej, był z kolei synem municypalnego edyla z italskiego Lanuvium. Laberii są przykładem rodziny o stosunkowo intensywnej ruchliwości międzypokoleniowej – w ciągu zaledwie trzech pokoleń udało się im pokonać drogę od arystokracji municypalnej do elity senatorskiej. Również L. Mantennius Sabinus, legat Mezji Dolnej w 229 roku, był synem prefekta Egiptu.

Na początku III wieku do dużego znaczenia w państwie rzymskim doszli bracia L. Marius Maximus Perpetuus Aurelianus i L. Marius Perpetuus. Ich ojciec osiągnął stanowisko prokuratora w Galii (*procurator provinciae Lugdunensis et Aquitanicae*), który to urząd „zawsze niósł za sobą perspektywę dalszych awansów"[25]. Wśród przodków trzech przedstawi-

[25] R. S y m e, *Emperors and Biography. Studies in the Historia Augusta*, Oxford 1971, s. 45.

cieli dolnodunajskiej elity można odnaleść nawet członków dynastii królewskich (jeszcze sprzed czasów panowania rzymskiego). C. Cilnius Proculus, namiestnik Mezji Górnej i *comes* Trajana w I wojnie dackiej, to „członek starożytnego królewskiego rodu z etruskiego Arretium"[26]. Inny wybitny wojskowy, C. Julius Quadratus Bassus, był z kolei potomkiem władców Pergamonu i Galacji. Natomiast Sex. Julius Maior, namiestnik Dolnej Mezji z czasów Hadriana, zaliczał do grona swoich przodków M. Antoniusza i Polemona, króla Pontu. Jednakże większość ekwitów, którzy byli ojcami przedstawicieli dolnodunajskiej elity, niczym szczególnym się nie zasłużyła. Charakterystyczne jest to, iż kilku prokuratorów ekwickich, których synowie wchodzili w skład elity dolnodunajskiej, również piastowało ekwickie stanowiska w tym rejonie państwa rzymskiego (Q. Caecilius Redditus, T. Caesernius Statius Quinctius Macedo, Latinianus).

Niewątpliwie z najmniej wyraźnymi przypadkami awansu społecznego mamy do czynienia wtedy, kiedy ojcowie przedstawicieli elity dolnodunajskiej należeli wprawdzie do *ordo senatorius*, ale nie uzyskali w swej karierze najwyżej cenionych godności konsularnych. Używając terminologii socjologicznej – obserwujemy w tych przypadkach niewielką intensywność pionowej ruchliwości społecznej. Sytuacja taka zaistniała przede wszystkim w początkowym okresie pryncypatu (Sex. Appuleius (*cos. ord.*, *a.* 29 p.n.e.), L. Aelius Lamia (*cos. ord.*, *a.* 3), Sex. Aelius Catus (*cos. ord.*, *a.* 4), A. Didius Gallus (*cos. suff.*, *a.* 39), Fonteius Agrippa (*cos. suff.*, *a.* 58), M. Aponius Saturninus, Marius Celsus (*cos. suff.*, *a.* 69), bracia Sex. Vettulenus Cerialis i C. Vettulenus Civica Cerealis). Synem senatora rangi pretorskiej był również późniejszy cesarz P. Aelius Hadrianus (*cos. suff.*, *a.* 108). Do końca okresu pryncypatu notujemy już tylko kilka podobnych przypadków (C. Bruttius Praesens L. Fulvius Rusticus, T. Calestrius Tiro Orbius Speratus, P. Tullius Varro, Q. Mustius Priscus, P. Orfidius Senecio, L. Ulpius Marcellus C. Julius Maximinus, Iasdius Domitianus, Cn. Petronius Probatus Iunior Justus, Prosius Tertullianus, P. Alfius Avitus Numerius Maternus).

Wśród przedstawicieli dolnodunajskiej elity znajdujemy też szereg postaci, których pozycja społeczna nie uległa zmianie w stosunku do statusu ich ojców czy dalszych przodków. Zwłaszcza w czasach panowania cesarza Augusta notujemy przypadki senatorów, których wybitna pozycja społeczna była już ugruntowana od szeregu pokoleń, gdyż ich przodkowie należeli w czasach republiki do niewielkiego kręgu rzymskiej *nobilitas*. Na terenie prowincji dolnodunajskich działali: L. Domitius Ahenobarbus (*cos.*, *a.* 16 p.n.e.), Cn. Cornelius Lentulus Augur (*cos.*, *a.* 14 p.n.e.), Ti. Claudius Nero (*cos.*, *a.* 13 p.n.e.), M. Valerius Messalinus (*cos.*, *a.* 3 p.n.e.), M. Aemilius Lepidus (*cos.*, *a.* 6), C. Calvisius Sabinus (*cos.*, *a.* 26), C. Ummidius Quadratus (*cos. suff.*, *a.* 118), L. Aelius Caesar (*cos.*, *a.* 136), L. Venuleius Apronianus Octavius Priscus (*leg. leg. I Italicae*, połowa II wieku), T. Prifernius Paetus (*cos. suff.*, *a.* 146), Ti. Claudius Julianus (*cos. suff.* ca *a.* 159), L. Aurelius Gallus (*cos.*, *a.* 198). Ze starych rodzin konsularnych wywodzili się przede wszystkim senatorzy działający nad dolnym Dunajem za panowania cesarza Augusta, przy czym postać L. Aureliusza Gallusa to rzadki przykład konsulara od czterech pokoleń. Wybitną pozycję wymienionych senatorów wiązać można ze splotem takich czynników, jak: ugruntowana przez szereg pokoleń pozycja społeczna, udział w wojnach domowych końca okresu republiki (najczęściej po wielu „zwrotach" po stronie zwycięskiego Oktawiana), bogactwa nagromadzone przez szereg pokoleń, koligacje rodzinne i znajomość z rodziną cesarską. Większość starych rodów w epoce pryncypatu dość szybko wymarła, w czym swój udział mieli także cesarze z dynastii julijsko-klaudyjskiej.

[26] J.J. Wilkes, *Dalmatia*, London 1969, s. 85.

Wśród postaci, których pozycja społeczna (w aspekcie ruchliwości międzypokoleniowej) nie uległa zmianie, o wiele liczniejszą grupę stanowią przedstawiciele elity dolnodunajskiej, których jedynie ojcowie mogli poszczycić się statusem konsularnym. Niemniej niejednokrotnie były to potężne i znane rody. Przykładem może być rodzina Ti. Plautiusa Silvanusa Aelianusa (*cos. suff., a.* 45), „wielkiego dowódcy okresu nerońskiego"[27], której założyciel – A. Plautius (*praetor, a.* 51 p.n.e.) walczył pod Farsalos pod dowództwem Pompejusza. Rodzina utrzymała się w stanie senatorskim przez pięć pokoleń, należąc do grupy przyjaciół cesarzy dynastii julijsko-klaudyjskiej; niestety ostatni jej przedstawiciele padli ofiarą prześladowań za czasów cesarza Nerona.

Spotykamy również szereg przypadków, kiedy kilku członków tej samej rodziny należało do elity dolnodunajskiej (Anicii, Egnatii, Neratii, Metilii, Minicii, Pomponii Bassi, Pontii Laeliani, Quintilii). Równocześnie jednak potomkowie senatorów sprawujących kierownicze stanowiska nad dolnym Dunajem najczęściej zadowalali się jedynie dziedziczeniem majątku i pozycji społecznej (jako typowi przedstawiciele *leisure class*) i tylko wyjątkowo pełnili jakiekolwiek funkcje o charakterze militarnym. Przykładowo: pochodzący z Brixii (dziś Brescia) M. Nonius Macrinus (*cos. suff., a.* 154), „jeden ze wspaniałych żołnierzy z okresu Antoninów"[28], sprawował kolejno aż trzy kierownicze stanowiska w Pannonii, a także uczestniczył w wojnach markomańskich (jako *comes*). A jednak żaden z jego dwóch synów nie piastował żadnego urzędu o charakterze militarnym; jeden z nich uzyskał konsulat eponimiczny (w 201 roku), drugi zaś najprawdopodobniej dostał się do grona patrycjuszy. Podobnie syn T. Pomponiusa Proculusa Vitrasiusa Polliona (*cos. II ord., a.* 176), namiestnika Mezji Dolnej, znany jest już tylko jako członek patrycjuszowskiego kolegium kapłańskiego (*salius Palatinus, a.* 170). Rodzina Anicii, zajmująca wybitną pozycję w zarządzie państwa w okresie dominatu, której przedstawiciele znani są jeszcze z pierwszej połowy VI wieku, wywodziła się od dwóch przedstawicieli elity dolnodunajskiej – Q. Aniciusa Faustusa (*leg. pr. pr. Moesiae Superioris*) i jego syna Aniciusa Faustusa Paulinusa (*leg. pr. pr. Moesiae Inferioris, a.* 230). Wśród członków elity dolnodunajskiej spotykamy również dwa przypadki skopiowania statusu ojca – jednak na nieco niższym, bo pretorskim poziomie. Cornelius Felix Plotianus (namiestnik Pannonii Dolnej za panowania Kommodusa) to syn Corneliusza Plotianusa (*leg. leg. XI Claudiae*), a M. Caecilius Rufinus Marianus (*leg. leg. XIII Geminae*) to syn Q. Caeciliusa Rufinusa Crepereianusa, namiestnika Pannonii Dolnej (stanowisko to w czasie, kiedy je pełnił, miało rangę pretorską). W obu więc przypadkach zarówno ojciec, jak i syn pełnili funkcje kierownicze nad dolnym Dunajem.

Z kolei niezwykle rzadkie są przypadki degradacji społecznej w starożytnym Rzymie. Rodziny z reguły albo stopniowo awansowały, osiągając najwyższe pozycje w elicie społecznej (*consulares*, patrycjusze), i trwały na szczycie przez szereg pokoleń aż do wymarcia rodu, albo też, znacznie rzadziej, zatrzymywały się na jednym ze szczebli warstwowego układu społeczeństwa rzymskiego. Stąd też nieosiągnięcie przez syna statusu ojca wiązało się albo z przedwczesną śmiercią, albo ze splotem wyjątkowo niekorzystnych okoliczności. C. Oppius Sabinus (*cos., a.* 84), będąc namiestnikiem Mezji, poniósł druzgocącą klęskę i zginął w walce z Dakami; jego głowa została odcięta przez zwycięzców. Hańba związana z jego imieniem bardzo niekorzystnie wpłynęła na karierę jego syna, C. Oppiusa Sabinusa Juliusza Neposa Vibiusza Solemniusa Sewera, który nie mógł się dostać do *ordo senatorius* ani za rządów

[27] B.E. Thomasson, *Die Satthalter der römischen Provinzen Nordafrikas von Augustus bis Diocletianus*, t. I, Lund 1960, s. 39.

[28] J. Fitz, Legati Augusti pro praetore Pannoniae Inferioris, *AAntHung* 11, 1963, s. 264–266.

Domicjana, ani Nerwy, ani Trajana. Nie sprawował też żadnego urzędu kapłańskiego, gdyż najwyraźniej nie miał przyjaciół w kręgach arystokracji senatorskiej. Z kolei P. Mummius Sisenna Rutilianus, pomimo iż był synem konsula eponimicznego z roku 133, musiał się zadowolić jedynie konsulatem uzupełniającym (*cos. suff, a.* 146). Powodem było najprawdopodobniej jego wysoce niekorzystne politycznie małżeństwo z córką pseudoproroka Alexandros z Abonuteichos[29].

Kolejnym istotnym zjawiskiem z kategorii ruchliwości międzypokoleniowej może być sytuacja tak zwanych „założycieli świetności rodu". Pod tym pojęciem rozumiem osoby, które jako nowi członkowie senatu (*homines novi*), działając na kierowniczych pozycjach nad dolnym Dunajem, z powodzeniem utrwaliły osiągnięty wysoki status społeczny na przeciąg następnych pokoleń. Szereg takich postaci działało w okresie panowania Augusta. Zawdzięczały one swoją wysoką pozycję udziałowi w realizacji jego ekspansywnej polityki. Do ich liczby należą: P. Silius Nerva (*cos., a.* 20 p.n.e.), M. Vinicius (*cos. suff., a.* 19 p.n.e.), A. Caecina Severus (*cos. suff.* ca *a.* 1 p.n.e.), Poppaeus Sabinus (*cos., a.* 9) oraz Q. Junius Blaesus (*cos. suff., a* 10). Rodziny utrzymywały wysoką pozycję, uzyskaną przez przedstawiciela elity dolnodunajskiej, najczęściej przez okres trzech pokoleń. Wśród krewnych i potomków senatorów aktywnych nad dolnym Dunajem w I wieku n.e. nie brakowało i cesarzy: bratem Flawiusza Sabinusa, namiestnika Mezji, był cesarz Wespazjan, a wnuk T. Aureliusza Fulvusa, legata *leg. III Gallica*, to cesarz Antoninus Pius. Uwzględniając pokrewieństwo po kądzieli, ród Aurelii Fulvi trwał na szczycie społeczeństwa rzymskiego przez pięć pokoleń, dostarczając trzech cesarzy panujących w latach 138–192. Z rodziną cesarską spokrewniony był M. Vettulenus Civica Barbarus (*cos., a.* 157), wuj Lucjusza Werusa, którego przodkowie działali nad dolnym Dunajem w drugiej połowie I wieku n.e. (Sex. Vettulenus Cerialis i C. Vettulenus Civica Cerialis).

Czasami jednak nagłe przyśpieszenie kariery mogło okazać się groźne w skutkach. Decimus Terentius Scaurianus, pierwszy namiestnik Dacji (106–110), załatwił synowi (D. Terentius Gentianus) zwolnienie z piastowania wigintiwiratu i przyśpieszenie kwestury aż o pięć lat. W rezultacie D. Terentius Gentianus doszedł do konsulatu, mając około 27–28 lat (*cos. suff., a.* 116), stając się przez to obiektem nienawiści Hadriana (*SHA Hadr.* 23, 4–6)[30]. Zmarł przed rokiem 130, nie przeżywszy nawet czterdziestu lat (*ILS* 1046a). Rodzina znalazła swoją kontynuację w linii żeńskiej do początków III wieku, a jej przedstawiciele uzyskali jeszcze pięciokrotnie konsulat. Q. Pompeius Falco (*cos. suff., a.* 108), wybitny dowódca z okresu panowania cesarza Trajana, założył ród, który w linii męskiej przez cztery pokolenia dostarczał senatorów (w tym trzy pokolenia konsularów). Jego wnuk (*cos., a.* 169) przeszedł do historii jako senator o rekordowej liczbie członów swego nazwiska (aż 38!), którego złożoność doskonale odzwierciedla rozległe powiązania rodzinne. C. Bruttius Praesens L. Fulvius Rusticus (*cos. II ord., a.* 139), namiestnik Mezji Dolnej za panowania cesarza Hadriana, położył podwaliny świetności swego rodu. Kolejni jego przedstawiciele uzyskiwali konsulaty eponimiczne (w 153, 187, 217, 224, 246 roku), omijając przy tym skutecznie wszelkie uciążliwe funkcje publiczne – zwłaszcza o charakterze militarnym. Ostatni znany nam Bruttius Praesens działał na przełomie III i IV wieku[31]. Podobnie do utrzymania odziedziczonej pozycji społecznej ograniczali się przedstawiciele rodu Roscii Aeliani, piastując jedynie konsula-

---

[29] G. Alföldy, Consuls and consulars under the Antonines: prosopography and history, *AncSoc* 7, 1976, s. 290.

[30] Syme, *op.cit.* (przypis 25), s. 116.

[31] G. Barbieri, *L'Albo senatorio da Settimio Severo a Carino (193–285)*, Roma 1952, s. 325, nr 1820.

ty eponimiczne i patrycjuszowskie urzędy kapłańskie; pozostawali za to na szczycie społeczeństwa rzymskiego przez ponad sto pięćdziesiąt lat. Podwaliny świetności rodu położył też C. Aufidius Victorinus (*cos. suff., a.* 155), który był nie tylko jednym z najwybitniejszych generałów cesarza Marka Aureliusza, ale też ożenił się z córką znanego retora M. Korneliusza Frontona. W rezultacie C. Aufidius Victorinus doszedł do konsulatu już w wieku około 35 lat, a więc o 7–8 lat wcześniej niż inni *homines novi*. Nic też dziwnego, iż już jego synowie uzyskali konsulaty eponimiczne (w 199 i 200 roku), a rodzina znana była jeszcze w połowie III wieku. Inny wybitny wojskowy tego okresu, Ti. Claudius Pompeianus (*cos. suff.* prawdopodobnie w 167 roku) poślubił nawet córkę cesarza Marka Aureliusza – Lucillę, wdowę po Lucjuszu Werusie. Ostatni w rodzinie *consul ordinarius* sprawował to stanowisko w roku 241. Z kolei inny wybitny generał Marka Aureliusza, C. Vettius Sabinianus Julius Hospes (*cos. suff.* prawdopodobnie w 175 roku) rozpoczął swój *cursus honorum* jako ekwita. Już jednak jego syn uzyskał konsulat eponimiczny (221 roku) oraz rangę patrycjuszowską; był on również udziałem dwóch jego wnuków (w 242 i 250 roku). Awans w ciągu zaledwie dwóch pokoleń od warstwy ekwitów do grona patrycjuszy świadczy o dużym znaczeniu, nadawanym skutecznemu pełnieniu funkcji militarnych w okresie pryncypatu. Podobnie jak w innych przytoczonych przykładach, potomkowie Sabinianusa nie piastowali już żadnych stanowisk poza stolicą.

Niewątpliwie najlepiej potwierdzony w źródłach przykład rodziny zawdzięczającej swą wybitną pozycję działalności przedstawiciela dolnodunajskiej elity stanowią potomkowie Q. Aniciusa Faustusa, namiestnika Mezji Górnej z początków III wieku. Znanych jest aż siedem konsularnych pokoleń Anicii; ostatni z rodu, Flavius Anicius Olybrius Iunior sprawował konsulat w zachodniej części państwa w 526 roku. Z Anicii spokrewniona była inna sławna rodzina – Caesonii, której założyciel *homo novus* C. Caesonius Macer Rufinianus (*cos. suff.* ca *a.* 200) również działał nad dolnym Dunajem. Jego syn, który został zaliczony do grona patrycjuszy jeszcze przed kwesturą, doszedł do najwyższych godności w państwie i był podporą panowania Gordiana III[32]. Inna znana rodzina działająca w tym okresie to Egnatii, której dwóch przedstawicieli pełniło kierownicze funkcje nad dolnym Dunajem: Egnatius Victor (namiestnik Pannonii Górnej w 207 roku) oraz Egnatius Victor Marinianus (legat Mezji Górnej około 230 roku). Córka Marinianusa została żoną cesarza Waleriana i matką Galliena. Przedstawicielem tego rodu był Q. Flavius Maesius Egnatius Lollianus *signo* Mavotius, jedna z najwybitniejszych postaci okresu panowania Konstantyna w pierwszej połowie IV wieku. W IV wieku działali także jeszcze potomkowie Q. Aradiusa Optatusa Aelianusa, któremu z kolei w karierze pomógł wybitny teść (Q. Aiacius Modestus Cresentianus, *cos. II, a.* 228).

Postaci określane mianem „założycieli świetności rodu" to z reguły *homines novi*, którzy działając w elicie administracyjnej prowincji dolnodunajskich, uzyskali wybitną pozycję przede wszystkim dzięki wykazanym predyspozycjom wojskowym; duże znaczenie miało również zawarcie korzystnego politycznie małżeństwa. Ich potomkowie najczęściej dochodzili do konsulatu przez trzy lub cztery pokolenia. Z reguły wchodzili też do grona rzymskiego patrycjatu, skutecznie natomiast unikali wszelkich uciążliwych stanowisk w służbie publicznej (zwłaszcza o charakterze militarnym). Opierając się więc na odziedziczonej pozycji społecznej, zachowywali się jak typowi członkowie *leisure class*.

---

[32] J. Crook, *Consilium Principis. Imperial Councils and Counsellors from Augustus to Diocletian*, Cambridge 1955, s. 155, nr 72.

Charakterystycznym zjawiskiem dla rzymskiej służby publicznej było umieszczanie młodszych krewnych pod swoją komendą. Zjawisko to wiąże się niewątpliwie z dużym wpływem stosunków interpersonalnych (adopcja, patronat) i ogólnie przypisanego statusu na losy i karierę członków *ordo senatorius*. Dzięki umieszczaniu bliskich krewnych na stanowiskach podległych swej władzy nie tylko pomagano im na dalszych szczeblach kariery, ale również wprowadzano młodych senatorów w obowiązki, które później często przychodziło im pełnić na bardziej zaawansowanych etapach *cursus honorum*. Czasami dochodziło do prawdziwego splotu osobistych zależności. Można się tutaj posłużyć przykładem L. Miniciusa Natalisa Quadroniusa Verusa. Służył on w Brytanii jako dowódca *leg. VI Victrix* pod komendą Cn. Miniciusza Faustinusa, który z kolei dowodził legionem *XIV Gemina* w Pannonii Górnej pod kierunkiem L. Miniciusa Natalisa; w legionie tym L. Minucius Natalis Quadronius Verus odbywał wówczas trybunat wojskowy[33]. Najczęściej przyszli senatorzy odbywali trybunat wojskowy pod komendą swych starszych krewnych – wśród elity prowincji dolnodunajskich odnotujemy aż osiem takich przypadków. W dalszych dwóch przypadkach synowie towarzyszyli ojcom nie tylko w charakterze trybuna wojskowego, ale również legata w prowincjach podległych zwierzchności senatu. W trzech przypadkach synowie piastowali jedynie urząd *lagatus proconsulis*.

Bez wątpienia wysoki poziom pionowej ruchliwości społecznej nie stanowi wyłącznie *signum specificum* współczesnej cywilizacji zachodniej.

> „Stwierdzenie, iż wysoka pionowa ruchliwość społeczna stanowi monopol cywilizacji zachodniej, jest równie błędne, jak rozpowszechnione"[34].

Problematyka ruchliwości społecznej powinna być prezentowana niewątpliwie w ścisłym powiązaniu z teorią struktury społecznej. Analiza zagadnień ruchliwości społecznej powinna pozwolić na lepsze zrozumienie funkcjonowania rzymskiego systemu zarządu administracyjnego i wojskowego.

Jak wskazują zamieszczone powyżej wyniki analizy, niezwykle rzadkie były przypadki wejścia w ciągu zaledwie jednego pokolenia do wyższej klasy społeczeństwa rzymskiego. W dodatku osobom takim (*self-made men*) z reguły nie udawało się utrwalić w kolejnych pokoleniach osiągniętej wysokiej pozycji społecznej. Kanałem ruchliwości społecznej była w ich wypadku wyłącznie armia, a pozycja nieoparta na trwałej podstawie (szczególnie majątkowej) najczęściej nie była stabilna. Udało się natomiast zaobserwować bardzo liczne przypadki awansu ze stanu ekwickiego do senatorskiego, co szczególnie chętnie uwidoczniano w inskrypcjach. To właśnie nad dolnym Dunajem działało najwięcej byłych ekwitów. Władcy uznali więc za konieczną służbę na tak newralgicznym obszarze imperium wybitnych wojskowych, niekoniecznie wywodzących się z najwyższej warstwy społecznej (ekwici stanowią około 20 procent, a synowie ekwitów około 18 procent składu elity dolnodunajskiej). Dużo częściej mamy do czynienia z przypadkami ruchliwości międzypokoleniowej niż wewnątrzpokoleniowej; awans w ramach tylko jednego pokolenia dokonywał się głównie w okresach wojen domowych. Stwierdzono szereg przypadków wyraźnego awansu społecznego, zawartego jedynie w ramach trzech pokoleń: od członka arystokracji municypalnej, przez ekwitę do senatora. Kanałem mobilności był w tym wypadku najczęściej udział w życiu gospodarczym i kilka- czy nawet wielokrotne pomnożenie majątku – warunek konieczny dla sprostania wymogom ekwickiego, a następnie senatorskiego cenzusu majątkowego.

---

[33] A.R. B i r l e y, *The People of Roman Britain*, Berkeley 1980, s. 37.

[34] A n d r e s k i, *op.cit.*, s. 237.

Charakterystyczne, iż niezwykle rzadko mamy do czynienia z przypadkami degradacji społecznej, a fakt nieosiągnięcia pozycji ojca wiązał się ze splotem wyjątkowo niekorzystnych okoliczności (lub przedwczesną śmiercią). Zanotowano natomiast szereg przypadków, kiedy to wraz z karierą przedstawiciela elity dolnodunajskiej rozpoczynał się (trwający najczęściej 3–4 pokolenia) awans jego rodziny. O ile jednak urzędnicy działający nad dolnym Dunajem zawdzięczali swoją pozycję szczególnie wykazanym predyspozycjom i uzdolnieniom militarnym, to ich potomkowie najczęściej zadowalali się stanowiskami tytularnymi, prowadząc życie typowe dla przedstawicieli *leisure class.*

Częstym zjawiskiem było umieszczanie najbliższych członków rodziny (zwłaszcza synów) pod swoją komendą na stanowisku trybuna wojskowego i/lub legata towarzyszącego namiestnikowi prowincji podległych administracji senatu (*legatus proconsulis*). Trzeba jednak pamiętać, iż pomimo szeregu przypadków pionowej ruchliwości społecznej, w wypadku systemu społecznego starożytnego Rzymu nie była ona ani powszechna, ani zbyt intensywna (bardzo rzadko zdarzało się, aby ktoś rozpoczynał swój awans od samej podstawy drabiny społecznej). Wprawdzie więc system społeczny czasów pryncypatu był o wiele bardziej otwarty niż układ społeczny okresu republiki czy dominatu, to jednak w przeciwieństwie do współczesnych społeczeństw industrialnych, a zwłaszcza postindustrialnych, nadal przeważał w nim odziedziczony status społeczny.

Quelques remarques sur la question de la mobilité sociale dans Rome ancienne

Résumé

Dans les recherches consacrées à l'histoire sociale de Rome, aux yeux des chercheurs, la question de la mobilité sociale n'a pas trouvé jusqu'à aujourd'hui la place qu'elle mériterait. Afin de connaître le système social du principat, cet aspect est particulièrement important car l'amplification de ce processus différencie cette époque des autres périodes dans l'histoire de Rome. L'application à cette fin des méthodes propres à la sociologie ouvre de nouvelles possibilités. A leur illustration doit servir l'analyse des données relatives aux fonctionnaires de l'administration des provinces agissant sur les territoires des provinces danubiennes depuis Ier jusqu'à IIIème siècles après J.-C.

ELECTRUM * Vol. 4
Kraków 2000

Recenzje – Reviews – Comptes-rendus

Robin Haydon D a r w a l l - S m i t h, *Emperors and Architecture: A Study of Flavian Rome.* (*Collection Latomus*, vol. 231), Editions Latomus, Bruxelles 1996, pp. 342 + tab. 69 b/n; ISBN 2–87031–171–0

Tout au long de ces dix dernières années furent publiés de nombreux ouvrages consacrés à l'activité concernant les constructions réalisées par les empereurs romains ce qui contribua en une large mesure à transformer l'image de Rome (voir M. Taliaferro Boatwright, *Hadrian and the City of Rome*, Princeton, New Jersey 1987; D. Favro, *The Urban Image of Augustan Rome*, Cambridge 1996; cf. P. Zanker, *Augustus und die Macht der Bilder*, 2 Aufl., München 1990). Parmi eux, l'on retrouve aussi le livre de R.H. Darwall-Smith, ouvrage qui initialement fut présenté en 1991 à l'Université d'Oxford sous forme de thèse de doctorat. L'auteur se pencha sur l'activité de construction menée par tous les empereurs appartenant à la dynastie flavienne. C'est pour la première fois que dans ce domaine particulier une telle approche fut adoptée car, jusqu'à maintenant, l'évaluation des mérites des empereurs pour ce qui concerne les édifices ainsi que le recensement de ces derniers furent effectués essentiellement par les auteurs des biographies des différents Flaviens.

Cette façon d'aborder le sujet par l'auteur fut décisive quant à l'agencement du contenu de l'ouvrage : Chapitre 1 : Introduction; The Inheritance of the Flavians (p. 17–33); Chapitre 2 : Vespasien (p. 5–74); Chapitre 3 : Titus (p. 75–99); Chapitre 4: Domitien (p. 101–252); Chapitre 5 : Conclusion : The Legacy of the Flavians (p. 253–262). Certaines questions relatives notamment à la datation des sources littéraires remontant à l'époque flavienne et quant à l'utilité des sources numismatiques dans le cadre du sujet abordé, sont présentées dans quatre appendices se trouvant à la fin du livre (Appendix I–IV, p. 263–281). L'ouvrage se termine par une abondante Bibliographie (p. 283–319), suivie de l'index des ouvrages cités (p. 321–327), celui des édifices et des sculptures analysés dans le livre (p. 329–333) et enfin par l'index des noms et des objets (p. 335–337).

L'ampleur des documents de source auquels l'auteur fait référence constitue l'une des qualités primordiales de ce livre. D'autre part, cet ouvrage est encore enrichi grâce aux observations, interprétations et aux nouvelles conclusions ceci cependant à un degré quelque peu moidre par rapport aux souhaits de l'auteur car dans la version livresque de la dissertation publiée en 1996, ne furent prises en considération que dans une faible mesure les ouvrages édités après la parution de cette dissertation. Le fait d'avoir omis du moins une partie de ces publications semble d'autant plus difficile à comprendre que la version définitive du livre, si l'on se réfère à la bibliographie, ne fut achevée qu'à la fin de 1993. Ceci étant, l'ouvrage restera pour de longues années utile à tous les chercheurs qui s'occupent de l'époque flavienne ou de l'histoire du développement urbain de Rome à l'époque de l'Haut-Empire.

Parmi différentes réflexions auxquelles m'incita la lecture de ce livre il faudrait en mentionner au moins deux. L'auteur parle du Colisée dans le chapitre consacré à Titus et dans la première phrase il écrit: „It is often forgotten that Vespasian begun the Colosseum (*[Suet.] DV*, 9, 1) but died before its completion" (p. 76). Que Titus parvint à inaugurer cet édifice ne change en rien le fait que sa création était strictement liée au nom de son père. Selon moi cela est important afin de mieux comprendre les raisons de la mise en place de ce projet. Il n'y a pas longtemps que G. Alföldy démontra (Eine Bauinschrift aus dem Colosseum, *ZPE* 109, 1995, p. 202–226) qu'à l'origine, sur les murs du Colisée, on avait fixé une inscription portant le nom de Vespasien et dont le contenu fut modifié sous le règne de Titus. Cette inscription dit que l'amphithéâtre avait été érigé *ex manibus*, c'est-à-dire très probablement à l'aide du butin rapporté de la guerre de Judée. Comme nous le savons, ce furent les mêmes moyens qui permirent à Vespasien de construire le Temple de la Paix. Et si l'auteur a sans aucun doute raison sur de nombreux points en écrivant que ces deux édifices constituaient une sorte de manifeste dirigé contre la mémoire de Néron, il ne faudrait toutefois pas oublier quel avait été l'objectif principal de leur construction qui en fait consista à commémorer l'immense succès de leur fondateur et de son fils remporté dans la lutte contre les insurgés juifs. Nous pourrions dire qu'aux yeux de tous, cela constituait un signe de légitimisation de l'exercice du pouvoir par les Flaviens. A mon avis, il ne faudrait pas négliger cet aspect idéologique de ces deux monuments (cf. Alföldy, *op.cit.*, p. 216–222).

La seconde remarque porte sur l'ensemble *Templum Gentis Flaviae* construit par Domitien. Nos connaissances à se sujet sont basées essentiellement sur les indications que l'on retrouve dans les oeuvres de Stace, Martial et Suétone. Ce n'est que récemment que l'on réussit à identifier avec une forte dose de probabilité les seules vestiges matériels connus, à savoir les fragments des ornements sculptés. Depuis un certain temps nous observons une discussion de plus en plus vive quant à la forme et à la localisation de l'édifice (voir R. Paris (éd.), *Dono Hartwig. Originali ricongiunti e copie tra Roma e Ann Arbor. Ipotesi per il Templum Gentis Flaviae*, Roma 1994; D. Candilio, Roma. Inagini archeologiche nell'aula ottagona delle Terme di Diocleziano, *Notizie degli Scavi di Antichità*, Ser. IX, vol. 1–2, 1990–1991 [1994], p. 165–183; e a d., Indagini archeologiche nell'aula ottagona delle Terme di Diocleziano a Roma, *Actas XIV Congreso International de Arquéologia Clasica, Tarragona: „La ciudad en el mundo romano"*, vol. II, Tarragona 1994, p. 86–87). Dans ces discussions on n'attacha pratiquement aucune importance à la fonction idéologique de ce *templum*. Pour la première fois, une telle tentative visant à apporter une telle précision est entreprise dans l'ouvrage analysé (p. 159–165). La conclusion, d'après laquelle ce fut un édifice unissant en même temps les fonctions d'un sanctuaire dynastique et d'un mausolée et d'autre part devant constituer un fondement indépendant par rapport à la tradition julio-claudienne de la propagande dynastique des Flaviens est tout à fait légitime (p. 165). D'une manière entièrement autonome et en suivant une autre raisonnement, l'auteur du commentaire présent est arrivé à la même conclusion (cf. E. Dąbrowa, *Templum Gentis Flaviae – pomnik polityki dynastycznej Domicjana [Templum Gentis Flaviae – monument de la politique dynastique de Domitien]*, Poznań 1996, p. 30; i d., The Origin of the *Templum Gentis Flaviae* : a Hypothesis, *Memoirs of the American Academy in Rome* 41, 1996 [1998], p. 153–161, part. p. 160). Sans surestimer l'importance de cette remarque cela devrait permettre d'attirer l'attention sur la place qu'occupait la propagande dynastique au sein de la politique du dernier représentant de la dynastie des Flaviens.

Edward Dąbrowa

Antonio I n v e r n i z z i, *Sculpture di metallo da Nisa. Cultura greca e cultura iranica in Partia.*

(Acta Iranica, tome 35. Troisième Série: Textes et Mémoires, vol. XXI), Peeters, Leuven 1999, pp. 236 + 8 tab. en couleur + 22 tab. B/n + 71 fig.; ISBN 90 429 0733 9.

Les résultats des fouilles archéologiques effectuées dans Vieille et Nouvelle Nisa et ceci malgré leur importance sont mal connus par les chercheurs occidentaux. Bien qu'il existe une littérature abondante à ce sujet, ces publications furent éditées essentiellement en langue russe. La méconnaissance de cette langue fait que les chercheurs ne disposent que de connaissances limitées et d'une image très modeste de ces fouilles. Les informations qui s'y rapportent dans la littérature archéologique internationale proviennent en partie des publications d'archéologues soviétiques qui ont présenté quelques-uns des résultats de leurs travaux dans les langues officielles de conférence et essentiellement des ouvrages des chercheurs français et italiens s'occupant de l'archéologie de l'Asie Centrale et connaissant la langue russe. Parmi eux on retrouve Antonio Invernizzi, professeur à l'Université de Turin. Il arriva à acquérir une excellente connaissance des fouilles à Vieille Nisa en dirigeant sur ce site, à partir de 1990, les travaux d'un groupe d'archéologues italiens .

L'histoire des fouilles à Vieille Nisa remonte à la fin des années trente du XXème siècle mais jusqu'à l'heure actuelle, les archéologues soviétiques et russes n'ont publié aucun rapport final qui résumerait les résultats de ces travaux et contiendrait la description et une documentation complète des différents types de monuments. La seule exception ayant une importance considérable est dans ce domaine la publication des rythons d'ivoire (M.E. Masson, G.A. Pugačenkova, *Parfianskie ritony Nisy*, (*Trudy JuTAKE*, t. 4), Askhabad – Moskva 1956–1959) qui, grâce à la traduction en langue anglaise est accessible dès 1982 à un nombre plus important de chercheurs (M.E. Masson, G.A. Pugačenkova, *The Parthian Rythons of Nisa*, (Monografie di *Mesopotamia*, vol. I), Firenze). Le premier plan convenable de ces fouilles ne fut élaboré qu'au début des années quatre-vingt-dix et il est le fruit des travaux effectués par les archéologues italiens, (cf. A. Invernizzi, Parthian Nisa. New Lines of Research, dans: J. Wiesehöfer (éd.), *Das Partherreich und seine Zeugnisse. Beitrage des Internationalen Colloquiums, Eutin (27.–30. Juni 1996)*, Stuttgart 1998, p. 54, fig.1).

Le livre d'A. Invernizzi publié récemment permet une meilleure connaissance d'un nouveau type de monuments provenant de ces fouilles – des petites sculptures en métal et des éléments d'ornementation. Il est important de souligner qu'il ne s'agit guère d'objets nouveaux mais d'objets connus depuis longtemps grâce aux travaux effectués dans Vieille Nisa, qui cependant ne furent pas publiés auparavant par les auteurs de ces découvertes de manière satisfaisante. L'ensemble de ces pièces ne se compose que d'une dizaine d'objets (parmi eux on retrouve des éléments de petites dimension dont le caractère est difficile à déterminer) provenant de ce que l'on appelle la „Maison Carrée".

L'intérêt de cet ensemble réside justement du lieu de provenance. Nisa, et ceci au moins à partir de la seconde moitié du IIème siècle avant Jésus-Christ, était la capitale de l'État des Arsacides, et Mithridate Ier, fondateur du puissant État parthe, fit un effort considérable pour lui apporter encore plus de splendeur. A l'époque de son règne reste probablement liée la création d'une groupement imposant de citadelle (Vieille Nisa) qui dominait la ville située à ses pieds (Nouvelle Nisa) ainsi que la construction, dans cette zone, de l'unique ensemble de palais des Arsacides. C'est pour cette raison-là que les monuments que l'on y retrouva possèdent une valeur inestimable en ce qui concerne la connaissance de la culture parthe de Nisa du IIème au Ier siècle avant Jésus-Christ, et les plus anciens d'entre eux peuvent aussi jouer un rôle considérable pour ce qui est de l'étude de l'atmosphère culturelle de la cour des Arsacides.

L'ensemble des pièces en métal provenant de Vieille Nisa se compose de petites figures d'Athéna (p. 11–31), d'Eros (p. 33–48), d'un aigle (p. 49–52), d'un centaure (p. 53–61), d'un sphinx (p. 63–69), d'une sirène (p. 71–84), d'un griffon (p. 85–97), d'une protme de lion (p. 99–104) et d'une de cerf (p. 105–116), fragments d'ornementation d'un bouclier de parade (p. 117–128) et de la tête une lance de parade (p. 128–138). La valeur artistique de ces objets exécutés pour la plupart en argent ainsi que le lieu où ils furent trouvés indiquent que ces pièces avaient appartenu à l'équipement du palais. Les petites dimensions de ces objets constituent une qualité à part confirmant leur valeur historique car nous pouvons supposer que d'autres unités de dimensions plus grandes situés dans la zone de l'ensemble du palais de Vieille Nisa devaient être dotées des mêmes caractéristiques artistiques. De ce point de vue les résultats de l'analyse iconographique et stylistique très poussée effectuée par A. Invernizzi acquièrent une importance plus générale.

En procédant à l'analyse des différentes pièces, l'auteur adopta une méthode très claire pour ses investigations. De nombreuses remarques sont consacrées par A. Invernizzi à une description détaillée de chaque element . Ceci est d'autant plus méritoire que les descriptions publiées jusqu'alors diffèrent parfois dans certains détails. L'élément intégral accompagnant les descriptions est constitué par d'excellentes du point de vue technique photographies en noir et blanc et en couleur ce qui permet de vérifier chaque détail de l'objet étudié. L'étape suivante des investigations consista à se pencher sur l'iconographie de l'objet. L'auteur soumet à l'analyse aussi bien le type de représentation que les différents éléments de l'ornementation. Cependant, en ce qui concerne les conclusions qui en découlent, l'accent principal est mis sur l'interprétation de chaque pièce dans le contexte de la culture matérielle et spirituelle de l'Asie Centrale et de l'Iran aussi bien à l'époque pré-hellénistique que hellénistique. C'est ce contexte-là qui nous est particulièrement utile lorsqu'il s'agit de la définition de la signification du contenu idéologique de l'iconographie ainsi que de la datation. La désignation de la fonction de l'objet et du lieu éventuel de sa provenance ainsi que la datation sont présentés à la fin de l'ouvrage.

Etant donné qu'il serait difficile de présenter dans cet compte-rendu toutes les conclusions importantes proposées par l'auteur, je ne me limiterai qu'à exprimer une refléxion que m'incita la lecture de ce livre. Sans aucun doute, il est nécessaire de réviser de nombreuses opinions concernant l'influence de la culture locale et grecque sur la culture et l'art parthe. Ceci concerne en particulier l'évaluation et l'étendue de l'impact de la culture grcque. Dans un contexte plus large, cela reste aussi lié à la problématique des rapports des Arsacides avec les sujets grecs dont un nombre considérable se trouva sous leur règne à la suite des conquètes de Mithridate Ier. Les thèse avancées par A. Invernizzi confirment l'exactitude des observations découlant de l'interprétation des sources narratives (cf. J. Wiesehöfer, „Denn Orodes war der griechischen

Sprache und Literatur nicht unkundig...". Parther, Griechen und grechische Kultur, dans: *Festschrift fur P. Calmayer*, sous presse; E. Dąbrowa, *Phillhêllen*. Mithridate Ier et les Grecs, *Electrum* 2, 1998, p. 35–44) et fournissent en même temps de nouvelles preuves que, par rapport à la culture grecque, les Arsacides n'adoptèrent pas une attitude hostile ceci même lorsqu'ils devinrent les maitres d'Iran et de Mésopotamie. Car tous les monuments précités furent créés à l'époque recouvrant le IIème et le Ier siècles avant Jésus-Christ (peut-être certains d'entre eux virent le jour pendant la première partie de cette période) dans des ateliers locaux fonctionnant soit à Nisa, soit sur le territoire de Parthyène. L'établissement de ce fait possède une grande importance car cela démontre de manière indubitable que du moins quelques-uns des éléments de la culture grecque devinrent partie intégrale de la culture locale.

Il n'y a aucun doute que l'ouvrage de A. Invernizzi représente un apport précieux en ce qui concerne l'élargissement de nos connaissances sur la culture parthe lors de la première étape de l'histoire de l'État des Arsacides. Ce livre est d'autre part important pour approfondir notre savoir sur le rôle de la culture grecque dans toutes les zones du monde antique à propos desquelles nous ne disposons que d'un nombre très restreint de sources. La richesse de la documentation sous forme d'illustration ainsi que de nombreuses références concernant les objets retrouvés sur les sites archéologiques d'Asie Centrale font de ce livre un ouvrage particulièrement utile en ce qui concerne nos connaissances sur l'iconographie aussi bien grecque qu'iranienne.

Edward Dąbrowa